Diplomacia, Política e Finanças

FUNDAÇÃO GETULIO VARGAS
CPDOC
Centro de Pesquisa e Documentação de História Contemporânea do Brasil

SENDAS

Merrill Lynch

LEI DE INCENTIVO À CULTURA
MINISTÉRIO DA CULTURA

Marcílio Marques Moreira

Diplomacia, Política e Finanças

de JK a Collor

40 anos de história por um de seus protagonistas

Organização
Alexandra de Mello e Silva
Dora Rocha

OBJETIVA

EDITORA OBJETIVA LTDA. Rua Cosme Velho, 103
Rio de Janeiro – RJ – CEP: 22241-090
Tel.: (21) 2556-7824 – Fax: (21) 2556-3322
www.objetiva.com.br

Entrevistadores
Alexandra de Mello e Silva
Letícia Pinheiro
Régis Bonelli (sobre o Ministério da Economia)
Alex Jobim (sobre a dívida externa de 1970 a 1990)

Coordenação do projeto
Verena Alberti

Fotos
Acervo do autor

Capa
Victor Burton

Revisão
Umberto de Figueiredo
Renato Bittencourt

Editoração Eletrônica
Abreu's System Ltda.

2001

M838d

Moreira, Marcílio Marques
Diplomacia, política e finanças / Marcílio Marques Moreira; entrevista à Fundação Getúlio Vargas. – Rio de Janeiro : Objetiva, 2001

397 p. fotografias ISBN 85-7302-400-3

1. Brasil – Política e governo. 2. Brasil – Relações externas. I. Título
CDD 320.981

"Nós nos alegramos também nas tribulações,
sabendo que a tribulação produz a perseverança,
a perseverança, uma virtude comprovada, a
esperança. E a esperança não decepciona..."
São Paulo, *Romanos*, 5, 3-5

A Maria Luiza, que, desde a Páscoa de 1954,
tem enriquecido a minha existência.
A Maria Teresa, Ana Luiza e Rosa Amélia,
que vêm rejuvenescendo a nossa vida.
A Luis e Rafael, netos curiosos,
para que possam conhecer melhor o
avô e, através dele, também, o Brasil e
o mundo.

Sumário

À Guisa de Prefácio

A pequena sala decorada apenas por uma aparelhagem de som, uma garrafa térmica de café e duas de água mineral, onde me sentei por mais de trinta horas para ser inquirido, não era uma delegacia de polícia, nem um consultório psicanalítico, muito embora a natureza das perguntas, o esforço de puxar pela memória e as interpretações às vezes surpreendentes pudessem sugerir-me uma ou outro.

Era, sim, a sala de gravação do CPDOC-FGV onde pesquisadores bem preparados me induziam a relembrar a trajetória de minha vida. Movia-me o desejo de deixar um registro que pudesse ser útil à melhor compreensão de minha presença no contexto de quase cinqüenta anos de história brasileira recente. Embora centrada no fio de meada profissional e trazendo à tona momentos e contextos de interesse para mim, não foi caminhada fácil. Acabou, no processo, despertando gama variada de sensações, difíceis de descrever.

Não se tratava apenas de relembrar circunstâncias, fatos ou ações, mas de revivê-las, repensá-las, reavaliá-las. Arrepender-me, talvez, de uma omissão esquecida ou de uma decisão desavisada, sem cair na tentação de corrigi-las *post facto*. Sentir o imperativo de ser veraz comigo mesmo e fiel ao leitor a quem, em última instância, se destina o exercício.

Houve, também, surpresas com a relevância que certos episódios viriam a ter na formação de minha personalidade ou no desenrolar dos acontecimentos: a recusa do menino de sete anos em fazer a saudação nazista na escola em Viena, invocando sua condição de brasileiro. A proposta do ministro da Economia, inexperiente nos caminhos da política, sugerindo a seus pares, civis e militares, um Pacto de Governabilidade, para impedir a ruptura do hesitante processo democrático apenas há pouco reinstaurado.

Momentos de nostalgia não faltaram. A esperança do menino, após doença grave, cercado alegremente por pombos em Veneza e buscando pelas mãos de sua mãe pressurosa a cura pelo sol na terra onde "florescem as laranjas douradas", nas palavras maravilhadas de Goethe. Esperança que viria a perpassar tantos outros momentos de minha vida, em que tive de "*endure under duress*", como quando, há exatos cinco anos, tive de enfrentar essa palavra temível, o câncer, graças a Deus erradicado a tempo.

E o curioso é que o esforço de memória, escorado pela pesquisa prévia dos pertinentes pesquisadores CPDOCquianos, operou várias vezes como a montagem de um quebra-cabeças, elucidando ou oferecendo seqüência lógica a eventos que, no calor de vivê-los, não pareciam ter nexo. A trama que lhes daria sentido inteligível só viria a revelar-se na sua reconstrução pela memória.

Terminados os depoimentos, seguiram-se-lhes a revisão das transcrições, a verificação de datas, a busca de anotações, a pesquisa de documentos ou o contato com testemunhas ou co-autores que pudessem validar a acuidade de referências, a veracidade de certos eventos-chave ou ainda a autenticidade de diálogos ou citações.

As etapas seguintes foram, de minha parte, sucessivas revisões do texto já habilmente estruturado em capítulos e editado numa linguagem mais escorreita que peneirara repetições, deslizes estilísticos ou incongruências seqüenciais.

Lida a última versão, já composta em forma gráfica pela Editora Objetiva, ficou a pergunta: valeu a pena? Não hesito em responder: valeu! Alargaram-se-me as perspectivas e horizontes. Tornei-me mais compreensivo e, sobretudo, mais motivado a continuar perseverando na busca de sendas promissoras. Mas a palavra final caberá ao leitor. A quem, desde já, agradeço a atenção.

Rio de Janeiro, em 14 de agosto de 2001

Marcílio Marques Moreira

Apresentação

Depoimentos de importantes personagens da história política brasileira vêm-se tornando uma modalidade de memorialismo de grande apelo entre o público. A concessão de entrevistas de longa duração a uma equipe de pesquisadores, que conduz o depoimento a partir de um roteiro previamente elaborado com base em pesquisa sobre a vida pública e privada do depoente, e em sintonia com os principais momentos da história do país, tem mobilizado inúmeras figuras da vida política nacional e, como conseqüência, criado novas fontes de pesquisa. Por não se tratar de entrevistas temáticas, mas sim do que chamamos de "histórias de vida", aos pesquisadores responsáveis pela tomada dos depoimentos cabe a contextualização do que é narrado e sua correlação com outros eventos, a discussão de idéias algumas vezes apenas esboçadas pelo entrevistado, outras vezes já plenamente consolidadas, contribuindo para que as entrevistas ofereçam, além da versão pessoal do personagem sobre os fatos que marcaram sua vida pública e sobre os principais eventos de que foi contemporâneo, um quadro abrangente que inclui sua formação intelectual e experiências pessoais. Reunidos, esses elementos permitem aos pesquisadores compreender melhor o processo de formulação das decisões, preencher as lacunas que a documentação escrita não registra, entender e explicar a visão de mundo das elites que governam o país e ajudam a formar a identidade nacional. Já de parte dos depoentes, vários podem ser os motivos a estimular a concessão do depoimento: expor sua versão dos fatos, revelar seu papel nos acontecimentos, dar sua interpretação sobre a história etc. etc.

O depoimento do ministro, embaixador e professor Marcílio Marques Moreira não foge a essa regra, embora haja nele uma motivação a mais, condizente com sua preocupação acerca do constante aprendizado a que se devem dedicar os homens públicos visando a melhoria das condições de vida em seu país. Daí por que, ao conceder e publicar sua entrevista, Marcílio Marques Moreira pretende estar contribuindo para o que chama de "pedagogia do desenvolvimento sustentável", ou do "desenvolvimento-cidadão", e para resgatar a memória do país, que, conforme suas próprias palavras, é "um *leitmotiv* da construção nacional". A nosso ver, ambos os objetivos se realizam plenamente ao longo deste depoimento, não somente pelo que ele revela mas, principalmente, pela forma como o depoente analisa meio século da vida política e econômica brasileira, cujo perfil muitas vezes ajudou a compor.

O processo que levou à tomada deste depoimento, que hoje chega ao formato de livro, começou em 1997, quando as pesquisadoras Alexandra de Mello e Silva e Letícia Pinheiro iniciaram uma série de entrevistas com personagens-chave para o entendimento da política externa brasileira do período de transição do regime militar para a democracia. O objetivo era criar fontes para a realização de seus respectivos projetos de pesquisa, inseridos no Módulo de Política Externa do Projeto Brasil em Transição:

um Balanço do Final do Século XX, aprovado pelo Programa de Apoio a Núcleos de Excelência (Pronex), que tem o CPDOC da Fundação Getulio Vargas como instituição-sede e o Programa de Mestrado em Antropologia e Ciência Política da Universidade Federal Fluminense como instituição participante. A idéia era estudar a formação e transformação de crenças na diplomacia brasileira e analisar os padrões de formulação das decisões de política externa. Desde o início da entrevista com Marcílio Marques Moreira, entretanto, percebeu-se que a oportunidade que se criava a partir do objetivo inicial não deveria ser desperdiçada, ou seja, que o depoimento não se deveria limitar ao período em que o depoente esteve envolvido com questões de política externa. Partiu-se assim para um projeto mais ambicioso, que cobrisse toda a trajetória profissional do entrevistado e pudesse servir de fonte para outros pesquisadores ou para qualquer pessoa interessada na história brasileira contemporânea de maneira geral. Foi dessa forma que o depoimento de Marcílio Marques Moreira, sob o formato de história de vida, passou a integrar o acervo do Programa de História Oral do CPDOC da FGV, um dos maiores do país, juntando-se àqueles de grandes nomes da história brasileira recente, seja econômica — como Eugênio Gudin, Lucas Lopes, Clemente Mariani, Octavio Gouvêa de Bulhões, Denio Nogueira, Casimiro Ribeiro, Alexandre Kafka e outros —, seja diplomática — como Vasco Leitão da Cunha, Mário Gibson Barbosa, Saraiva Guerreiro, Azeredo da Silveira e Roberto Campos.

Tomada a decisão de ampliar o escopo do depoimento, foi preciso recorrer a especialistas em temas econômico-financeiros a fim de complementar o roteiro original, voltado para as questões de política externa. Assim, Alex Jobim nos ajudou com a complexa questão da dívida externa a partir da década de 1970, abordada num primeiro conjunto de nove entrevistas, feitas entre agosto e outubro de 1997. Numa segunda série de seis conversas, entre agosto e outubro de 1999, Régis Bonelli foi essencial para, já ao lado apenas de Alexandra, cobrir a gestão de Marcílio Marques Moreira no Ministério da Economia no governo Collor, desde a posse no cargo, em 10 de maio de 1991, até a demissão coletiva dos ministros, em 28 de setembro de 1992. A retomada das entrevistas em 1999 já teve um outro objetivo além do de enriquecer o acervo do CPDOC: começou-se a pensar, naquele momento, na edição do depoimento em livro. Verena Alberti, coordenadora do Programa de História Oral do CPDOC, assumiu então a coordenação do projeto, que obteve a aprovação do Programa Nacional de Apoio à Cultura (Pronac) do Ministério da Cultura, o que permitiu a busca de financiamento para a continuação do trabalho junto às empresas Merrill Lynch e Casas Sendas.

*

O privilégio de termos o ministro Marcílio à nossa disposição para uma maratona de perguntas e questionamentos acerca do dia-a-dia de suas atividades não conseguiu evitar algumas dificuldades, a despeito de sua boa vontade e espírito de cooperação. Em primeiro lugar, estávamos diante de um homem público pouco afeto à autopromoção, o que, se por um lado garantia objetividade e precisão às suas palavras, por outro, poderia facilmente levar o observador mais incauto a não perceber muito bem o papel central que porventura tivesse desempenhado em alguns momentos cruciais da história do país. Além disso, tivemos de lidar com os prós e os contras de entrevistar um homem público ainda em plena atividade sobre temas recentes e sensíveis da história política nacional. Isso, somado à profunda discrição de Marcílio Marques Moreira, poderia resultar em uma entrevista de baixo teor informativo. No entanto, diante do resultado final deste livro, acreditamos haver conseguido superar todas essas dificuldades e produzido um importante instrumento de pesquisa e reflexão sobre a história brasileira contemporânea.

É preciso ainda que se diga que a discrição de Marcílio Marques Moreira, e mesmo seu conhecido laconismo, em nenhum momento significaram recusa ao diálogo, quer durante a entrevista, quer ao longo de suas atividades profissionais. E foi justamente sua predisposição para o diálogo, juntamente com sua formação intelectual e profissional diversificada, que o levou a servir como um elo entre o mundo financeiro nacional e internacional, o mundo da política, a sociedade e a diplomacia. Essa posição de *ponte* entre diversos mundos produziu efeitos diversos no desempenho de suas atividades públicas. A título de exemplo, quando de sua passagem pela embaixada em Washington, de 1986 a 1991, permitiu maior aproximação com os grupos sociais interessados nos chamados novos temas — meio ambiente, direitos humanos etc. —, tanto do lado brasileiro quanto do lado norte-americano, facilitando o diálogo acerca dessas questões. Além disso, sua esperiência na área econômica-financeira e sua condição de ex-diplomata o qualificou a monitorar em Washington a negociação da dívida externa brasileira e a lidar com a forte dimensão econômica da política externa dos Estados Unidos para com o Brasil na época. Por outro lado, essa mesma pluralidade suscitou fortes desconfianças, tanto por parte do mundo econômico brasileiro quanto do próprio Itamaraty.

O depoimento que se segue enfatiza em particular dois momentos da vida pública de Marcílio Marques Moreira: a embaixada em Washington e o Ministério da Economia. Mas essa ênfase não diminui o interesse de outros momentos em que, ainda no início de sua trajetória profissional, o futuro embaixador e ministro foi ator ou observador privilegiado da história política e diplomática brasileira. Assim, quando de sua primeira passagem pela embaixada em Washington, ainda como segundo-secretário, pôde testemunhar o entusiasmo e o envolvimento do corpo diplomático brasileiro com as propostas inovadoras da Operação Pan-Americana e da política externa independente — esta última considerada produto de "idéias que germinavam no Itamaraty desde antes", mas que somente a partir da liderança e capacidade formuladora de Afonso Arinos e, particularmente, de San Tiago Dantas puderam enfim adquirir um formato preciso. Por sinal, San Tiago Dantas desempenharia papel relevante na formação profissional e intelectual do então jovem diplomata, que teve a oportunidade de atuar como seu assistente em suas gestões tanto no Ministério das Relações Exteriores como no da Fazenda, durante os governos parlamentarista e presidencialista de João Goulart. E foi justamente essa proximidade com o ministro que permitiu a Marcílio Marques Moreira testemunhar uma surpreendente — e, até agora, pouco revelada — proposta feita pelo secretário de Estado dos Estados Unidos, Dean Rusk, a San Tiago Dantas, para que o Brasil atuasse como mediador no então explosivo conflito entre Portugal e seus "territórios ultramarinos", funcionando como garante de um calendário de independência a ser implementado nas colônias portuguesas na África.

Após a posse do presidente Sarney, embora cogitasse a possibilidade de ser chamado a exercer alguma função no governo, em especial a de negociador da dívida externa, Marcílio, já afastado do Itamaraty e trabalhando na iniciativa privada, surpreendeu-se ao ser convidado a assumir a embaixada em Washington. Em suas próprias palavras, a sensação foi a de "uma *vindication*". Afinal, tendo-se demitido do Itamaraty quando ainda primeiro-secretário, sem nunca ter sido promovido por merecimento, retornava às funções diplomáticas como chefe da mais importante representação brasileira no exterior. Sua missão: negociar uma nova agenda com os Estados Unidos ou, sem meias palavras, transformar uma agenda negativa em positiva. Foi assim que teve de enfrentar e tentar reverter o clima adverso ao Brasil que reinava nos Estados Unidos. Aos olhos dos americanos, como ele próprio resumiu, "na dívida externa, éramos caloteiros; na área farmacêutica, éramos piratas; no tema mulheres, éramos assassinos; no caso dos índios, éramos genocidas; no das florestas, incendiários..."

No dia-a-dia do embaixador, a questão da dívida foi a que esteve mais presente no encaminhamento das relações com o governo norte-americano. O depoimento revela assim o dilema de quem muitas vezes teve de defender uma posição de governo — como a moratória — que ia de encontro à sua própria posição relativamente à defesa dos interesses brasileiros e, mais que isso, a uma postura ética que poderia ser traduzida no axioma jurídico *pacta sunt servanda*, ou "os contratos devem ser cumpridos". Além desse, outros grandes nós emaranhavam o relacionamento entre Brasília e Washington: o contencioso da informática e o das patentes farmacêuticas. O testemunho a respeito revela diferenças interessantes nas negociações que envolveram essas duas questões.

Mesmo não tendo feito da embaixada em Washington um degrau para chegar ao Ministério da Fazenda, como especulavam os jornais da época, Marcílio Marques Moreira chegaria ao comando da economia brasileira cinco anos mais tarde, em 1991, ao ser convidado a assumir o Ministério da Economia pelo presidente Fernando Collor, em substituição a Zélia Cardoso de Mello. Se é possível dizer que antes levara a experiência do mundo da economia para a diplomacia na relação direta com Washington, agora teria sido escolhido em razão de seus conhecimentos de política e de diplomacia que, juntamente com sua formação econômica, seriam cruciais para preencher as expectativas geradas pelo novo superministério. Os estudos de política na Universidade de Georgetown poderiam finalmente ajudá-lo a implementar as políticas econômicas que considerasse corretas, como uma vez lhe dissera Octavio Dias Carneiro. Logo a seguir, por ocasião da crise política que se abateu sobre o governo Collor, seria a vez de a enorme credibilidade adquirida na área econômica lhe servir de instrumento de ação no plano político.

Contactado, ainda como embaixador em Washington, pelo então ministro da Justiça a respeito da inclinação do presidente a nomeá-lo para o ministério, Marcílio consulta a mulher, a filha e a mãe, e ouve desta última que "um convite desses não se recusa...". Segue então para Brasília para conversar com o presidente num encontro que nada deixa a dever aos grandes filmes de espionagem. E é nessa conversa que, sem quaisquer rodeios, busca estabelecer os limites de sua atuação e as necessárias correções no rumo da política econômica, sem esquecer de sugerir o nome que o deveria substituir em Washington.

E aqui cabe uma observação importante acerca da trajetória de Marcílio Marques Moreira: tendo sido aluno, no

Instituto Rio Branco, da primeira leva de diplomatas formados em economia no exterior, constituída de nomes como Octavio Dias Carneiro, e tendo aprimorado sua formação em seu primeiro posto, Washington, com Miguel Osório de Almeida, o jovem diplomata iniciou sua vida profissional no auge do pensamento desenvolvimentista, época em que, em suas palavras, "o Itamaraty estava dando as cartas em termos de política econômica". Anos depois, ao chegar à chefia da embaixada em Washington, o modelo desenvolvimentista e estatista de industrialização por substituição de importações começava a entrar em crise, questionado por setores do BNDES, do Ministério da Fazenda e mesmo da Petrobras e da Eletrobrás, apesar das resistências no interior do Itamaraty e entre os militares. De sua parte, adquirira a certeza da necessidade da mudança do modelo econômico, da liberalização econômica e comercial, enfim, dos benefícios de uma "inserção competitiva e soberana do Brasil no mundo", o que procuraria efetivar ao chegar ao comando do Ministério da Economia. Mas assinala o paradoxo de que, muito embora a transformação do modelo dependesse e tivesse mesmo como condição fundamental a redução do papel do Estado, foi justamente de dentro das entranhas burocráticas do Estado hipertrofiado que surgiram as propostas de mudança. Em suas próprias palavras, "o Estado, no Brasil, acabou sendo o propulsor da idéia de modernidade", repetindo-se, uma vez mais, o padrão histórico inaugurado em 1930.

A entrevista revela então como se formou sua equipe de trabalho no Ministério da Economia e quais os critérios de seleção utilizados, demonstrando a clareza do rumo que pretendia dar à sua gestão e, coerentemente com o governo da época, a baixa presença de injunções partidárias em todo esse processo. Assistimos a seguir ao relato das primeiras e cruciais medidas tomadas à frente do ministério: a devolução dos cruzados, já transformados em cruzeiros, as relações com a Argentina, o descongelamento dos preços.

O depoimento de Marcílio Marques Moreira ajuda igualmente a identificar os dois momentos da política externa do governo Collor em que o Itamaraty, ou ainda a resistência encontrada em alguns nichos do Itamaraty, fez com que se revissem algumas mudanças mais radicais tentadas por Collor em favor de uma adaptação criativa às novas condições do sistema internacional. Além disso, tomamos conhecimento da discordância de Marcílio com relação à atitude do Brasil diante da Guerra do Golfo, momento em que, segundo ele, teríamos perdido uma grande oportunidade de mostrar mais solidariedade aos Estados Unidos. Afinal, o ministro reconhece como um traço de continuidade na política externa brasileira a aliança com os Estados Unidos. E note-se que não como um "paradigma do pensamento", como diz a certa altura, mas sim como um "paradigma da realidade". Explicita-se aqui uma vertente do pensamento diplomático brasileiro com forte conotação realista de natureza hobbesiana, que percebe as relações internacionais como marcadas pelo princípio da anarquia, donde a ênfase sobre os recursos de poder de cada Estado. Nesse sentido, a aproximação com os Estados Unidos elevaria os recursos de poder do Brasil, aumentando assim sua capacidade de negociação, desde que se lançasse mão das oportunidades da aliança, cuja efetivação teria natureza predominantemente instrumental.

Uma das curiosidades a perseguir os entrevistadores e, provavelmente, muitos dos que acompanharam a passagem de Marcílio Marques Moreira pelo governo Collor foi o contraste entre o sóbrio e discreto ministro e o explosivo e temperamental presidente. Afinal, como Marcílio teria visto Fernando Collor e convivido com ele? A esse respeito, afirma ter sido muito boa a impressão que teve quando da visita deste a Washington como presidente eleito: "Ele estava inteiramente convencido da necessidade da reinserção do Brasil, de uma maneira muito mais dinâmica, na economia mundial. Em termos políticos, desse ponto de vista, havia uma grande convergência de opinião entre nós." No entanto, desde então identificava uma dicotomia entre o discurso e a prática de Collor: se recebia o primeiro muito bem, era difícil sentir-se confortável com a segunda. Do liberal discurso de posse ao intervencionista plano econômico implementado no dia seguinte, a surpresa foi grande. De fato, a visão de Marcílio sobre Collor é bastante curiosa, pois revela um misto de reconhecimento das potencialidades e de perplexidade perante as atitudes. Assim, a se admitir a hipótese de dupla personalidade, o ex-ministro acredita ter lidado apenas com o Dr. Jeckyll... Segundo seu relato, a posição assumida por Collor, de que era preciso investigar tudo e punir os responsáveis, deixava-o tranqüilo. Foi como se os resultados das investigações, embora deles Marcílio não duvide, não se adequassem à expectativa nele gerada pelo presidente.

Sem dúvida alguma, um dos grandes destaques deste depoimento se concentra no registro da atuação de Marcílio Marques Moreira à frente do Ministério da Economia, não apenas na gestão dos negócios da pasta, quando logrou separar as negociações com o FMI e com os bancos privados da crise política do governo, mas também na reforma ministerial de abril de 1992 e na *débâcle* política que se seguiu. Por ocasião da reforma, nomes de sua inteira confiança passaram a ocupar postos-chave, o que o levou a ser chamado por alguns de primeiro-ministro, papel que de certa forma desempenharia ao assegurar a permanência da equipe de governo até a votação da licença para que se iniciasse o processo de *impeachment* do presidente. Numa situação de "parlamentarismo informal", como denominou Amaury de Souza, enquanto o presidente entrava em instabilidade, o "primeiro-ministro" garantia a governabilidade.

Por fim, Marcílio Marques Moreira faz um balanço abrangente e ao mesmo tempo enxuto da atual situação política e econômica do Brasil e da imagem do país no mundo, no qual podemos perceber claros indícios de um *position paper* — vício de quem desde muito cedo procurou entender e explicar o Brasil, remexendo o passado com o olhar voltado para aquele que considera ser o melhor caminho para o futuro.

Letícia Pinheiro
Alexandra de Mello e Silva
Dora Guimarães de Mesquita Rocha

Na preparação dos roteiros das entrevistas, foi fundamental a pesquisa no arquivo do entrevistado, doado ao CPDOC graças às gestões de Celso Castro, na época à frente do Setor de Documentação do Centro. Nessa pesquisa, contamos com a ajuda de Bruno de Moura Borges e do técnico de som Clodomir de Oliveira Gomes. A transcrição das fitas foi feita, na primeira fase, por Lia Carneiro da Cunha e, na segunda, por Oswaldo Moellmann Cordeiro de Farias. Na organização do livro, Dora Rocha foi responsável pelo desenho da obra e edição da entrevista; Alexandra de Mello e Silva, pelas notas.

Nesse momento, foi inestimável a colaboração da equipe responsável pela atualização do *Dicionário histórico-biográfico brasileiro*. Somos gratas a Alzira Alves de Abreu, Fernando Lattman-Weltman, Sérgio Tadeu de Niemeyer Lamarão e Christiane Jalles de Paula.

1

A Escolha da Carreira

Exemplos na família

O senhor nasceu em 1931, no Rio de Janeiro, estudou em Viena, Budapeste, Berna... O fato de ter tido um pai diplomata[1] *e de ter passado a infância e a adolescência viajando teve importância mais tarde, no momento da escolha da carreira?*

Sem dúvida, pois levou à minha escolha inicial, embora depois eu tenha mudado de rumo várias vezes. Decidi ser diplomata, primeiro, porque tinha o exemplo paterno; se-

---

[1]Mário Moreira da Silva, nascido no Rio de Janeiro em 11 de julho de 1893, bacharelou-se em direito em 1914, dois anos depois de ter ingressado no serviço público. De 1912 a 1914 foi oficial de gabinete do presidente Hermes da Fonseca e de 1913 a 1930 serviu no então Ministério da Agricultura, Indústria e Comércio, em especial no Instituto de Expansão Comercial. Os funcionários desse instituto, responsáveis pela promoção comercial no exterior, foram transferidos em janeiro de 1931 para o recém-criado Ministério do Trabalho, Indústria e Comércio e, em maio de 1932, para o Ministério das Relações Exteriores, onde formaram o núcleo inicial da Divisão Econômica e Comercial. De outubro de 1934 ao início de 1938, Moreira da Silva foi cônsul do Brasil em Viena e de janeiro a dezembro desse último ano serviu na mesma qualidade em Budapeste. De volta a Viena após o *Anschluss*, aí permaneceu até janeiro de 1940, quando voltou para o Brasil e passou a chefiar a Divisão Econômica e Comercial do Itamaraty. Em janeiro de 1944, foi designado diretor-geral do Conselho Federal do Comércio Exterior, órgão subordinado à Presidência da República, e em fins de 1945 foi nomeado ministro plenipotenciário em Berna. Em 1951, voltou a chefiar a Divisão Econômica, e em 1952 foi chefe substituto do Departamento Econômico e Consular. Em 1953 foi removido como embaixador para Ancara e em fins de 1955 para Viena, onde serviu até aposentar-se em julho de 1958. Fonte: informações fornecidas por Marcílio Marques Moreira.

gundo, tinha ferramentas que seriam úteis na carreira e desde já facilitavam o vestibular para o Instituto Rio Branco: línguas e uma formação humanística mais sólida. Isso viria a ser um instrumental importantíssimo. Minha ida para o Itamaraty foi o prosseguimento de um paradigma que meu pai mal ou bem construiu, embora ele sempre se tivesse oposto à idéia: dizia que a carreira diplomática não era gratificante, que havia muita fofoca, me desestimulou muito. Cheguei a pensar em ser arquiteto, a me preparar, mas afinal acabei diplomata. Por outro lado, depois fui mudando: do serviço público passei para o privado, e mesmo dentro do serviço público estive também no BNDE, na Copeg, no Ministério da Fazenda... Certamente, não me arrependo de ter passado pelo Itamaraty. Acho que todas essas experiências foram mutuamente enriquecedoras. O que eu talvez devesse dizer também é que, na minha vida profissional, não foi só o exemplo do pai diplomata que foi importante; ele foi um dos pioneiros no esforço de levar para o Itamaraty os assuntos econômicos. Meu pai foi um dos primeiros chefes da Divisão Econômica do Ministério das Relações Exteriores, onde trabalharam Roberto Campos, João Batista Pinheiro, Edmundo Barbosa da Silva e muitos outros.

Que línguas o senhor dominava na infância? Foi alfabetizado em português?

Fui alfabetizado em alemão, ainda por cima na escrita gótica. Isso até que não me ajudou diretamente... No tempo de Viena, eu só falava português com meus pais, mesmo com meus irmãos me entendia em alemão. Mas o estudo na Suíça, por ocasião da minha segunda estada na Europa, foi ainda mais importante para a minha formação. Fiz o curso científico no Ginásio Municipal de Berna, escola pública excelente, e lá se dava ênfase ao inglês e ao francês. A Suíça é um país quadrilíngüe onde o francês e o alemão são mais fortes, e isso me deixou um inglês com um certo sotaque alemão. Quanto ao francês, tenho um sotaque que eles chamam de *français fédéral*, que é o francês genebrino.

O senhor estava na Europa durante a guerra?

Estive na Europa até o começo da guerra, até novembro de 1939. Quando estourou a guerra, já com blecaute, racionamento e tudo, meu pai nos pegou, a nós crianças e à minha mãe, e nos despachou para o Brasil num dos últimos navios que partiram, um navio italiano. E ele permaneceu lá, até janeiro de 1940. Nós tínhamos chegado a Viena em outubro de 1934, poucos meses depois do assassinato do Dolfuss,[2] e a atmosfera era muito pesada, com aquela violência política, aqueles movimentos de rua, nichos de metralhadoras nas esquinas. Nessa época, eu tive dois problemas graves de saúde, um reumatismo articular agudo e também uma endocardite, de modo que vivi meses e meses na cama. O que havia para fazer era ouvir rádio — não havia televisão —, ler e conversar com adultos. No rádio, eu ouvia inclusive os arrebatados discursos de Hitler.

Sua inserção no mundo das relações internacionais começou realmente cedo. O senhor era muito menino nessa época...

Muito. Depois de um primeiro surto de doença por volta de 1936/37, tive uma recaída em 1939. O médico da família, Dr. Reich, judeu, começou a me tratar, mas depois foi proibido de fazê-lo. Veio outro médico, que não sabia

---

[2]Engelbert Dolfuss (1892-1934) foi o chanceler austríaco de 1932 até ser assassinado em 25 de julho de 1934, em meio a uma tentativa de golpe nazista.

achar a veia. Era uma cena, a cada uma das dolorosas injeções na veia que eu tinha de tomar... Eram injeções de ouro coloidal. Vejam que ironia! E o fato de sentir-se vítima indireta do racismo nazista calou fundo na memória do menino de sete anos.

Em que época o senhor esteve em Budapeste e Berna?

Estivemos de 1934 a 39 em Viena, com uma interrupção de um ano, em 1938, em Budapeste — justamente o ano em que houve o *Anschluss*, a anexação da Áustria pela Alemanha. Voltamos para o Brasil e, quando eu tinha 15 anos, em 1946, fomos para a Suíça. Meu pai havia sido nomeado ministro em Berna, chefiava a legação brasileira. Naquela época, na Suíça, só havia uma embaixada, que era a da França. Todas as outras representações diplomáticas eram legações. Hoje em dia essa distinção já não existe: tudo, em todo lugar, são embaixadas.

Sua convivência com o grand monde *da diplomacia na Europa, que naquela época era mais* grand monde *do que é hoje, também deve ter influído em sua opção pela carreira diplomática, não?*

Acho que a convivência pesou, sobretudo na Suíça, porque Viena e Budapeste foram experiências muito primevas. Mas não era com o *grand monde*, não. Havia uma comunidade brasileira de alta qualidade na Suíça, talvez porque a Suíça, logo depois da guerra, fosse o país da Europa que tinha melhores condições de vida, até materiais. A Europa estava destruída em 1946, 47 — ficou famoso o inverno de 47, pela sua dureza. Para terem uma idéia, nesse período estavam na Suíça Clarice Lispector, que me deu aulas de português, Antônio Houaiss, Raul Bopp. Era um convívio enriquecedor. Continuei amigo dessas pessoas a vida toda.

Como era o mundo diplomático no pós-guerra? Um ministro ou um embaixador tinham muita autonomia?

Havia mais autonomia do que hoje por causa das comunicações, que eram muito mais difíceis. A Suíça era essencialmente um posto de observação. Não havia grandes problemas econômicos ou políticos na Suíça, mas tinha-se um posto de observação fantástico. Meu pai nessa época também exerceu algumas missões na área econômica. Por exemplo, na primeira reunião preparatória do GATT, em Londres, em 1946, foi ele quem chefiou a delegação brasileira. O GATT era para ser só um acordo provisório, depois se criaria a instituição, a Organização Internacional do Comércio. Mas, como a instituição não vingou, o GATT continuou e mais ou menos se institucionalizou, informalmente.[3]

Quando o senhor voltou da Suíça para o Brasil?

No comecinho de 1951. Terminei aqui o científico, em fins de 1952 fiz o vestibular para a Faculdade de Direito que hoje pertence à UERJ, passei, e no fim do primeiro ano de faculdade, em 1953, fiz o concurso para o Instituto Rio Branco. Fiz os dois cursos ao mesmo tempo.

---

[3]Da delegação brasileira à primeira reunião preparatória da então chamada Organização Internacional do Comércio (OIC), realizada em Londres em 1946, fizeram parte, além do ministro Mário Moreira da Silva, que a chefiou, os economistas Alexandre Kafka, Aldo Batista Franco, Eduardo Lopes Rodrigues, José Nunes Guimarães, Rômulo de Almeida, Garrido Torres e Otávio Paranaguá, entre outros. Ver *Alexandre Kafka: Depoimento* (Brasília, Banco Central/Programa de História Oral do CPDOC/FGV, 1998). Em nova reunião realizada no ano seguinte em Genebra, foi assinado o Acordo Geral sobre Tarifas e Comércio, ou General Agreement on Trade and Tariffs (GATT). Diante da demora na instalação da OIC, o GATT assumiu suas funções, durante muitos anos, tornando-se um fórum privilegiado para as negociações de tarifas, realizadas nas chamadas "rodadas". Somente em janeiro de 1995 foi criada a Organização Mundial do Comércio (OMC).

Por que o vestibular para direito?

Eu tinha toda uma influência do meu pai, que era diplomata mas também tinha feito o curso de direito. Além disso, havia na minha família materna, Azevedo Marques, uma vertente de juristas. Eu tinha um primo, considerado como se fosse tio, com quem eu convivia muito, que era o Philadelpho de Azevedo. Meus pais se conheceram na casa dele. Philadelpho foi ministro do Supremo Tribunal Federal e depois juiz da Corte Internacional de Justiça de Haia, onde morreu, aliás. Havia ainda um tio da minha mãe — meu tio-avô, portanto — que também foi grande jurista, diretor da Faculdade de Direito de São Paulo e ministro do Exterior no governo Epitácio Pessoa: José Manuel de Azevedo Marques. Havia toda uma tradição de direito.

O senhor mencionou que pensou em ser arquiteto. Arquitetura também devia ser uma profissão emergente no início dos anos 50, não?

Era. Eu pensava em duas coisas: arquitetura e engenharia. Meu irmão mais velho fez arquitetura, e o outro, engenharia. Meu sonho, naquela época, era estudar engenharia para fazer açudes no Nordeste — meu avô vem do Ceará. Era uma utopia.

A formação do diplomata

O concurso para o Rio Branco era muito difícil, na sua época?

Sim. Direito, por exemplo, era uma disciplina eliminatória, e então eu fiz uma espécie de cursinho preparatório. Meu pai ajudou: através do Alfredo Valadão, falou com

Haroldo Valadão, seu irmão, que indicou um jovem professor de direito. Esse professor chamava-se Herbert Viana Chamoun e fez um cursinho só para mim e mais uns candidatos que chamei, um pequeno grupo de pessoas. Éramos uns seis: além de mim, João Tabajara de Oliveira, Carlos Augusto de Proença Rosa, que nós chamávamos de Tó... Não sei se estava o Luiz Dias Costa também, Luiz Carlos Thedim, Guy de Castro Brandão... Repassamos todos os 50 pontos de direito e fomos todos aprovados nessa disciplina.

Que outras provas eram eliminatórias?

Todas eram eliminatórias: geografia, história, português, inglês e francês. Além de direito, tomei aulas particulares de inglês e português, porque estava afastado havia cinco anos e precisava estudar gramática. De francês não foi necessário, porque eu estava vindo da Suíça. O exame naquela época era realmente rigoroso, muito mais que hoje. Acho inclusive que os diplomatas eram mais bem preparados. Estou dizendo isso porque há pouco me mandaram do Rio Branco uma tese para ler, dessas que é preciso fazer para o sujeito ser promovido a ministro, e que tristeza! Meu Deus do céu! Talvez o exame fosse mais rigoroso antigamente porque havia mais procura. Hoje há mais profissões, inclusive na área de economia, administração de empresas etc. O Itamaraty, a partir de meados da década de 1970, chegou à conclusão, por causa do problema de oferta e procura, de que, se mantivessem o mesmo rigor, não conseguiriam um número suficiente de diplomatas.

Comparando ainda o período em que o senhor fez o concurso para o Rio Branco e os dias de hoje, não teria havido uma tentativa do Itamaraty de se abrir para a sociedade, de se tornar mais representativo, de se democratizar?

Sim. Inclusive geograficamente. A minha turma era praticamente toda carioca. Havia alguns de São Paulo, mas muito poucos, uns dois ou três. Oitenta, 90% eram do Rio.

Democratização, de um lado, perda de qualidade na formação do diplomata, de outro... Será que a degradação da carreira diplomática, hoje, não tem ligação com uma degradação geral da carreira de servidor público no Brasil, inclusive do ponto de vista salarial? Na sua época o diplomata era visto como um funcionário público de prestígio?

Ah, sim, de altíssimo prestígio. Eram funcionários públicos de prestígio os militares, os funcionários do Banco do Brasil — naquela época, o Banco Central ainda não existia — e os diplomatas, sendo que estes numa categoria mais ou menos especial, pois viviam no exterior, ganhavam em dólar, os vencimentos eram, em termos relativos, melhores... Havia a chamada ajuda de custo, para as remoções para ou do exterior, que era uma quantia significativa. Tinha-se também uma boa aposentadoria.

Outra coisa marcante na época era que os diplomatas com freqüência iam trabalhar em outras áreas do Estado, ligadas à economia, como foi o caso do BNDE. No princípio, a história do BNDE teve uma forte presença de diplomatas. Havia no Instituto Rio Branco uma boa formação em economia?

Sim. A primeira leva de diplomatas formados em economia no exterior chegou de volta no momento em que entrei para o Rio Branco e passou a nos dar aulas de economia. Era a grande ênfase do Rio Branco na minha época.

O primeiro doutor brasileiro em economia, que eu saiba, foi Octavio Augusto Dias Carneiro, que também foi meu primeiro professor da matéria. Depois vieram João Baptista Pinheiro, Miguel Álvaro Osório de Almeida...

Como era sua turma no Instituto Rio Branco?

Houve na minha turma uma coisa traumática. No meio do vestibular, comecei a receber informações e pedidos de colegas para rever tais e tais pontos, e vi que aqueles foram os pontos que viriam a cair na prova... Isso depois veio à meia-tona, veio à meia-luz, houve uma meia-sindicância, que não chegou a nada, mas era evidente que algo tinha acontecido. Adotou-se então um mecanismo de compensação, pelo qual vários alunos foram reprovados no fim do primeiro ano. Poucos que entram no Rio Branco são reprovados durante o curso, mas houve um rigor maior. Não se pegaram pessoas específicas para reprovar, mas o instituto decidiu ser mais rigoroso. Seis tiveram que repetir ano. Um desistiu e cinco repetiram.

O senhor acha que isso afetou, pelo menos no início, sua confiança em relação à instituição?

Quebrou a confiança, realmente, e deve ter contribuído para o fato de eu ter saído, oito ou nove anos depois. Houve ainda uma segunda sangria na turma: quando estávamos terminando o primeiro ano, abriu-se um concurso direto. Como a seleção era muito apertada, e já naquela época eles não estavam conseguindo preencher as vagas, fizeram uns dois concursos chamados diretos, em que as exigências eram muito mais altas, mas se entrava diretamente na carreira sem o curso do Rio Branco. Essa possibilidade nos foi oferecida, mas fiquei em dúvida. Eu era o primeiro da turma. No vestibular, fui o segundo, quase empatado, mas no Rio Branco era o primeiro, por dez pontos de diferença, de 88 para 78. Pensei: "Sou o primeiro da turma, acho que não teria dúvida em ser aprovado, mas estou tentando aprender, os professores são bons. Fazer uma prova correndo, e pronto..." Acabei não fazendo o direto. Outros fizeram. Luís Paulo Lindenberg Sette fez e passou. Paulo Tarso Flecha de Lima também ingressou na carreira por concurso direto, o segundo que foi feito.

No seu tempo, o curso do Rio Branco visava mais a uma formação intelectual ou a uma formação profissional?

Era muito mais formação intelectual do que profissional. Depois, na época sobretudo do pragmatismo responsável, foi que se entrou por um profissionalismo algo irresponsável...

A decisão do Itamaraty de abrir esse concurso direto, quase contra os próprios ideais do Instituto Rio Branco, de formação de quadros em termos intelectuais, humanistas, lhe causou mais uma decepção?

Realmente, foi uma decepção. Quando fiz o concurso para o Rio Branco, minha expectativa, de direito, era entrar na carreira num certo ponto, e um grupo de 20 pessoas entrou na minha frente. Depois, nossa turma trabalhou bem e conseguiu uma lei que considerava — do ponto de vista não de promoção, mas de aposentadoria — que a entrada no Itamaraty era a entrada no Rio Branco. Como acontece nas escolas militares.

Apesar de tudo, o curso do Rio Branco era um bom curso. Além da economia, tive um excelente professor de geografia — Hilgard O'Reilly Sternberg, fantástico, acabou na

Universidade de Berkeley —, um excelente professor de direito internacional — o embaixador Carlos Calero Rodriguez —, bons professores de francês, de inglês. De política também tive um bom professor.

Ciência política?

Não, isso fui eu que introduzi, em 1967, numa época em que já estava licenciado do Itamaraty. Queriam que eu desse aulas no Rio Branco, e eu disse que o que sabia era teoria política, em função do curso que tinha feito em Georgetown. A cadeira que cursei no Rio Branco foi política internacional. O professor era Dantas de Brito, funcionário das Nações Unidas, brasileiro da Bahia. Foi muito interessante o seu curso. Ele só deu aulas um semestre ou dois e depois voltou para a sede da ONU em Nova Iorque, onde eu viria a visitá-lo algumas vezes quando de passagem pela cidade.

Que autores se liam em política internacional? É interessante saber porque, quando se observam os pronunciamentos da época, vê-se que existe uma certa visão realista do sistema internacional. De onde vinha isso?

Acho que nós líamos Frederick L. Schuman, autor de *International Politics*,[4] e os autores clássicos da política internacional: Hans Morgenthau, maior expoente do realismo nas relações internacionais, Woodrow Wilson, o *paragon* idealista, a diplomacia parlamentarista etc. Vimos temas como nacionalismo, ideologias, Guerra Fria e desarmamento, prática das organizações multilaterais.

---

[4]Publicado em Nova Iorque pela McGraw Hill, em 1953.

No curso de economia havia alguma influência da CEPAL?

Não, porque o Dias Carneiro estava vindo do MIT e era muito ligado à econometria — eu me lembro bem, foi o único 6,5 que tirei no Rio Branco. Dias Carneiro era multifacetado, porque era um grande especialista em econometria, membro da Sociedade de Econometria Internacional, mas ao mesmo tempo era um grande humanista. Tinha uma biblioteca fantástica: Proust, Dostoievski e tudo o mais. Ele trouxe a vertente quantitativa para o seu curso, mas, ao mesmo tempo, trouxe a vertente de Max Weber. Foi a primeira vez que ouvi falar em Max Weber. Depois, reintroduzi Weber no currículo do Rio Branco. Eu concebia o meu curso como um *reading course*: selecionei dez livros fundamentais para a trajetória contemporânea do pensamento econômico, a matéria era aquela, e o aluno podia levar aqueles livros ou qualquer outra literatura que quisesse para a prova, sem qualquer problema. Eu dizia: "Tragam o que quiserem. Até cola. Não vou perguntar nada que vocês possam preparar antes."

O que se lia em economia na sua época?

Era muito a época do Samuelson. Acho que tinha sido recém-traduzido aqui.[5] Acho que o Schumpeter também era lido. Enfim, aquela coisa: oferta e procura, relações de comércio exterior, balanço de pagamentos, balança comercial. Eu era bom aluno de economia. Tanto que, quando acabei o Rio Branco, como eu gostava de direito internacional, pedi para ir para a Divisão de Tratados Internacionais — não sei se era chamada assim —, mas me arrebataram para a Divisão Econômica.

---

[5] A obra clássica de Paul Samuelson, *Economics: an introductory analysis*, foi traduzida por Octavio Augusto Dias Carneiro e publicada no Brasil com o título de *Introdução à análise econômica*, em 1952.

Na Divisão Econômica

Como foi sua experiência na Divisão Econômica?

Foi muito interessante. Tomei posse como terceiro-secretário em 20 de dezembro de 1954, numa época em que o Itamaraty estava dando as cartas em termos de política econômica. Edmundo Barbosa da Silva era o chefe do Departamento, Antônio Corrêa do Lago, o chefe da Divisão Econômica, e eles estavam tentando uma nova fórmula. Naquela época havia aquelas mesas antigas, ainda do tempo do Barão, e eles resolveram — deve ter sido idéia do Corrêa do Lago — botar duas mesas, uma em frente à outra, com um diplomata de um lado e um economista do outro. Havia assim um intercâmbio entre os diplomatas e os economistas do Itamaraty. Eu, por exemplo, trabalhei tendo na minha frente Benedito Moreira Fonseca, e depois também Jayme Magrassi de Sá.

Logo no primeiro dia, segundo talvez, me disseram: "Aqui está um telegrama para você responder." Era sobre o veto americano à venda de centrífugas nucleares para o Brasil! Eu estava saindo do Rio Branco...

Quem estava tratando desse assunto no Brasil?

Era o almirante Álvaro Alberto. E Renato Archer já se interessava. Foi então que o conheci, depois voltei a encontrá-lo em Washington. Mas o Itamaraty era bem organizado naquela época, porque vinha o telegrama e junto um maço com todos os antecedentes. Eu tinha que estudar, dar uma opinião e sugerir uma resposta. Fiz alguns telegramas, que o Corrêa do Lago corrigia — ele era muito detalhista —, mas a partir do décimo ele já não lia. Um mês, dois meses depois, ele já aprovava minhas minutas quase que automaticamente. E me colocou nas negociações diretamente, o que foi muito interessante.

Era o ano de 1955, e na Europa estava-se criando a chamada área de livre conversibilidade: as moedas européias começaram a ter uma conversibilidade recíproca. Fizeram-se então vários acordos entre o Brasil e os países europeus estendendo-se uma conversibilidade limitada às transações comerciais. Havia assim negociações com os alemães, com os franceses, com os italianos, e eu já participava delas diretamente. Na negociação com a Alemanha acabei sendo intérprete também, porque a intérprete que havia era muito ruim.

Essas negociações também passavam pelo Ministério da Fazenda? Como era a divisão de tarefas?

Era tudo bem organizado. Havia o Bauman, da Diretoria de Câmbio do Banco do Brasil, Arnaldo Walther Blank, da Cacex, Herculano Borges da Fonseca, da Sumoc. Criou-se uma espécie de comissão, enfim, um órgão, que acho que não era formalizado, em que as decisões eram tomadas. Era um grupo muito bom.

Não havia animosidade, divergências, entre os diplomatas e os funcionários da área econômica do governo?

Não. Tanto que depois, dos economistas do Itamaraty, Benedito Moreira Fonseca foi ser diretor da Cacex e Magrassi, diretor superintendente do BNDE.

Essa comissão não-formalizada a que o senhor se refere era bem típica do estilo de administração de Juscelino Kubitschek, cujo governo se iniciou em janeiro de 1956.

Era. E como Edmundo Barbosa da Silva tinha muito prestígio, participava das decisões e praticamente despachava com o presidente.

Que problemas eram considerados mais importantes, na época, em termos de relações econômicas externas?

Comércio e, um pouco, ajuda econômica. Naquela época, ainda tínhamos uma economia extremamente regulamentada, havia problemas de licenças de importação e coisas assim. Estávamos saindo daquele sistema de câmbio múltiplo, de cinco câmbios diferentes...

Quanto tempo o senhor ficou na Divisão Econômica?

Dois anos, com uma única viagem. Havia uma viagem-prêmio, que era um estágio na OEA, e fiz esse estágio em 1956, durante um mês, cinco semanas. Assistíamos a umas aulas, acompanhávamos os debates, visitávamos as divisões, foi muito interessante. O estágio incluiu ainda uma semana na ONU, interessante também. Aproveitei para fazer uma exploração na embaixada em Washington: fiquei hospedado na casa do Ronaldo Costa, me acerquei das pessoas da embaixada. Queria me decidir sobre que posto pedir, pois como primeiro da turma eu tinha o direito de escolher. Havia uma certa má vontade no Itamaraty em relação ao embaixador Amaral Peixoto, que não era de carreira, e eu quis ver como seria a convivência. Estive com ele e vi que era uma pessoa encantadora, tive a melhor impressão. Depois, trabalhei com ele na embaixada de uma maneira também muito positiva. Até para minha surpresa, ele se interessava muito pelos assuntos econômicos e culturais, além dos políticos.

A experiência da OEA, da ONU, das questões multilaterais, não o entusiasmou? Não o atraiu a idéia de, em vez de ir para a embaixada, trabalhar na representação brasileira em uma dessas organizações?

Não. Washington, evidentemente, era o principal posto. O mundo bilateral era mais vibrante.

Depois dessa visita de cinco semanas à OEA, desses contatos na embaixada, o senhor voltou para o Brasil já buscando sua transferência?

Não estava buscando minha transferência imediatamente, porque eu tinha dois outros objetivos. Um era casar, o que fiz poucas semanas depois, no começo de dezembro de 1956, com Maria Luiza. Eu a tinha conhecido em 1954, quando ela regressava da Europa, para onde tinha viajado pouco depois da morte de seu pai, Luiz Camillo de Oliveira Netto.[6] O outro objetivo era terminar o curso de direito, porque, como eu tinha ido para a OEA na época das provas, teria de fazê-las em segunda época. Recebi o diploma de direito só no início de 1957. Foi então que começou o processo de escolha de posto. Já estava havia dois anos na Divisão Econômica, já era o momento.

Quer dizer que o senhor se formou em direito já como terceiro-secretário do Itamaraty.

Sim. No último ano do curso de direito eu tinha aula de manhã na faculdade, ia para o Itamaraty às 11 horas, saía de lá e ia dar aula de direito internacional público na Faculdade Cândido Mendes no início da noite. Na UERJ, direito

---

[6] O historiador Luiz Camillo de Oliveira Netto foi o último reitor da Universidade do Distrito Federal antes de sua extinção, em 1939 e, depois, chefe do Serviço de Documentação do Itamaraty. Colaborou na redação e foi signatário do Manifesto dos Mineiros, em 1943, e distinguiu-se como um dos baluartes da redemocratização, afinal iniciada com a queda do Estado Novo, em 1945. Ver *Dicionário histórico-biográfico brasileiro pós-1930* (2ª ed., revista e atualizada, coord. Alzira Alves de Abreu, Israel Beloch, Fernando Lattman-Weltman e Sérgio Tadeu de Niemeyer Lamarão. Rio de Janeiro, FGV/CPDOC, 2001), designado daqui em diante pelas iniciais *DHBB*.

internacional era matéria do quinto ano e na Cândido Mendes do terceiro, de modo que cheguei a fazer prova de direito internacional público de manhã e dar aula sobre o assunto na mesma noite. Dar aulas numa faculdade era prestigioso. E dar aulas privadas era interessante financeiramente. Passei dois anos no Rio Branco sem ganhar nada e sem poder trabalhar, mas ao sair dei muitas aulas: para o Marcos Azambuja, para o João Carlos Bolitreau Fragoso, para o Carlos Bueno — hoje, todos embaixadores.

Depois de dois anos na prestigiosa Divisão Econômica do Itamaraty, o senhor teve como primeiro posto Washington. Foi um bom começo de carreira, não?

Foi uma carreira rápida. Não em termos de promoção, pois nunca fui promovido por merecimento no Itamaraty, o que também foi um desencanto. Naquela época, a cada promoção havia um quadro de acesso em que entravam três pessoas. Entrei em todos os quadros de acesso, mas nunca fui promovido por merecimento. Mas, em termos de remoção, fui bem-sucedido. O embaixador em Paris, Carlos Alves de Sousa, queria que eu fosse trabalhar com ele; o embaixador na Iugoslávia, Raul Ribeiro Couto, também — tenho cartas deles me convidando. Mas afinal fui mesmo para Washington.

2

Entusiasmo em Washington

O primeiro time do Itamaraty

Como foi sua chegada a Washington como terceiro-secretário?

Quando cheguei a Washington, em 1957, já tinha conhecido o embaixador Amaral Peixoto, e ele logo me chamou para ficar por perto, assessorando-o. Não diretamente, porque não havia isso, mas, enfim, sempre me chamava para saber minha opinião. E havia também umas designações que vinham do Itamaraty. Logo depois de eu chegar, veio uma missão chefiada por Casimiro Ribeiro, para negociar com o Fundo Monetário, e fui nomeado para essa missão. Fiquei muito próximo do Fundo Monetário e do representante do Brasil no Fundo, Otávio Paranaguá. Logo entrei em assuntos, digamos assim, mais complexos. Com os três embaixadores que tivemos em Washington na época aconteceu isso: Amaral, Walther Moreira Salles e Roberto Campos.[1]

---

[1]Amaral Peixoto foi embaixador em Washington de julho de 1956 a junho de 1959 e Moreira Salles, de julho de 1959 a fevereiro de 1960, ambos no governo Juscelino Kubitschek (Moreira Salles já havia ocupado o mesmo posto de junho de 1952 a agosto de 1953, no governo Vargas). Roberto Campos, nomeado por Jânio Quadros, foi embaixador de outubro de 1961 a fevereiro de 1964, já no governo João Goulart. Ver *DHBB*.

Durante algum tempo, quem chefiou o setor econômico da embaixada, ao qual eu pertencia, foi Miguel Álvaro Osório de Almeida, uma pessoa rara. Ele chegou lá e disse: "Vocês não sabem nada de economia. Portanto, às segundas, quartas e sextas, às oito horas da manhã, vamos ter aulas de economia, começando com matemática financeira." Convocou todo o pessoal. Até Hildegardo Noronha, que era da Marinha, se juntou a nós, e nunca mais voltou para a Marinha.

Quem era "todo o pessoal" que estava em Washington e foi estudar economia com Miguel Osório de Almeida?

Era o primeiro time do Itamaraty: Geraldo Egídio da Costa Holanda Cavalcanti, Luís Paulo Lindenberg Sette, Octavio Rainho da Silva Neves, Ronaldo Costa, Ronald Leslie Morais Small; mais tarde, Sérgio Paulo Rouanet e Amaury Bier. Era um grupo excepcional. Na área política, também: estavam lá Ramiro Saraiva Guerreiro, Maury Gurgel Valente, Henrique Rodrigues do Valle. E logo depois veio Carlos Alfredo Bernardes, que era um diplomata fora de série. Durante um ano, inclusive, foi encarregado de negócios, como se fosse o embaixador.[2] Depois, quando San Tiago Dantas foi nomeado ministro das Relações Exteriores, tornou-se secretário-geral do Itamaraty. O subsecretário do San Tiago foi Renato Archer.

Alguns desses que o senhor mencionou estavam no início da carreira, outros já no meio, não?

Guerreiro estava no meio, mas o pessoal do setor econômico estava todo bem no comecinho. Jório Dauster, por

---

[2] Carlos Alfredo Bernardes foi encarregado de negócios em Washington em dezembro de 1959 e de fevereiro de 1960 a setembro de 1961, no final do governo Kubitschek e durante todo o governo Jânio Quadros. Ver *DHBB*.

exemplo, que era cunhado do Luís Paulo Sette, estava terminando a *high school* em Washington. Nós tivemos uma formação em economia no Rio Branco e depois esse curso com o Miguel, que foi muito bom.

Operação Pan-americana

O senhor estava em Washington quando foi lançada a Operação Pan-Americana, em junho de 1958.[3] *Como foi recebida a proposta da OPA dentro da embaixada?*

Muito bem recebida, porque foi em grande parte concebida a partir dos estudos do próprio Miguel Osório. Eram estudos econométricos cujas projeções acabaram não se confirmando, porque o que eles previam era que a Rússia iria passar os Estados Unidos brevemente. Foi um período extremamente interessante, o da Operação Pan-Americana, porque vieram várias missões de que eu participava: do Sette Câmara, do Augusto Frederico Schmidt, do Negrão de Lima...

Mas parece que a proposta da OPA não foi muito discutida dentro do Ministério das Relações Exteriores. Juscelino teria feito uma conexão direta com Amaral Peixoto, o que teria até levado o ministro José Carlos de Macedo Soares a se exone-

[3] A Operação Pan-Americana (OPA) teve início com uma troca de cartas entre Juscelino Kubitschek e o presidente norte-americano Dwight Eisenhower em maio de 1958 e foi oficialmente lançada no mês seguinte, através de um discurso do primeiro, em cadeia nacional de rádio e televisão. Atribuída originalmente a uma idéia de Augusto Frederico Schmidt, assessor informal de JK, a OPA defendia uma revisão do pan-americanismo com base na proposta de que os Estados Unidos contribuíssem com investimentos públicos para a erradicação do subdesenvolvimento dos países latino-americanos. Da iniciativa brasileira resultou a criação, no seio da OEA, de um Comitê das 21 Repúblicas Americanas — Comitê dos 21 — com o objetivo de formular novas medidas de cooperação econômica interamericana. O Comitê dos 21 se reuniu três vezes: em Washington, de novembro a dezembro de 1958; em Buenos Aires, em maio de 1959; e em Bogotá, em setembro de 1960. Ver Alexandra de Mello e Silva, "Desenvolvimento e multilateralismo: um estudo sobre a Operação Pan-Americana no contexto da política externa de JK", *Contexto Internacional*, 14 (2), jul./dez. 1992.

rar. Daí a nomeação de Negrão de Lima para substituí-lo. Havia, entre os diplomatas de carreira, uma reclamação de que a coisa não tinha sido feita por meio da chancelaria...

É, mas o padrão do relacionamento era esse. Quando eu disse que o Itamaraty não gostava muito do Amaral, talvez fosse por isso. Mas Amaral se dava muito bem com Miguel Osório, e o fato é que a OPA partiu de um estudo preparado pelo setor econômico da embaixada, que em junho de 1958 era chefiado pelo Miguel e composto por aquele grupo de que falei, muito entusiasmado, muito motivado — o mesmo grupo que depois se entusiasmou pela política externa independente. O estudo inicial, de que eu próprio participei, se desdobrou com vistas à preparação da OPA. O segundo estudo, que tinha exatamente o mesmo título do primeiro, ou seja, "Tendências básicas das economias brasileira e mundial no período 1958-1980", foi concluído e publicado em caráter confidencial pelo Departamento Econômico e Social do Itamaraty em novembro de 1958. E entre suas previsões constava a de que "a economia soviética será a maior do mundo em 1980, excedendo a economia americana já no ano de 1972"...

Isso, inclusive, era muito usado para pressionar os Estados Unidos no plenário do Comitê dos 21, criado na OEA para discutir as propostas da OPA. O senhor chegou a participar de alguma reunião? Qual era a reação dos outros países a essas propostas?

Embora não fosse da OEA, eu participava de algumas reuniões. E havia bastante entusiasmo, porque era uma renovação. Desde o final da guerra havia uma certa reclamação dos países latino-americanos, com respeito a uma falta de atenção dos Estados Unidos, de uma atenção demasiada dos americanos para com a Europa.

Havia algum mal-estar entre os países latino-americanos pelo fato de o Brasil ter lançado a proposta da OPA diretamente ao governo americano, sem antes negociar com eles?

Não. Na verdade, tudo foi muito combinado com a Argentina. Schmidt e outros colaboradores do Juscelino mantiveram conversas constantes com colaboradores do Frondizi que estão vivos até hoje, como Carlos Muñiz, Oscar Camilion e Arnaldo Musich. O próprio ministro Mário Gibson Barboza, então encarregado de negócios em Buenos Aires, relata em seu livro de memórias que o presidente Juscelino o instruiu a procurar o Frondizi com o texto do discurso, ainda não proferido, de lançamento da OPA, e uma carta solicitando-lhe apoio, no que foi imediatamente atendido, já que Frondizi elogiou a iniciativa e o discurso.[4] Como a Argentina era a mais suscetível, a mais sensível, não houve problema. Nossa grande rivalidade era realmente com os argentinos. Não sei se o Amaral diz isso no livro dele,[5] mas a mim ele contou que, quando foi se despedir de José Carlos de Macedo Soares, então ministro das Relações Exteriores, este lhe disse: "O senhor vai ser embaixador em Washington, um cargo dos mais importantes! Se nós tivermos uma guerra com a Argentina, é lá que teremos que comprar armamento!" E,olhe que Amaral não era muito de exagerar as coisas...

---

[4] Ver Mário Gibson Barboza, *Na diplomacia, o traço todo da vida* (Rio de Janeiro, Record, 1992), cap. 3, "A Operação Pan-americana e a Argentina", p. 47-61.
[5] *Artes da política: diálogo com Amaral Peixoto* (org. Aspásia Camargo, Lucia Hippolito, Maria Celina Soares D'Araujo e Dora Rocha Flaksman. Rio de Janeiro, Nova Fronteira, 1986).

Quer dizer que, tirando os Estados Unidos, a OPA foi bem recebida por todos.

Sim. Com os Estados Unidos a coisa era um pouco, eu diria, esquizofrênica, porque eles viam vantagens na OPA, mas hesitavam em arcar com o custo financeiro. Aqueles estudos do Miguel mostravam a Rússia crescendo e, no fundo, era isso o que avivava estrategicamente a aliança deles com o continente. Os Estados Unidos estavam traumatizados com o Sputnik, que tinha sido lançado pelos soviéticos em 1957. Clare Boothe Luce tinha escrito aquele artigo para a revista *Time*, dizendo: "Se os Estados Unidos *ever crashes*, vai ser em um Chevrolet de duas cores"...[6]

A OPA acabou tendo uma vertente que foi a criação do Banco Interamericano de Desenvolvimento. Participei disso diretamente, junto com Ronaldo Costa e Cleanto de Paiva Leite. Tanto que, quando o banco fez 25 anos, me convidaram para as comemorações, porque fiz parte da comissão que redigiu o primeiro estatuto. Cleanto se tornou o nosso representante no banco e viajava muito. Ele não se dava com Carlos Lacerda e, sempre que o Lacerda ia a Washington, pedia licença, viajava, e eu então ficava como diretor temporário. Participei de negociações para financiar o Rio de Janeiro: Vila Kennedy, obras do Guandu para o abastecimento de água, projetos financiados pelo Banco Interamericano. Mas isso já deve ter sido em 1961 ou 1962.

Antes disso, o senhor acompanhou o rompimento de Juscelino Kubitschek com o FMI, em junho de 1959?

---

[6] Clare Boothe Luce (1903-1987), escritora, editora e figura influente do Partido Republicano, foi embaixadora dos Estados Unidos na Itália de 1953 a 1957. Nesse ano, pouco depois de lançado o Sputnik pelos soviéticos, escreveu o artigo citado para a revista *Time*, co-fundada por seu marido, Henry R. Luce.

Acompanhei muito de perto as negociações com o Fundo que antecederam o rompimento. O que aconteceu foi que o Fundo escreveu um relatório dizendo: "Lamentamos concluir que o Brasil não tem plano de estabilização." Isso, com Lucas Lopes no Ministério da Fazenda e Roberto Campos no BNDE! Quer dizer, o Fundo sempre maltratou os seus aliados. Maltratou Gudin, maltratou Lucas Lopes,[7] e isso levou ao rompimento. Juscelino rompeu com o Fundo mas, na verdade, com essa carta, o Fundo é que tinha rompido com o Brasil. O que é que se podia fazer? Não se podia pôr um ministro mais conservador ainda, à direita do Lucas ou do Campos. Mas o Fundo queria uma coisa mais dura. O que houve aqui no Brasil foi um jogo. No momento em que o Fundo disse não, o governo brasileiro fez como se fosse um rompimento do Brasil. Mas foi o Fundo que disse não.

Lembro que naquela época Amaral agia muito, telefonava para o Juscelino a toda hora. Seus telefonemas diretos para Lúcio Meira, Alkmin e Juscelino estão relatados em seu livro. Apareciam sempre, também, umas "missões" vindas do Brasil. Lembro do Teodoro Quartim Barbosa. No Brasil sempre há uns mitos, umas soluções fantasiosas: Quartim Barbosa queria pegar todo o estoque de café e dar em garantia para receber um grande empréstimo. Coisa realmente do outro mundo... Chegou a ir a Washington, mas Amaral telefonou para o Juscelino e disse que aquilo era uma sandice. Lucas Lopes, em seu livro,[8] diz que a "missão" Quartim Bar-

---

[7] Eugênio Gudin foi ministro da Fazenda de 1954 a 1955, no governo Café Filho, e Lucas Lopes de 1958 a 1959, no governo Kubitschek. Os dois tentaram pôr em prática políticas de estabilização, mas não receberam apoio nem do FMI, nem do governo americano. Ver *DHBB*.

[8] Lucas Lopes, *Memórias do desenvolvimento* (Rio de Janeiro, Centro da Memória da Eletricidade no Brasil/Programa de História Oral do CPDOC/FGV, 1991).

bosa aconteceu por ocasião dos entendimentos do Poock Correia e do Casimiro Ribeiro com o Fundo.

Na mesma época do rompimento com o FMI, Amaral Peixoto deixou a embaixada em Washington.

Sim. Amaral Peixoto voltou para o Brasil, e em seguida Juscelino mandou Walther Moreira Salles como embaixador, para recompor as relações com o Fundo. E coube a mim participar desse esforço de recomposição das relações, com o Fundo e com o Banco Mundial, porque o banco rompeu junto.

Houve algum motivo especial para Amaral Peixoto ser substituído por Walther Moreira Salles, em termos de política externa?

De política externa, acho que não. Em termos de política interna, Amaral era presidente do PSD e estava sendo necessário no Brasil. Era o problema já da eleição de 1960. Acho que ele mesmo queria voltar. Agora, a razão para o envio do Moreira Salles tinha a ver com política externa: o objetivo específico era restabelecer relações financeiras com o FMI, com o Banco Mundial e com o governo americano.

É curioso: Juscelino rompe com o FMI, usa isso para efeito de política doméstica, mas logo a seguir trata de recompor a situação...

Logo a seguir. As pessoas esquecem rápido no Brasil, mas, ainda no governo Kubitschek, Moreira Salles foi mandado a Washington para restabelecer as relações, para dizer que estava tudo bem. Houve negociações difíceis. Era ministro da Fazenda na época Sebastião Paes de Almeida, homem do alumínio e do vidro. Foi o último ministro do Kubitschek: foram Alkmin, Lucas e ele. O Brasil tinha muito pouco crédito, e era preciso rolar uma dívida com os bancos contraída no tempo do Gudin e do Café Filho, com garantia-ouro. Os americanos não concordaram mais que o ouro ficasse no Brasil, e então foi organizada uma operação naval-financeira: o ouro foi transportado em navios de guerra para o Forte Knox. Para verem a dificuldade: o Brasil teve que fazer uma caução em ouro físico, entregue ao credor! Maurício Chagas Bicalho se refere ao episódio no seu livro.[9] Assim foi rolado um empréstimo de 200 milhões de dólares, para refinanciar uns atrasados nos bancos de Nova Iorque. Acho que foi feito um *swap*[10] com o Tesouro, com cláusula de recompra para financiar a importação de petróleo.

Seu primeiro contato com Walther Moreira Salles ocorreu nessa ocasião?

Não, eu o tinha conhecido rapidamente no Brasil através do meu pai, e conhecia bem a mulher dele, que fora colega da minha irmã no Colégio Sion.

A ida de Walther Moreira Salles para a embaixada alterou seu estilo de trabalho?

Não. Foi um convívio muito agradável, que aliás prosseguiu até sua morte recente, que foi para mim — e para o

---

[9] Maurício Chagas Bicalho, *Depoimentos de um peregrino* (Rio de Janeiro, Irradiação Cultural, 1993).

[10] Acordo bilateral de crédito, geralmente entre Bancos Centrais, pelo qual um país com desequilíbrios momentâneos no balanço de pagamentos pode trocar parte de suas divisas em moeda nacional pelo montante equivalente na moeda do outro país. A operação ocorre por um período determinado, findo o qual o processo é revertido com a mesma taxa de câmbio da operação original. Ver Paulo Sandroni, *Novíssimo dicionário de economia* (São Paulo, Best Seller, 1999).

Brasil — uma grande perda. Moreira Salles foi um dos homens mais bem-educados que conheci. Estadista, empresário, banqueiro, era homem de decisões ousadas, conversa interessante e iniciativas generosas, haja vista o Instituto Moreira Salles. Desde o tempo de Amaral Peixoto eu estava na seção financeira, de investimentos, tinha até elaborado duas publicações sobre como investir no Brasil, e com Moreira Salles continuei esse trabalho. Mas sua estada não foi longa e, quando ele voltou para o Brasil, Carlos Alfredo Bernardes, até então ministro-conselheiro, ficou como encarregado de negócios. Esse foi, talvez, um dos momentos mais interessantes. Bernardes era uma pessoa inteligentíssima. Kennedy tinha acabado de ser eleito, e o que fez Bernardes? Chegou para mim e disse: "Marcílio, vá para Boston e fique uma semana lá conversando com os professores seus amigos" — eram Lincoln Gordon,[11] Walt Rostow, Paul Rosenstein Rodan. Fui, voltei para Washington e preparei um telegrama para o Brasil dizendo: "Eles vão lançar uma Aliança para o Progresso." Isso ainda antes da posse do Kennedy. Lembro que aproveitei para passar o Natal de 1960 e mais duas semanas em Boston.

O senhor então conhecia a task force *de Kennedy e soube da Aliança para o Progresso*[12] *em primeira mão!*

---

[11] Professor em Harvard desde 1936, Lincoln Gordon foi também, em várias oportunidades, consultor e assessor do Departamento de Estado norte-americano. Com a eleição de Kennedy em 1960, foi um dos formuladores da Aliança para o Progresso. Foi embaixador dos Estados Unidos no Brasil de 1961 a 1966 e secretário de Estado assistente para assuntos interamericanos de 1966 a 1967. Ver *DHBB*.

[12] A Aliança para o Progresso foi formalizada em agosto de 1961, quando os Estados Unidos e os países latino-americanos (com exceção de Cuba) firmaram a Carta de Punta del Este. Seu objetivo era apoiar governos democráticos na América Latina por meio de reformas econômicas e sociais. O programa chegou a mobilizar cerca de US$ 18 bilhões em empréstimos e ajuda econômica, mas obteve resultados modestos, esbarrando na defasagem entre as expectativas do governo norte-americano e a realidade latino-americana e no contínuo intervencionismo dos Estados Unidos nos assuntos domésticos de seus vizinhos. Ver Jan Palmowski, *A Dictionary of Twentieth-Century World History* (Oxford, Oxford University Press, 1997), designado daqui em diante pelas iniciais *DTCWH*.

Sim. É que um dia, em 1958, chegou à embaixada um grupo da Fundação Ford para fazer uma avaliação dos seus programas no Brasil. Eram o professor Carlson, da Universidade de Vanderbilt, e Lincoln Gordon, então professor em Harvard. Amaral Peixoto os recebeu mas, como não podia almoçar com eles, pediu que eu os convidasse para almoçar fora, em nome da embaixada. Fiquei amigo do Lincoln Gordon. Foi por isso que o Bernardes me mandou procurá-lo, o que fiz. Isso ocorreu no momento em que começavam o governo Kennedy, nos Estados Unidos, e o governo Jânio Quadros, no Brasil.

A política externa independente

Ainda durante a campanha presidencial, Jânio Quadros anunciou que haveria uma revisão na política externa brasileira. Qual foi a reação a esse anúncio na embaixada em Washington?

Foi de entusiasmo. A embaixada se envolveu muito. Bernardes, inclusive, foi quem negociou a publicação, na *Foreign Affairs*, daquele artigo do Jânio.[13] Acho até que o Bernardes colaborou com os redatores no Brasil, porque a feitura do artigo foi um trabalho de muitos. O apoio à política externa independente era tão grande que no fim, quando Jânio renunciou, todo o nosso grupo assinou um telegrama de apoio àquela política, contra a saída dele. Mandamos esse telegrama, pela Western Union, para o navio *Star*, onde ele estava.

---

[13] "Brazil's new foreign policy", *Foreign Affairs* 40 (1), out. 1961.

Como Jânio era visto nos Estados Unidos?

Também com entusiasmo. É que eles mesmos estavam fazendo uma revisão e se identificaram um pouco com Jânio. O próprio Kennedy, naquela época, tinha duas grandes admirações: de Gaulle e Jânio. Tanto que havia a idéia de uma reunião, antes da posse do Jânio, na Flórida. Não sei bem por que não deu certo, esse detalhe eu não acompanhei. Mas o fato é que eles estavam entusiasmados com o Jânio, pelo lado moralista, renovador, social etc. Essa coisa de vassoura funciona.

Antes de ser eleito, Jânio fez uma viagem a Cuba. Depois, já presidente, manteve uma posição coerente em relação à questão cubana e condenou a invasão da baía dos Porcos.[14] *Como isso era recebido pelos americanos?*

O que dizem é que quando Kennedy entrou, a invasão da baía dos Porcos já estava planejada, mas que ele teria preferido uma política de arejamento. E, nessa política, ele acharia que Jânio poderia ser até um mediador.

Uma questão que até hoje se discute é: quem formulou a política externa independente? Existem artigos, teses de doutorado sobre esse tema. Como o senhor vê isso? Qual foi o papel do Itamaraty, qual foi o peso específico de Jânio?

É difícil imaginar que Jânio tenha formulado uma política externa, sobretudo no calor da campanha. Acho que a

---

[14]Tentativa frustrada ocorrida em 17 de abril de 1961 de desembarque em território cubano de tropa de exilados apoiados pela CIA, com o objetivo de derrubar o governo de Fidel Castro. Em 10 de maio o Itamaraty divulgou comunicado em que defendia o direito de Cuba à autodeterminação e condenava qualquer forma de intervenção estrangeira. Ver Braz José de Araújo, "A política externa no governo de Jânio Quadros", *in Sessenta anos de política externa brasileira: 1930-1990,* vol. 1 (org. José Augusto Guilhon Albuquerque. São Paulo, Cultura Editores/Núcleo de Pesquisa em Relações Internacionais da USP, 1996).

política externa independente não deixa de ser uma continuação da Operação Pan-Americana, com esse conteúdo novo que era Cuba. Mas confesso minha pouca familiaridade com o processo de formulação. Eu estava em Washington, não deixava de estar um pouco afastado do que se passava no Brasil.

Mas, mesmo sem participar, como o senhor diz, o pessoal da embaixada recebeu bem o anúncio da mudança.

Muito bem. Inclusive porque estava na mesma linha de pensamento. Em Washington ou no Brasil, todo o pensamento do Itamaraty era um pouco nessa linha. Nunca se achou que Cuba fosse aquela ameaça toda. Não se havia demonizado Cuba, sempre se achou que se deveriam universalizar as relações externas. Essas eram idéias que germinavam no Itamaraty desde antes. Embora faltassem, talvez, lideranças capazes de uma formulação mais incisiva, já havia esse pensamento. A chegada de Afonso Arinos e, em seguida, a capacidade formuladora de San Tiago Dantas funcionaram, então, como catalisadoras de uma idéia já em gestação.[15]

Uma interpretação corrente é a de que Jânio teria usado a política externa para ampliar sua base de apoio doméstica, para atrair setores nacionalistas, setores mais radicais que não o apoiavam em termos de política interna. O senhor concorda com essa interpretação?

---

[15]Afonso Arinos de Melo Franco foi ministro das Relações Exteriores do governo Jânio Quadros, de janeiro a setembro de 1961. No início do governo João Goulart, foi substituído por Francisco Clementino de San Tiago Dantas, que fez parte do gabinete parlamentarista chefiado por Tancredo Neves até junho de 1962. Afonso Arinos voltou ao ministério em julho desse ano, durante o segundo gabinete parlamentarista, chefiado por Brochado da Rocha, e aí permaneceu até setembro, quando passou a pasta a Hermes Lima. Ver *DHBB*.

Como eu digo, não tenho elementos para julgar, mas acho a hipótese plausível. Como acho plausível também dizer que ele usou a política externa independente para contrabalançar uma política econômica bastante ortodoxa, sobretudo em termos de câmbio. Tanto que, desde o primeiro momento, ele mandou Walther Moreira Salles de volta para Washington, para renegociar a dívida brasileira. Quer dizer, ele mandou três pessoas: Moreira Salles para os Estados Unidos, Roberto Campos para a Europa Ocidental e João Dantas para a Europa Oriental. Mas a negociação de Washington era a principal: o credor não era só o governo americano, eram o Fundo Monetário, o Banco Mundial, as companhias petroleiras e muitos bancos de Nova Iorque. A Europa, naquela época, ainda não era uma grande emprestadora, não tinha cacife. Moreira Salles negociou com essa gente toda, sendo ministro da Fazenda Clemente Mariani, que foi a Washington para concluir, em 17 de maio de 1961, a negociação com Douglas Dillon. Quer dizer, eram pessoas de uma linha economicamente ortodoxa, que não tinham, ideologicamente, nada a ver com o que poderia ser interpretado como uma tendência à esquerda da política externa.

Sua atividade na embaixada certamente ficou mais intensa durante esse processo de negociações de Walther Moreira Salles, não?

Muito mais, porque eu já estava trabalhando nisso, era o meu setor, e Moreira Salles tinha toda a confiança em mim. Foram negociações longas. Depois que se chega a um acordo em princípio com o Fundo Monetário, é preciso escrever a famosa carta de intenções. Ficavam lá, de um lado, os técnicos do Brasil, vindos sobretudo da Sumoc e da Cacex, e de outro os técnicos do Fundo, naquela época com a participação do Tesouro americano — o secretário de assuntos internacionais era Herbert K. May —, e a carta não saía. Moreira Salles disse: "Marcílio, vai ao Fundo e negocia uma carta. Deixa eles lá falando..." E assim foi.

O interessante naquela época foi que realmente se conseguiu assinar o maior acordo de renegociação da dívida até então, o maior acordo de renegociação de dívida *tout court*. Nunca tinha havido, até aquele momento, uma negociação que envolvesse mais de dois bilhões de dólares. Pois conseguimos negociar, somando Fundo Monetário, Banco Mundial, Tesouro americano, bancos de Nova Iorque, companhias petroleiras, Clube de Haia — naquela época ainda não se chamava Clube de Paris[16] —, dois bilhões e tanto, sendo que 338 milhões de créditos novos.

E qual foi a repercussão quando um presidente que recebeu esse apoio da comunidade financeira internacional, oito meses depois, renunciou?

Menos de oito meses depois. Isso foi em 17 de maio de 1961. Para 25 de agosto, três meses e oito dias. Danado, não é... Houve uma grande perplexidade. Nessa época da renúncia, aliás, eu tinha aceitado deixar Washington e passar para a ONU. San Tiago Dantas seria o representante do Brasil na ONU, Bernardes seria ministro conselheiro, e eu iria junto. Mas quando Jânio saiu, e veio o Jango, San Tiago foi ser ministro das Relações Exteriores e me nomeou chefe da Di-

[16] Organismo surgido na década de 1950 com o objetivo de se constituir num fórum de negociações multilaterais das dívidas dos países que mantinham créditos com os membros da Organização Européia de Cooperação Econômica (OECE), criada em 1948 pelos países da Europa Ocidental. Em 1961, a OECE transformou-se na Organização de Cooperação e Desenvolvimento Econômico (OCDE), que atualmente agrega Áustria, Bélgica, Dinamarca, França, Alemanha, Grécia, Islândia, Irlanda, Itália, Luxemburgo, Holanda, Noruega, Portugal, Suécia, Suíça, Turquia, Grã-Bretanha, Estados Unidos, Canadá e Japão. Ver Paulo Sandroni, *op. cit.*

visão dos Estados Unidos, o que eu não aceitei. Preferi continuar em Washington, pois precisava terminar o meu mestrado em ciência política na Universidade de Georgetown.

A idéia de ir para a ONU o atraiu porque o senhor estaria acompanhando San Tiago Dantas e Carlos Alfredo Bernardes, ou porque o multilateralismo já tinha um apelo maior?

Era muito em função da própria política externa independente. Eu conhecia San Tiago, mas pouco, naquela época. Bernardes, sim. A idéia, realmente, era que a ONU fosse o grande fórum da política externa independente.

Os embaixadores e seus estilos

No início do governo Jango, veio para Washington, como embaixador, Roberto Campos. Como foi, comparativamente, seu relacionamento com esses grandes nomes com quem o senhor serviu na embaixada: Amaral Peixoto, Moreira Salles, Carlos Alfredo Bernardes e Roberto Campos?

Foi muito bom. A ponto de isso me ter criado um certo problema dentro da embaixada. Como era bom demais, as outras pessoas ficavam um pouco enciumadas... Criam-se situações, não é. Quando Jânio renunciou, por exemplo, Jango estava na China e de lá, prudentemente, foi para Paris. De Paris, mandou um recado para o Bernardes, provavelmente por sugestão do San Tiago, e o Bernardes me pediu para ir ao Departamento de Estado conversar com Lincoln Gordon. Jango mandava dizer que manteria boas relações com os Estados Unidos, que não iria radicalizar etc., e fui eu que transmiti esse recado, cruzando os canais burocráticos do Itamaraty e da embaixada.

Todos os embaixadores ficaram muito meus amigos. Amaral Peixoto uma vez me disse: "Quero voltar a ser governador do Estado do Rio porque quero que você seja meu secretário de Economia"...

Ofertas de emprego não lhe faltavam...

Roberto Campos, também, até hoje é muito meu amigo. Embora, logo que houve a Revolução de 64, San Tiago me tenha dito: "Olhe, você pode pensar que agora, o Roberto sendo ministro do Planejamento, você poderá vir a ser convidado para alguma função no governo. Não se iluda, ele não vai convidá-lo, porque ficou enciumado quando você veio trabalhar comigo. Isso ele não vai esquecer." Dito isto, sempre que tinha algum assunto importante, Roberto me chamava. Naquela época, o problema não era a privatização, era a nacionalização de empresas, e no acordo de garantia de investimento com os Estados Unidos, por exemplo, fui representante dele. Eu nem estava mais no Itamaraty, mas era representante do ministro do Planejamento.

O senhor sempre teve, portanto, grande afinidade com seus chefes.

Sim, com todos eles. Embora tivessem estilos diferentes. Por exemplo, é natural os embaixadores pedirem ao secretário para fazer uma minuta de discurso. Depois eles mudam. O único que era diferente nesse ponto era o Roberto: fazia ele mesmo o discurso e depois me dava, para eu comentar e sugerir mudanças.

Em termos de linha de política externa, de relação com os Estados Unidos, houve alguma grande mudança de um para outro?

Não. Não vi nenhuma descontinuidade ideológica entre Amaral Peixoto, Moreira Salles, Bernardes e Roberto Campos. Eles tinham estilos diferentes, maior interesse numa área ou noutra, mas todos, apesar de terem o seu campo próprio, eram pessoas globais. Até para minha surpresa. Amaral Peixoto, por exemplo, eu pensei que só se interessasse por política, mas se interessava pela parte cultural, pela parte econômica, pela Operação Pan-Americana; Moreira Salles, além da economia, conhecidamente se interessava pela parte cultural e pela parte política também; Bernardes era um homem universal; e o Campos, com o mesmo entusiasmo com que fazia a parte econômica, escrevia a introdução do programa do primeiro concerto do pessoal da Bossa Nova em Washington. Realmente, naquela ocasião, ele foi para o rádio, telefonou para muita gente e conseguiu reverter a infeliz repercussão do primeiro concerto no Carnegie Hall num grande sucesso em Washington e, depois, num segundo sucesso no próprio Carnegie Hall.

Houve um infeliz concerto no Carnegie Hall?

Sim. O primeiro concerto não foi bem recebido. Foi recebido, digamos, muito mornamente. Era uma coisa muito nova, muito pura. Mas Roberto, em Washington, fez uma enorme badalação, falou com o rádio, com os críticos musicais, em especial com Felix Grant, e o concerto lá, no Auditório Lisner, foi um grande sucesso. E o segundo concerto em Nova Iorque também reverteu o clima morno do primeiro. A outra pessoa que lutou muito por isso foi a cônsul-geral em Nova Iorque, Dora Vasconcellos. Ela tinha que ir para o camarim do João Gilberto passar o vinco da calça exatamente como ele queria... Tenho até um filme, que passei para vídeo, de um jantar, em Washington, com esse pessoal todo. Era um grupo muito grande: Tom Jobim, Oscar Castro Neves, Agostinho dos Santos, Carlos Lyra, Sérgio Mendes, Sérgio Ricardo, Luiz Bonfá...

Esse Felix Grant, a quem me referi, era radialista em Washington, comentarista e crítico de *jazz* e outros ritmos afins, e tornou-se entusiasta da Bossa Nova. Recebeu a Ordem do Cruzeiro do Sul. Quando voltei a Washington como embaixador, 25 anos depois, continuava atuante.

Esses concertos foram uma promoção do governo brasileiro?

Sim, foram resultado da política cultural do Itamaraty. Havia na época uma maciça política cultural que durou mais ou menos até 64. Quem tratava disso era Mário Dias Costa, diretor da Divisão de Assuntos Culturais. O que se fez com a Bossa Nova em 1962 foi um *break-through*, porque até hoje você entra numa loja de CDs em Manhattan, na Califórnia ou em Chicago, vê lá os *ethnics*, e o Brasil está cheio de títulos, enquanto a França ou a Itália têm menos cobertura. Você entra naqueles elevadores, e a música é *Girl from Ipanema*. Eles absorveram. A música — e em especial a Bossa Nova — é certamente a expressão cultural brasileira mais difundida no mundo. E houve essa iniciativa do governo. É difícil, depois, dizer qual é a causa e qual é o efeito. Teria acontecido espontaneamente? Talvez. Mas houve realmente uma política cultural.

E Roberto Campos foi um estimulador dessa política.

Foi. Isso é uma coisa que não se conhece. Roberto é uma pessoa polivalente. Muito atento também à parte política, muitíssimo, mesmo sendo economista.

John Kennedy e João Goulart

Como foi visto, em Washington, o fato de Jango ter assumido o governo no Brasil?

Como acabei de contar, antes de tomar posse, Jango mandou um recado de Paris para o Bernardes, que transmiti ao Lincoln Gordon, dizendo que gostaria de manter boas relações com os Estados Unidos. Isso foi em fim de agosto, comecinho de setembro de 1961. Oito meses depois, em abril de 1962, ele veio aos Estados Unidos numa visita de Estado e foi muito bem acolhido: foi recebido pelo Kennedy no aeroporto, falou no Congresso, foi aplaudido, foi visitar o Kennedy duas vezes e, coisa raríssima, Kennedy veio à embaixada almoçar com ele. E ainda teve direito a uma carreata em Nova Iorque com chuva de papel picado e serpentina!

Durante a visita do Jango a Washington, Roberto Campos também fez uma coisa muito interessante. Jango veio com uma grande comitiva, com chefe da Casa Civil e muitos assessores — era o chamado grupo do Jango. Roberto arranjou uma grande festa numa boate para essas pessoas, disse que ia sair, e em vez disso fez um jantar na embaixada para alguns poucos. A embaixada tem um cômodo no primeiro andar que naquela época era sala de jantar, no segundo tem uma sala de estar, depois vem a residência, e no quarto andar há um enorme *loft*, um espaço aberto, onde Maria Martins tinha o seu estúdio de escultura. Ele mandou organizar lá em cima um jantar de despedida para o Jango e convidou todo o *inner circle* intelectual do Kennedy. Foi um dos eventos mais interessantes a que assisti. Estavam lá Robert Kennedy, Dean Rusk, Robert McNamara, Arthur Schlesinger, John Kenneth Galbraith, Richard Goodwin, encarregado da política latino-americana na Casa Branca, John McCone, diretor da CIA, Walt Rostow, George McBundy,

Lincoln Gordon... Do lado brasileiro estavam Jango, San Tiago, então ministro das Relações Exteriores, Walther Moreira Salles, então ministro da Fazenda,[17] o próprio Roberto, o deputado Herbert Levy, Holanda, eu e muito poucos mais.

E a conversa? Foi sobre os rumos do Brasil?

Rumos do Brasil, do mundo, abertura *a la sinistra*, uma coisa muito interessante. Jango estava a toda, falando, o clima era muito positivo.

Esse jantar rendeu frutos?

Acho que sim. Tanto que Kennedy se manteve aberto. Kennedy nunca chegou a se fechar em relação ao Brasil. Existe um documentário em vídeo feito pelo Azulay sobre política externa, com vários depoimentos,[18] entre eles o do Gibson, dizendo que, ao contrário do que se podia pensar, as reformas de base foram muito bem recebidas nos Estados Unidos. Se você pegar a Aliança para o Progresso, verá que as reformas eram exatamente o que eles queriam: da reforma agrária à reforma monetária.

A viagem de Jango aos Estados Unidos, em abril de 1962, foi pouco depois da Conferência de Punta del Este que expulsou Cuba da OEA.[19] O registro que se tem dessa conferência é que

---

[17]Enquanto San Tiago Dantas era ministro das Relações Exteriores, Walther Moreira Salles foi ministro da Fazenda do primeiro gabinete parlamentarista de João Goulart, de setembro de 1961 a julho de 1962. Já no período presidencialista, San Tiago Dantas respondeu pela pasta da Fazenda, de janeiro a junho de 1963. Ver *DHBB*.

[18] *Aide-mémoire: caminhos da diplomacia brasileira*, vídeo de Jom Tob Azulay, MPC e Associados.

[19]A VIII Reunião de Consulta dos Ministros das Relações Exteriores das Repúblicas Americanas, realizada em Punta del Este entre 22 e 31 de janeiro de 1962, foi convocada para discutir as acusações que eram feitas a Cuba de violação dos direitos humanos e de prática de atividades subversivas. Ao final foi aprovada, por unanimidade, uma declaração considerando o marxismo-leninismo incompatível com o sistema interamericano e, com as abstenções da Argentina, Bolívia, Brasil, Chile, Equador e México, emitida uma resolução expulsando Cuba da OEA, o que se efetivou em 14 de fevereiro seguinte. Ver Gordon Connell-Smith, *El sistema interamericano* (México, Fondo de Cultura Economica, 1971).

a posição brasileira, basicamente formulada por San Tiago Dantas, foi a de não investir no isolamento diplomático de Cuba. E essa posição foi extremamente criticada pelos Estados Unidos. Pressão na conferência e boa recepção a Jango, uma coisa logo depois da outra: eram duas facetas da política americana?

Primeiro, em relação ao Jango: os Estados Unidos achavam que o Jango era uma pessoa de boa vontade, mas manipulada pelos outros. Depõe o Gibson em seu livro, com muita convicção, que estava começando a votação sobre Cuba em Punta del Este quando houve um telefonema do Jango para o San Tiago, e San Tiago respondeu à pessoa que veio chamá-lo: "Diga que não me encontrou." Era um telefonema para o San Tiago mudar o voto, para votar com os Estados Unidos. O embaixador americano tinha acabado de estar com o Jango no Brasil.

Ou seja, Jango era manipulável pelos dois lados? Uma figura fraca?

Certamente. Agora, ele tinha um certo *aplomb*, entrando no Congresso americano, puxando da perna. Pessoalmente, impressionava bem, era muito simpático. Mas ouvia demais o último interlocutor.

Então a corrida era para ver quem falava por último...

Segundo, em relação a Cuba: o Brasil era um pouco visto, torno a dizer, como mediador. Voltemos a Washington. Kennedy vai almoçar na embaixada. Depois do almoço, Jango fica discutindo vários assuntos, todos conversam. Eu converso com Moreira Salles, que de repente diz: "Tenho de sair. Venha no carro comigo para continuarmos conversando." Fomos para o Departamento de Estado, pois ele e San Tiago Dantas iam ter um encontro com Dean Rusk. Para minha surpresa, Dean Rusk, referindo-se a encontro recente entre San Tiago e Franco Nogueira em Lisboa, levantou o problema de Angola: "Nós concordamos que a África portuguesa, especialmente Angola, tornou-se um grave problema e queríamos explorar mais a fundo a hipótese de o Brasil ser garante de um calendário de independência da África que procuraríamos, juntos, negociar com Portugal." Quer dizer, a idéia do Brasil como mediador, papel que tínhamos exercido na América Latina no passado, continuava a seduzir os americanos.

Falou-se em Cuba nesse encontro?

Não. A respeito de Cuba, Dean Rusk e San Tiago tinham-se confrontado em Punta del Este dois meses antes, mas é claro que o debate com San Tiago era de alto nível. Em Punta del Este, ele baseou toda a sua argumentação em sólidos fundamentos jurídicos e na necessidade de uma "contenção" jurídica de Cuba, em vez da sua expulsão do sistema interamericano. É curioso, mas o tema Cuba não veio à baila, que eu saiba, nessa visita de Goulart a Washington.

Qual foi a reação de San Tiago Dantas quando Dean Rusk referiu-se à mediação do Brasil em relação à África portuguesa?

San Tiago animou-se com a reação do Departamento de Estado às suas idéias sobre a questão angolana. Ele e Roberto Campos desenvolveram uma agenda segundo a qual haveria, primeiro, eleições municipais; cinco anos depois, eleições provinciais; mais cinco anos, eleições presidenciais com independência. Mas aí parece que o problema português na África saiu da tela, ao menos temporariamente, e Jango enveredou por outros assuntos. Mais tarde, porém, Jango reforçou a posição anticolonialista brasileira, tanto que houve aquele incidente com Octavio Dias Carneiro, em abril de 1964, em Genebra. A missão brasileira junto à Unctad tinha instruções para, se Portugal falasse, retirar-se do recinto. Apesar de ter havido a revolução aqui, não tendo recebido novas instruções, Dias Carneiro se levantou e saiu. Foi imediatamente chamado ao Rio e afastado da delegação que chefiava. Isso mostra que Jango tinha retomado o interesse no assunto.[20]

Voltando à viagem de Jango em 1962: certamente não era Cuba o pomo da discórdia naquela época, e sim a encampação, pelo Brizola, das empresas telefônica e de energia elétrica do Rio Grande do Sul, subsidiárias da ITT e da Amforp.[21] Isso era quente. O senador republicano Burke

---

[20] O chamado "mundo afro-asiático" ocupou lugar de destaque nas formulações da política externa independente, com base nos interesses que uniriam o Brasil aos Estados africanos e asiáticos recém-libertados ou em vias de independência, tendo em vista sua luta comum em prol do desenvolvimento e da autodeterminação dos povos. Especificamente em relação à África, o Brasil, em virtude de sua herança cultural e étnica, apresentava-se como um país capaz de operar uma ponte entre aquele continente e os valores do mundo ocidental. Contudo, a posição brasileira em relação ao colonialismo português, ainda prisioneira da noção de uma "relação especial" com a antiga metrópole e das pressões domésticas do *lobby* português, permaneceu bastante ambígua. Assim, em 1961, durante a XV Assembléia Geral da ONU, o Brasil absteve-se de apoiar uma resolução que instava o governo português a tomar medidas imediatas para conceder a independência aos chamados "territórios ultramarinos" na África, e apresentou a contraproposta de solicitar àquele governo informações sobre os acontecimentos em Angola, cujo movimento de libertação nacional sofria então violenta repressão de Portugal. Já o episódio da Unctad em 1964, descrito no próximo capítulo, mostra que essa posição já se havia alterado, mas estava em véspera de mais uma vez mudar. Ver Braz José de Araújo, *op. cit.*, Rodrigo Amado, "A política externa de João Goulart", *in Sessenta anos de política externa brasileira, op. cit.*, e Letícia Pinheiro, "Brasil, Portugal e descolonização africana (1946-1960)", *Contexto Internacional*, ano 4, n. 1, jan.-jun. 1989.

[21] Em fevereiro de 1962, Leonel Brizola, então governador do Rio Grande do Sul, desapropriou os bens da companhia telefônica estadual, subsidiária da International Telegraph and Telephone (ITT), já tendo feito o mesmo, em 1959, em relação à companhia de energia elétrica, subsidiária da American Foreign Power (Amforp). Durante a visita de Jango aos Estados Unidos em abril de 1962, ficou acertado com o governo norte-americano que o Brasil compraria as concessionárias de empresas de utilidade pública norte-americanas com garantias de justa compensação. Para tanto, no mês seguinte foi criada a Comissão de Nacionalização de Empresas de Serviço Público (Conesp). Ver *DHBB*.

Hickenlooper havia conseguido que o Congresso americano aprovasse, contra a opinião do Departamento de Estado, uma emenda ao Foreign Assistance Act que se tornou conhecida como "emenda Hickenlooper", segundo a qual os países que praticassem encampações de empresas americanas sem justa indenização deixariam de receber ajuda econômica. Lembro-me que eu havia acompanhado Roberto Campos em visita ao senador Hickenlooper para tentar dissuadi-lo, sem qualquer êxito. Harold Geneen, presidente da ITT, era extremamente agressivo, e a ele se atribui a autoria efetiva da emenda. O pessoal da Amforp era menos hostil, mas no primeiro momento também foi bastante duro.

Isso era mais importante, naquele momento, do que o atrito diplomático em torno de Cuba?

Do que me lembro, era. É verdade que o setor econômico era o de que eu tratava mais diretamente, mas, como também acompanhava o cenário geral, posso testemunhar o vezo reformista do governo Kennedy. Aliás, Gibson diz isso muito bem: o problema, para eles, não era tanto a relação do Brasil com Cuba — a única ameaça que eles viam era o Brasil *se tornar* uma Cuba. Foi só quando começou a haver o que percebiam como infiltração de comunistas no gabinete do Jango que eles começaram a se preocupar.

O senhor mencionou aqui uma ida sua a Boston em dezembro de 1960, pouco antes da posse de Kennedy, quando conversou com pessoas que faziam parte desse grupo que um ano e pouco depois foi convidado para jantar na embaixada com Jango. Que posições exatamente essas pessoas defendiam?

Defendiam a ideologia que viria a ser incorporada na Aliança para o Progresso. Havia toda uma convicção, então prevalente, de que o melhor remédio para o comunismo era o desenvolvimento econômico e social e de que, para isso, era preciso construir instituições. A palavra de ordem era *institution building*. Era preciso fazer a reforma financeira, a reforma agrária... Se forem comparados os dez pontos da Aliança para o Progresso com os dez pontos do *Manifesto comunista*, de 1848, ver-se-á que no mínimo a metade é igual...

Acho que não muito depois daquele encontro que tive no Natal de 60, saíram aqueles três artigos do Tad Szulc sobre o Nordeste no *New York Times*, e em seguida houve a série de reportagens na ABC. Quem tem isso guardado é o Celso Furtado. Aquilo capturou a imaginação do grupo do Kennedy. Tanto que a viagem do Celso Furtado aos Estados Unidos, em 61, foi um grande êxito. Ele, aliás, é um príncipe: ia àqueles coquetéis e só tomava água, suco de laranja, era de uma austeridade total. Cara fechada, mas uma águia. Era diretor-superintendente da Sudene e foi recebido pelo Kennedy com muita simpatia e ampla publicidade. Negociou um pacote de ajuda ao Nordeste que seria assinado por San Tiago por ocasião da visita de Jango a Washington em abril de 62.

Quer dizer que não havia incompatibilidade entre uma visão mais cepalina, ou estruturalista, do que seriam as reformas fundamentais e uma visão oriunda da teoria do desenvolvimento.

Não. Eles apoiavam a idéia das reformas de base. O que eles realmente temiam era a cubanização do Brasil. Ou seja, o que San Tiago chamava "abrir a revolução brasileira". Com isso ele queria dizer abrir para o conflito Leste-Oeste. Aí, deixava de ser um problema brasileiro. Essa foi uma das ocasiões em que, na relação Norte-Sul, se pôde tirar um pouco de proveito da rivalidade Leste-Oeste. Era aquela coisa que dizem que Juscelino fazia. Parece que de vez em quando — dizem, não sei — ele chamava o Prestes para falar contra o FMI, organizava um comício... Isso era o que eles realmente temiam.

A presença do Partido Comunista na política brasileira era então malvista porque era associada à presença soviética.

E era mesmo. Naquela época, os comunistas se diziam pró-soviéticos, declaradamente.

Mas o senhor está dizendo que, além do temor de uma abertura para a União Soviética, a nacionalização de empresas americanas era uma questão importante.

Era. Mas nós temos que nos dar conta de que Kennedy veio depois de Eisenhower, que era republicano; que o *paragon*, a figura exemplar, para ele, era Franklin Delano Roosevelt, o homem que criou o Tennessee Valley Authority. De modo que eles não tinham repugnância ideológica nem mesmo ao problema da nacionalização. Eles apenas insistiam na indenização, tanto por convicção, pois o respeito à propriedade está no âmago do arcabouço legal econômico dos Estados Unidos, quanto por força da pressão que sofriam, que, como já disse, era explícita e agressiva.

A versão de Roberto Campos

Reli outro dia a descrição que Roberto Campos faz, em seu livro de memórias,[22] do jantar reservado que ocorreu no

---

[22]Roberto Campos, *A lanterna na popa* (Rio de Janeiro, Topbooks, 1994).

quarto andar da embaixada do Brasil com a alta cúpula da administração americana — realmente, com exceção do presidente Kennedy, estavam todos lá. Roberto Campos diz que foi uma oportunidade perdida por Jango de expor suas idéias. Minha lembrança não é tanto de perda de oportunidade, porque acho que houve um diálogo, embora não tão desinibido quanto seria de desejar, tendo Jango mencionado pontos prioritários da sua agenda, como reforma agrária, deterioração dos termos de intercâmbio e maior assistência financeira internacional. Mas fica claro no depoimento do Campos que havia uma certa tensão, inclusive entre o grupo do Kennedy e o próprio Campos, porque ele reporta um episódio de que eu não me lembrava. Galbraith teria defendido a multiplicidade de regimes de câmbio, teria atacado o FMI e por fim teria perguntado a Goulart: "Como é que o seu representante aqui defende as idéias do Fundo Monetário?" Ficou um certo mal-estar.

O senhor não se lembrava dessa tensão?

Da tensão, sim, mas não do episódio do Galbraith. Que havia um grupo dentro do governo americano que era mais socialmente preocupado, não há dúvida. Aí é que é importante relembrar as épocas históricas. Tudo isso ocorreu pouco depois de Fidel Castro ter-se voltado na direção da União Soviética. É preciso lembrar que, no começo, a revolução cubana foi bem recebida nos Estados Unidos. O próprio Fidel esteve lá, falou em Harvard, foi bem acolhido. Depois foi que ele deu a guinada à esquerda. Na política americana, havia duas vertentes, *the hawks and the doves*,[23] e as duas tiraram do fato ilações diferentes. Os duros disseram: "Agora temos que endurecer, inclusive com outros países, para evi-

[23] Os falcões e as pombas, metáfora para designar os representantes da linha-dura e os de linha mais propensa à conciliação.

tar a disseminação do exemplo." Queriam atuar sobre os efeitos. Já os *doves* procuraram interpretar por que Castro tinha ganho: "Ele ganhou por causa das más condições sociais e por causa do Batista, que era um ditador e não resolvia os problemas sociais, de modo que é preciso atacar as causas." Daí a Aliança para o Progresso, com a preocupação social e a preocupação do chamado *institution building*.

Era então o grupo dos doves *que achava que Roberto Campos estaria assumindo uma posição mais dura.*

Sim. Eles achavam que o Roberto estava mais à direita deles, enfatizando mais problemas econômicos imediatos e não causas sociais.

Já na última conferência do Comitê dos 21, realizada em Bogotá em setembro de 1960, quando os Estados Unidos estavam quase lançando a Aliança para o Progresso, quem mais fez pressão para que se introduzisse a temática da reforma social no documento final — a chamada Ata de Bogotá — foi a delegação norte-americana. A OPA na verdade não lidava com esse tema, lidava com o tema do desenvolvimento econômico.

Sim. E isso nos leva à caracterização do período Juscelino Kubitschek, que se inseria nesse quadro da preocupação com o desenvolvimento econômico, com o desenvolvimento material, mas não se preocupava com a distribuição de renda. O que era um pouco o modelo do pós-guerra, até dentro das Nações Unidas, modelo ao qual, de certa maneira, se filiava o próprio Roberto Campos, que tinha participado do nascimento do Plano de Metas. Qual foi a origem do Plano de Metas? Foi o Plano Salte, do governo Dutra, e foi a Comissão Mista Brasil-Estados Unidos, na qual Roberto teve uma atuação muito importante. Aliás, San Tiago também. O objetivo aí era realmente o desenvolvimento econômico ou, melhor dizendo, o *crescimento* econômico.

A divergência entre Roberto Campos e o governo Juscelino não era o Plano de Metas, era *como financiar* o Plano de Metas. E como Juscelino procurou fazer isso? Primeiro, com investimentos diretos — foi esse o objetivo daquela viagem que ele fez ao exterior, de que trouxe a Volkswagen — e com pesados subsídios e concessões — ele lançou mão, por exemplo, da Instrução 113, que permitia que máquinas velhas entrassem no país como novas e fossem registradas pelo valor a elas atribuído pelos investidores, embora provavelmente já estivessem amortizadas. Segundo, com *supplier's credits* — quer dizer, créditos do fabricante, do vendedor —, uns poucos créditos bancários, créditos de companhias de petróleo, *swaps* — aquela troca do dólar por cruzeiro — e, internamente, com a inflação. Por que é que houve problemas com o Fundo? — e aí me lembro de uma longa conversa que tive com Lucas Lopes pouco antes de ele morrer. Porque o Fundo era radicalmente contra os créditos do fornecedor e os *swaps*, que eram a curto prazo, mas o crédito do fornecedor era indispensável para a realização do Plano de Metas, e sobretudo para a construção de Brasília. Lembrem-se que se optou pelas estruturas de aço para os prédios de Brasília — primeiro, porque com elas se construía mais rápido e, segundo, porque eram financiáveis externamente. A estrutura de Brasília foi financiada pelo Eximbank. E muitas outras coisas. Quer dizer, Juscelino não podia abrir mão dos *supplier's credits* nem dos *swaps*. Eram créditos a curtíssimo prazo, contra os quais o Fundo se levantou porque via que aquilo era uma bola de neve. A bola de neve acabou, internamente, desembocando na inflação e, externamente, na crise da dívida, que o Jânio teve que renegociar.

O fato de parte do governo norte-americano se declarar mais preocupada com as questões sociais do que com as questões econômicas nos países da América Latina não seria também uma forma de se eximir de certa responsabilidade pelo desenvolvimento desses países?

Talvez sim. Eles sem dúvida estavam preocupados com a desorganização econômica e realmente achavam que a grande responsabilidade era, como aliás é sempre, doméstica. Mas também achavam, repito, que isso tinha que ser temperado com a parte social. Roberto Campos atribui o interesse pelo que ele chama de "caso brasileiro", e o comparecimento surpreendente àquele jantar na embaixada, ao fato de eles estarem preocupados com a desorganização econômica e com o perigo da guinada brasileira *a la* Cuba. Mas acho que havia uma terceira vertente que ele não indica, que era a da preocupação social e de *institution building*. Cabe, aliás, lembrar que, no seu discurso de lançamento da Aliança para o Progresso, em 13 de março de 1961, Kennedy resumiu os objetivos sociais do programa em cinco palavras, que pronunciou em espanhol: "*Techo, trabajo y tierra; salud y escuela.*"

Por que Roberto Campos considera que o jantar para Jango foi uma oportunidade perdida por este de expor seu pensamento? Jango se expressou mal, não percebeu a importância do encontro?

Eu até achei que ele se saiu bem. Por exemplo, ele expôs as razões da reforma agrária, a necessidade de uma reforma de base, mas evidentemente numa linguagem que não era sofisticada. As pessoas que estavam lá eram aquelas que Halberstam, num livro muito interessante, chamava de *the best and the brightest*:[24] eram realmente a cúpula, vinham do MIT, Harvard, e a linguagem do Jango não podia ser comparada com a delas. Diz o Roberto que o próprio Galbraith comentou: "Kennedy também não entende de economia, mas sabe onde é a jugular. O seu presidente acha que a jugular está no *ass*." Não assisti a isso, e acho até grosseiro. E não senti que Jango tivesse perdido a oportunidade, embora não fosse, é claro, brilhante. Acho que transmitiu a idéia de uma pessoa simples, mas sincera. É claro que eu também não acompanhava tudo. Mas certamente havia uma certa tensão provocada pela dicotomia preocupação social/preocupação econômica. E essa tensão existia também dentro do próprio governo americano.

A impressão que se tem é de que, sem dúvida, havia uma convergência entre a vertente mais progressista do governo Kennedy e o governo Jango, no sentido do reconhecimento da necessidade de se realizarem reformas. O nó da questão era saber que forças políticas iriam conduzi-las.

Mas havia uma certa esperança, porque no ministério do Jango havia figuras como San Tiago Dantas no Exterior, que certamente impunha respeito; havia Moreira Salles na Fazenda. Ou seja, era um bom ministério. O próprio Roberto Campos era embaixador. Eles achavam que a parte econômica estava bem cuidada e imaginavam que Jango teria inserido aí a dimensão social. Era San Tiago quem pegava isso, dava racionalidade e vendia. Inclusive, na segunda visita, só do San Tiago, a Washington, em 1963, a longa conversa que ele teve com Kennedy foi exatamente sobre isso: ele mostrou que uma certa retórica de esquerda era necessária para compatibilizar o social com o econômico. Isso

[24] David Halberstam, *The Best and the Brightest* (Random House, 1992 [1ª ed.: 1972]).

consta de uma carta do Jango que San Tiago trouxe e entregou ao Kennedy.

O senhor diz que o governo Kennedy estava dividido. O embaixador Lincoln Gordon, por exemplo, era claramente contra o governo Goulart: basta lembrar o financiamento dos candidatos de oposição em 1962 via IBAD,[25] *a articulação com setores golpistas às vésperas do movimento de 64...*

Acho que no caso do Lincoln Gordon houve uma mudança de posição. Primeiro, ele tinha sido nomeado para ser embaixador junto ao Jânio e acabou sendo embaixador junto ao Jango. Já foi um choque. Depois, na primeira fase, Jango estava muito interessado em se dar bem com os Estados Unidos, tanto que mandou aquele recado, que transmiti, de que iria ter um convívio positivo. Mas, sobretudo a partir de junho de 1963, quando San Tiago saiu do ministério, Gordon se sentiu traído. Foi então que começou no Brasil o momento da retórica, e começou também uma pressão muito mais forte dos americanos.

Houve realmente uma evolução. Houve uma decepção crescente dos americanos com Jango. O próprio Roberto Campos diz que Jango foi provavelmente o único presidente brasileiro que falou duas vezes ao Congresso americano. Falou como vice-presidente do Kubitschek e depois como

[25] O Instituto Brasileiro de Ação Democrática (IBAD), criado em fins dos anos 1950, congregava empresários, profissionais liberais, militares e intelectuais, e associou-se ao Instituto de Pesquisas e Estudos Sociais (IPES), fundado em 1961, para formar o chamado "complexo IPES/IBAD", núcleo da oposição conservadora ao governo de João Goulart e às reformas de base. Segundo René Armand Dreifuss, o complexo IPES/IBAD recebia contribuições financeiras, de corporações multinacionais norte-americanas e da CIA, que foram canalizadas, por meio do IBAD, para apoiar os candidatos oposicionistas nas eleições de 15 de outubro de 1962. Ver *1964: a conquista do Estado — Ação política, poder e golpe de classe* (Petrópolis, Vozes, 1981).

presidente da República. E foi muito aplaudido, o comparecimento foi muito bom. Havia uma certa esperança, e houve uma conseqüente decepção.

É curioso, mas me veio à mente, fazendo esta reflexão, que nessa viagem de 1962 apareceram Jango, San Tiago e Moreira Salles, mas, nas relações Brasil-Estados Unidos, Tancredo Neves praticamente não entrou. E era o primeiro-ministro. Talvez isso acontecesse porque era San Tiago quem se ocupava da política externa, até mesmo no aspecto econômico, em cooperação com Moreira Salles, e assim ocupava todo o espaço.

O convite de San Tiago Dantas

O senhor ainda estava na embaixada em Washington em outubro de 1962, quando houve a crise dos mísseis,[26] que mobilizou enormemente a população norte-americana. Como o senhor, na embaixada, vivenciou essa crise?

Essa é uma passagem curiosa, porque eu não estava lá. Em novembro de 1962, Kennedy visitaria o Brasil. Roberto Campos preparou, junto com uma equipe, uma agenda da reunião Kennedy-Goulart e me disse: "Em vez de mandar isso por telegrama, vou pedir para você ir ao Brasil negociar essa agenda lá." Dia 22 de outubro, lá vim para o Brasil. Cheguei aqui, passaram-se um, dois dias e puf! Eu estava

[26]Confronto entre EUA e URSS que quase levou a Guerra Fria a uma "guerra quente" e foi precipitado pela descoberta, por parte do governo norte-americano, de que mísseis balísticos soviéticos com ogivas nucleares estavam sendo instalados em território cubano. Como conseqüência, Kennedy decretou um bloqueio naval a Cuba e exigiu que a URSS retirasse seus mísseis. A crise atingiu seu ápice no dia 27 de outubro, quando as forças nucleares de ambas as superpotências foram postas sob alerta total. No dia seguinte, contudo, Kruschev ordenou o retorno de navios soviéticos que se dirigiam à ilha e concordou com o desmonte das bases de mísseis, em troca do compromisso norte-americano de não atacar Cuba. Ver *DTCWH*.

andando no Itamaraty, já meio preocupado, quando encontro o Zappa, e ele diz: "Puxa! Você é um sujeito feliz: realmente, com essa crise, pode haver uma guerra nuclear, e você está aqui." Eu disse: "Só que a minha mulher e as duas filhas estão lá." E perguntei: "Você tem um cigarro?" Nunca tinha fumado na minha vida...

Nessa ocasião, procurei o Bernardes, que era o secretário-geral do Itamaraty. Conversamos um pouco, e ele disse: "Acho que há uma pessoa que gostaria muito de trocar idéias com você. Vamos lá hoje à noite." Era o San Tiago, que não era mais ministro do Exterior — o ministro era Hermes Lima —, mas teve um papel fundamental nesse episódio todo. Fui lá, e ele me disse: "Olhe, o Jango está para demitir o Roberto Campos. Ele diz que o Roberto só fica defendendo as coisas americanas, enquanto nós estamos reclamando." Roberto tinha passado um telegrama sobre Cuba, dizendo como o Brasil devia fazer, querendo que o Brasil se aliasse aos Estados Unidos etc. Tínhamos que evitar que fosse demitido, porque senão a coisa iria realmente ficar muito complicada.

Eu tinha trazido na minha bagagem cópia de uma carta do Roberto Campos ao Herbert K. May, o mesmo que tinha negociado aquele acordo com o Fundo no início do governo Jânio, o homem que realmente mandava no Tesouro americano na parte internacional. E nessa carta, datada de 19 de setembro de 1962, Roberto Campos, dizendo que não estava escrevendo como embaixador, e sim em caráter pessoal, espinafrava os Estados Unidos, dizia que os Estados Unidos não entendiam nada de inflação, que a inflação no Brasil funcionava porque se cobrava um imposto inflacionário, uma porção de coisas. San Tiago leu e disse: "Temos que traduzir isso." Eu me lembrei que a única pessoa que podia traduzir aquilo em horas era o Jório Dauster —

que era assessor do Jaime Azevedo Rodrigues e, portanto, não se afinava com as posições do Campos, mas cumpriu o que lhe foi solicitado com presteza e acuidade, já demonstrando as qualidades do grande tradutor que veio a ser. No dia seguinte, San Tiago pegou a tradução e levou-a ao Jango, para mostrar que o Roberto não era um mero serviçal dos Estados Unidos, que tinha defendido o Jango em termos candentes naquela carta pessoal etc. Roberto transcreve essa carta no seu livro, mas não diz que ela foi traduzida e serviu aqui para consolidar a posição dele, que estava abalada pela crise de Cuba. Até não sei se ele teve conhecimento disso, mas o fato é que não comenta.

Aquele foi realmente um momento muito tenso. Quando vim para o Brasil, eu tinha dito a uns amigos meus que telefonassem de vez em quando para a Maria Luiza, minha mulher, para saber se estava tudo bem. Um deles, Ronald Scheeman, que depois foi diretor pelos Estados Unidos do Banco Interamericano de Desenvolvimento e quase foi nomeado embaixador dos Estados Unidos aqui, convidou-a para um filme, para relaxar, mas ele não agüentou a ansiedade, porque queria ter notícias, e tiveram que sair no meio... A coisa esteve realmente muito preta.

Mas pelo menos a crise não durou muito tempo.

Não, foi relativamente rápida. Como disse, eu tinha vindo para negociar a agenda da viagem do Kennedy, mas como a viagem foi cancelada, convocaram-me para duas outras coisas: uma, oficial, foi trabalhar naquela Comissão de Nacionalização de Empresas de Serviço Público, Conesp, o que fiz durante um mês e tanto, de dia; a outra, à noite, foi participar de reuniões na casa do San Tiago para discutir problemas econômicos.

Em dezembro de 1962, Robert Kennedy veio ao Brasil. O senhor já não estava mais aqui?

Não. Robert Kennedy veio advertir o Jango sobre a inclusão de comunistas no seu gabinete e teve até uma discussão ferrenha com Miguel Osório.

Seu primeiro contato maior com San Tiago Dantas tinha ocorrido durante a visita a Washington que ele fez junto com Jango em abril de 1962, como ministro das Relações Exteriores?

Sim. Eu o conhecia de antes, porque Maria Luiza tinha sido colega da Lúcia Quental, que era filha da dona Dulce, irmã dele. Mas o contato se estreitou em abril de 1962, em Washington, e depois, no fim do ano, no Brasil. Ele conversava muito comigo, assuntos de Estado ou pessoais. Na véspera de voltar para Washington, fui me despedir dele no seu escritório, ali na rua do Carmo, e ele me disse: "Estão comentando muito que depois do plebiscito o Balbino vai ser nomeado ministro da Fazenda, mas eu já fui convidado. Não diga nada a ninguém, só ao Roberto Campos. Vou assumir logo depois do plebiscito, e você se prepare porque vou chamá-lo para trabalhar comigo." Fui embora e, de fato, os jornais se esqueceram do San Tiago; era Balbino para cá, Balbino para lá, outros ministros... Pensei: "Realmente, não deu em nada." Já tinha tirado aquilo da minha cabeça quando, no dia 22 de janeiro de 1963, recebo três telegramas, um do San Tiago, um do Itamaraty e um do José Vieira Coelho, seu chefe de gabinete, dizendo: "Parta imediatamente." O que fiz. Vim trabalhar com San Tiago aqui, mas, como a burocracia do Itamaraty é lenta, antes de eu ser removido, San Tiago já tinha se demitido...

Ao voltar para Washington, o senhor comunicou a Roberto Campos o convite que lhe tinha feito San Tiago Dantas?

Não sei se falei sobre isso. Sei que falei da nomeação do San Tiago para o Ministério da Fazenda, pois ele me pediu que o fizesse. Acho que devo ter insinuado alguma coisa. É possível. Roberto não gostou muito quando vim trabalhar com San Tiago. Não disse nada contra, mas depois San Tiago me advertiu.

Havia alguma rivalidade entre Roberto Campos e San Tiago Dantas? Alguma grande divergência de pontos de vista?

Rivalidade, não parecia, mas possivelmente havia. Divergência, acho que sim, porque certamente, se fossem aceitas as categorias esquerda e direita, San Tiago estava mais à esquerda. Não há dúvida. Mas houve um tempo em que eles se davam muito bem. Inclusive, depois dos cinco meses no Ministério da Fazenda, San Tiago foi para Washington, pois houve uma tentativa de o operarem lá, o que não foi possível, e Roberto foi realmente muito dedicado.

Quem mais, além do senhor, foi convocado para trabalhar com San Tiago Dantas no Ministério da Fazenda?

Todo aquele grupo que discutia economia nas reuniões de que participei na casa dele quando vim ao Brasil no fim de 1962. O time era de grande qualidade. Os três subsecretários eram Antônio Dias Leite, José Luiz Bulhões Pedreira e Oscar Lorenzo Fernandez. Octavio Dias Carneiro foi nomeado para a Sumoc e, na assessoria, ficamos Ronaldo Costa, Ernane Galvêas, Leopoldo Brandão, eu, e, em São Paulo, José Gregori.

"Algumas precondições sociais e políticas ao crescimento econômico"

Antes de voltar dos Estados Unidos para trabalhar com San Tiago Dantas no Brasil, o senhor concluiu o mestrado em ciência política na Georgetown University. Por que ciência política?

Por influência de Octavio Dias Carneiro. Como eu disse, ele foi o primeiro PhD em economia no Brasil; era macroeconomista, mas tinha uma ampla visão humanista. Quando fui conversar com ele — eu ainda trabalhava na Divisão Econômica e estava pensando em fazer o curso de economia quando fosse para Washington —, Dias Carneiro disse: "Não faça isso. Primeiro, porque já existe toda uma geração de economistas no Itamaraty: Campos, eu, muitos outros. Segundo, porque os problemas do Brasil não são problemas econômicos. Nós temos o problema político de adotar políticas econômicas certas. Por que você não estuda ciência política?" Foi ele quem me sugeriu. Mas estudando ciência política, evidentemente, minha preocupação era econômica, e o meu *adviser*, meu orientador, embora fosse um homem da pura teoria política e jurídica, aceitou isso.

Quem foi seu orientador?

Chamava-se Heinrich Rommen. É autor de um livro clássico, *O Estado no pensamento católico*, em que defende a divisão da Igreja e do Estado. Escreveu também outro livro muito importante, sobre direitos humanos. Tive muita sorte, porque peguei os últimos professores que tinham fugido da Alemanha ou da Áustria e estavam exilados nos Estados Unidos. Todos já mais ou menos velhinhos, naquela época, mas extremamente lúcidos.

O título da sua tese é Some Socio-Political Preconditions of Economic Growth. *Em 1963, esse certamente era um tema quente. Discutiam-se reformas de base, pontos de estrangulamento... O senhor lidava com isso na tese?*

Eu lidava mais com a problemática de liderança, ideologias e atitudes. Refletia uma discussão teórica que estava ocorrendo nos Estados Unidos. Rostow, com as etapas do desenvolvimento; as ideologias do desenvolvimento; o papel das elites: militares, burocracia, *intelligenzia*. Isso tinha sido muito o meu curso: elites e massa. Mosca, Pareto, Michels. Também Weber, *A ética protestante*. A parte cultural, a educação. Havia um estudo de Denison mostrando que o crescimento econômico americano devia-se mais à educação do que ao investimento de capital. Eram esses os problemas. O que o Talcott Parsons chamou de *value patterns*: *achievement versus ascription, universalism versus particularism* etc. Predisposições psicológicas institucionalizadas. Naquela minha ida a Boston, aproveitei um pouco para discutir também com David McClelland, um psicólogo que escreveu *The Achieving Society*,[27] onde enfatizava certo tipo de precondição psicológica para uma pessoa *to achieve*, ou seja, *the need of achievement*, o desejo ou a necessidade de desempenhar bem. Enfim, era uma discussão muito quente lá e muito quente aqui também.

Sua tese foi publicada?

Acabei não publicando. Ia publicar, já tinha uma tradução, dei para o San Tiago ler, ele concordou em fazer o prefácio, mas morreu antes disso.[28] Eu tinha até um editor, Jorge Zahar. Acho que hoje ela teria um sabor meio histórico.

---

[27]David C. McClelland, *The Achieving Society* (Nova Iorque, D. Van Nostrand Co., 1961).
[28]San Tiago Dantas faleceu em 6 de setembro de 1964.

3

Mudanças de Rumo

Assessor de San Tiago Dantas

Logo depois que o senhor assumiu as funções de assessor para assuntos internacionais de San Tiago Dantas no Ministério da Fazenda, ele foi a Washington, em março de 1963, para renegociar a dívida externa, e o senhor o acompanhou nessas negociações. San Tiago obteve um empréstimo de quase 400 milhões de dólares, dos quais 84 milhões teriam liberação imediata. Segundo o acordo assinado por ele e David Bell, diretor da Usaid,[1] o resto viria depois, a partir da implementação de um plano de estabilização econômica. Mas isso não aconteceu.

Não. Essa viagem foi extremamente truncada, não teve o êxito almejado. Começou muito bem, com San Tiago levando uma carta muito boa, do Jango, que foi traduzida durante a noite e no dia seguinte foi entregue ao Kennedy. Fomos conversar com Kennedy — San Tiago, Roberto Campos e eu. Eles disseram que só teríamos 20 minutos e ficamos uma hora e 20. Kennedy deu todo o apoio a San Tiago, mas aí caiu-se na burocracia. A coisa realmente desandou no

[1]United States Agency for International Development.

nível burocrático. Como já disse, Kennedy, por ele, tinha assimilado a idéia da abertura *a la sinistra* como uma maneira de evitar que o Brasil se tornasse parte da crise Leste-Oeste. Achava que era preciso incorporar as massas, as esquerdas etc., e que para isso era preciso ter apoio econômico. Tenho a fotografia desse encontro. Estavam presentes, também, Lincoln Gordon, Teodoro Moscoso, que era o coordenador da Aliança para o Progresso, e Edwin Martin, secretário assistente de Estado para a América Latina.

San Tiago Dantas impressionou bem o presidente Kennedy nesse encontro?

Muito. Kennedy pegou a carta do Jango e a comentou ponto por ponto. Ele não conhecia o conteúdo, porque nós a tínhamos traduzido de noite. Kennedy foi extremamente amável. Mas aconteceu aquele fenômeno que o Schlesinger, comentando o assunto com Roberto Campos, chamou de *the impotence of power*. A burocracia prendeu. O que aconteceu também foi que Jango estava sendo hostilizado no Brasil, e San Tiago, com aquela carta, era porta-voz do Jango. Ainda durante a visita, vieram ataques virulentos do Brizola e do Lacerda que abalaram, que deslegitimaram um pouco a posição do San Tiago. Aliás, essa é uma tradição brasileira: quando alguém chega lá fora...

Leva uma bordoada de quem ficou... Como quem diz: nós o desautorizamos totalmente.

Acho que isso atrapalhou. Mas o mais importante foi realmente a burocracia. E um pouco a pressão do Geneen, porque o problema da indenização da ITT não estava resolvido. Houve ainda um problema técnico no fim do encontro. Kennedy queria dar uma entrevista à imprensa no jardim da Casa Branca anunciando seu apoio ao governo de Jango, mas o assessor de imprensa da delegação brasileira, ainda inexperiente — era o nosso Marcito Moreira Alves —, preocupado porque se a notícia não fosse enviada até as quatro horas não chegaria antes do fechamento dos jornais no Brasil, adiantou o resultado, ainda sob embargo, para os correspondentes brasileiros, dizendo que era confidencial. Os brasileiros foram para a Casa Branca, pediram para passar o *press release* pelo telex, e os americanos ficaram ali olhando. Foram perguntar ao Salinger, porta-voz do Kennedy, o que estava havendo, e acabou o Kennedy cancelando a entrevista, que era para divulgar uma coisa que os brasileiros já tinham mandado dizer aos jornais.

Dessa viagem de San Tiago Dantas resultou a criação de uma comissão interministerial para estudar e proceder à compra das subsidiárias da Amforp e da ITT no Brasil. Chegou-se a um acordo com a Amforp, mas houve um problema doméstico sério quando esse acordo foi divulgado.[2]

Sim. Eu até participei dessa comissão interministerial, mas não nesse momento, e sim num momento posterior. O acordo que San Tiago fez nesse momento foi o seguinte: 25% do preço das subsidiárias seriam pagos à Amforp em

[2]Da comissão interministerial criada em abril de 1963 faziam parte, além de San Tiago Dantas (ministro da Fazenda), os ministros Amauri Kruel (Guerra), Hélio de Almeida (Viação), Eliezer Batista (Minas e Energia) e Antônio Balbino (Indústria e Comércio). Autorizado por San Tiago Dantas, o embaixador Roberto Campos negociou a compra das 12 subsidiárias da Amforp por US$ 135 milhões, dos quais 25% seriam pagos em dólares e os restantes 75% transformados em reinvestimentos no Brasil. A divulgação do acordo no mês de maio provocou intensa oposição dos setores nacionalistas, levando o governo Goulart a interromper as negociações e dissolver a comissão interministerial. Durante o governo Castelo Branco, a comissão seria reativada, o acordo renegociado com algumas alterações e, finalmente, aprovado pelo Congresso em outubro de 1964. Ver *DHBB*.

25 anos, e a outra parte, 75%, seria reinvestida. A comissão tomou a decisão de aprovar o acordo, deu instruções a Roberto Campos para rubricá-lo, Campos rubricou, e depois alguns membros disseram, perante uma comissão de inquérito da Câmara, que não se tinha resolvido aquilo. Aí as coisas começaram a complicar. O Exército ficou desconfiado, "estamos pagando aos americanos, não sei o quê"... San Tiago foi ao Estado-Maior do Exército, que era chefiado por Castelo Branco — que aliás não estava lá, quem estava eram o Costa e Silva e o ministro do Exército, Amauri Kruel —, fez uma exposição absolutamente brilhante e recebeu uma salva de palmas. Costa e Silva, por ser o general mais antigo, ficou perguntando, provocando para que San Tiago nomeasse Brizola como o grande opositor do acordo, mas acabou apoiando a posição de San Tiago. Afinal San Tiago saiu sob palmas e, no carro, um dos assessores disse: "Puxa! Mas que consagração!" San Tiago respondeu: "Não. Isto é o meu fim." O Exército apoiava San Tiago, e ele trombava com Jango...

É engraçado o Exército tomar uma posição antiamericana nesse momento.

É. Mas San Tiago, ao fazer a conferência, virou a posição do Exército. E realmente, logo depois, houve a chamada renúncia coletiva e San Tiago saiu do ministério. Lembro que ele foi à Câmara e fez um discurso belíssimo. Disse textualmente: "A ordem para que o embaixador Roberto Campos rubricasse em Washington o memorando de entendimento foi dada por mim, e assumo a responsabilidade."

Quando San Tiago Dantas deixou o Ministério da Fazenda, em junho de 1963, que destino o senhor tomou?

Quando San Tiago saiu do Ministério da Fazenda, entrou Carvalho Pinto, que convidou a mim e ao Ronaldo Costa para ficarmos, mas não aceitei. Por outro lado, eu estava sendo removido, não tinha como voltar atrás e ficar em Washington. Ainda assisti o San Tiago na operação que ele foi fazer em Washington e o trouxe pessoalmente de volta ao Brasil. Ele já estava bem combalido, mas ainda viveu um ano, embora os médicos americanos lhe tivessem dado três meses de vida. Ronaldo Costa tinha sido convidado para ir para o BNDE e, como eu não queria ficar no Ministério da Fazenda, ele disse: "Então você vai para o BNDE." Aceitei, fui para a Assessoria Geral do Departamento de Operações Internacionais do BNDE e fiquei lá três anos. Naquela época, o BNDE era o grande receptor daqueles fundos do trigo, que eram financiamentos em dólares pagáveis em cruzeiros, em 40 anos. Havia outros acordos, com a Usaid, com os alemães, com a Kreditanstalt für Wiederaufbau. Chegamos a fazer uma visita, na Europa, a todas essas instituições oficiais de financiamento.

Nesse período do BNDE, participei de várias coisas: em 1964, fui à Unctad, em Genebra, onde passei três meses; participei da comissão interministerial que continuava a tratar do acordo com a Amforp; participei das comissões encarregadas de negociar um acordo de investimento com os Estados Unidos, que foi assinado, e outro com a Alemanha, que não foi assinado; fui chefe de gabinete do chefe da delegação brasileira à reunião da OEA, Luís Viana, em novembro de 1965...

Foi nesse período também que ocorreu o movimento militar de março de 1964. No dia 31 de março, o senhor estava em Genebra, para a primeira reunião da Unctad. Quando viajou, já tinha a expectativa de que alguma coisa iria acontecer?

Imediatamente não, mas a médio prazo eu estava preocupado. E aí tenho que fazer um *flash-back* das seguintes datas: 20 de março, 13 de março, 9 de março e fevereiro de 1964; novembro e outubro de 1963, e novembro de 1962.

Devo ter partido para Genebra em 21 de março de 1964, porque lembro-me que, no dia 20, San Tiago deu a aula inaugural na Faculdade de Filosofia, uma aula memorável — foi postumamente publicada num livro chamado *Palavras de um professor*.[3] Nesse dia, ou nessa semana, ele me disse o seguinte: "Você vai para Genebra, mas eu já combinei com o Jango, e nessas próximas semanas você vai ser nomeado diretor do BNDE, de modo que você vai ser chamado de volta." Ele disse isso com uma certa tranqüilidade, e achei que não estava prevendo um desfecho iminente. De toda forma, eu estava preocupado, porque via o que estava ocorrendo.

O que foi que eu presenciei pessoalmente? O comício de 13 de março, em que o discurso do Jango teve duas mãos: a do Serpa e a do Villar de Queiroz, que trabalhava com o Jango e viria a trabalhar com Roberto Campos pouco depois. Eles fizeram um discurso muito provocativo para o 13 de março, e depois também fizeram o discurso para a reunião dos sargentos. Já em 9 de março tinham feito um

[3] San Tiago Dantas, *Palavras de um professor* (Rio de Janeiro/São Paulo, Forense, 1975).

discurso assim, mas Jango pediu para o San Tiago revê-lo. Eu testemunhei pessoalmente que o texto foi revisto, não sei por que, no Itamaraty — talvez por tratar de política internacional —, e acabou se transformando num discurso muito moderado, que foi muito bem recebido na Escola Superior de Guerra. Era um pouco aquela coisa de o Jango ouvir a última pessoa...

Antes disso, em fevereiro, realmente o clima político estava ficando muito conturbado, e San Tiago tentou organizar a chamada Frente Ampla para as Reformas, que lançou até um manifesto. Participei de várias reuniões e sei que San Tiago conseguiu unir Arraes, Prestes e Afonso Arinos. Não conseguiu atrair nem Brizola, nem Lacerda, mas já era alguma coisa. Foi a última tentativa de San Tiago, já muito doente, de trazer o processo para o centro e canalizá-lo para algo administrável. Isso foi em fevereiro de 1964.

Em 22 de novembro de 1963, tinha havido o assassinato do Kennedy, o que significou a vitória, lá, dos *hawks*. Ficaram mais ou menos as mesmas pessoas do Kennedy, mas houve um endurecimento, que inclusive se refletiria no Vietnã. Kennedy já tinha iniciado a guerra, mas Tonquin[4] já foi com Johnson.

Mais ou menos em outubro de 1963, houve um episódio curioso, que acho que só contei a uma pessoa, Pedro Dutra, para uma biografia do San Tiago que nunca saiu e não sei quando vai sair. San Tiago estava, aparentemente, restabelecendo-se da operação — ele não sabia que tinham

---

[4] Referência à chamada resolução do golfo de Tonquin, aprovada pelo Congresso norte-americano em 7 de agosto de 1964 em resposta a supostos (e, como se viu posteriormente, questionáveis) ataques de barcos-patrulha norte-vietnamitas contra um destróier americano ali estacionado. A resolução autorizava bombardeios retaliatórios dos Estados Unidos no Vietnã do Norte e dava ao presidente Lyndon Johnson uma espécie de "carta branca" para assegurar a defesa do Vietnã do Sul, assinalando um *turning point* no envolvimento militar dos Estados Unidos na Guerra do Vietnã. Ver *DTCWH*.

apenas aberto e fechado — e me disse: "Tenho uma coisa muito importante para conversar com você, mas temos que ter muito cuidado." Fomos então para o Jardim Botânico conversar, e ele me disse o seguinte: "Marcílio, as forças da esquerda negativa" — era o grupo do Brizola — "estão preparando um golpe que provavelmente terá o seu estopim, o seu cerne, em Santa Maria, no Rio Grande do Sul. De modo que temos que estar preparados para isso. Tenho conversado com o governador de Minas, que já montou um gabinete de resistência com os secretários mineiros, mas que deverá incluir também figuras nacionais, deverá ser um ministério nacional. Eu aceitei participar, Afonso Arinos aceitou, Pedro Aleixo e Alkmin também. Será uma espécie de secretariado de notáveis. E estamos preparando a resistência ao golpe que deve vir. Se isso acontecer, vamos evidentemente ter que ser abastecidos de armamentos, e só há uma pessoa que pode fazer essa negociação nos Estados Unidos, que é você. De modo que você se prepare, se for necessário ir para os Estados Unidos." Foi uma conversa espantosa, mas depois San Tiago nunca mais voltou a ela, nem eu.

Mas a partir desse momento o senhor deve ter ficado na expectativa de um desfecho para a situação política.

Sim. Mas eu já estava preocupado desde antes, porque quando, em novembro de 1962, vim ao Brasil por causa da visita do Kennedy, que acabou não havendo, eu conversava sempre com o San Tiago, e ele, que apesar de muito sério era muito pouco formal, um dia me disse: "Preciso conversar hoje à noite com você. Encontre-me no coquetel do embaixador Frazão." Respondi: "Não posso: não estou convidado para o coquetel." Ele: "Não faz mal. Você vai." Acabei indo, encontrei-o, e ele disse ao Frazão: "Preciso de uma sala para conversar com o Marcílio." Fomos para o escritório, e ele começou a falar sobre economia etc. — não sei se já tinha pensado naquele convite que me fez pouco depois, em seu escritório na cidade, para eu ser seu assessor no Ministério da Fazenda. Ficamos lá conversando, e dali a pouco bateram na porta. Era o Frazão: "Ministro, desculpe, sei que o senhor quer conversar, mas há aqui uma pessoa que me disse que tem um assunto da maior gravidade." Entrou o general Nelson de Melo, então o mais antigo general-de-exército, e disse: "San Tiago, é o seguinte. Gostaria que você dissesse ao Jango que os americanos estão preocupadíssimos com essa infiltração de pessoas de esquerda no governo, com essa esquerda negativa etc. Mas quero dizer que, antes de os americanos agirem, o Exército e as Forças Armadas agirão. De modo que você pode avisar ao Jango que não continue nesse caminho, senão nós o derrubaremos." E acrescentou: "O senhor quer uma testemunha do que pensam os americanos? Um momentinho." Chamou o Roberto Marinho: "Roberto Marinho também tem ouvido as preocupações deles." San Tiago agradeceu a informação e disse que iria transmiti-la ao Jango. Ou seja, foi um negócio avisado! Coisa bem brasileira: "Nós o derrubaremos..." Ambos os episódios foram muito curiosos.

O gabinete de resistência que San Tiago Dantas mencionou no encontro no Jardim Botânico seria um gabinete civil ou seria uma articulação entre civis e militares diante da possibilidade de um golpe de esquerda?

Ele não falou em articulação militar. Achava que o golpe de esquerda é que seria dado por um grupo de militares do Sul, basicamente do III Exército, que era comandado por Justino Alves. O gabinete de resistência estava sendo montado com Magalhães Pinto, Alkmin, Afonso Arinos. Ele deu vários nomes de pessoas, até de várias orientações políticas. A idéia era resistir a um golpe, não haveria uma iniciativa.

Esse golpe que supostamente estava sendo preparado seria contra Jango, ou Jango aderiria?

Havia uma certa presunção de que Jango aderiria. Jango tinha dois lados. Seria a vitória de um deles, a captura do poder pelo grupo liderado pelo Brizola, pela esquerda negativa, e a derrota do grupo moderado, mais conservador, que procurava atrair Jango para o centro. Isso deslancharia a reação, centrada em Minas Gerais. Afora essa manifestação de San Tiago, provavelmente provocada por uma convicção momentânea de que um golpe de esquerda estava para ser dado, ele sempre defendeu consistentemente a idéia de uma frente capaz de fazer as reformas de base, sem descontinuidade institucional de esquerda ou de direita. Hoje se chamaria isso de frente ampla. O interessante é que uma das reformas previstas era a monetária, ou seja, um programa rigoroso de estabilização.

Por outro lado, havia setores que se estavam articulando à direita: os empresários do IBAD e do IPES, a oficialidade da ESG reunida em torno de Castelo Branco... O senhor tinha contato com esses setores?

Não. Continuei em contato com a embaixada americana, com Lincoln Gordon, mas não tratava da situação política brasileira. O assunto era mais a Amforp. Lincoln Gordon tinha preocupação com a inflação, essas coisas assim. Ainda me lembro que no dia 22 de novembro de 1963 San Tiago e eu o visitamos — acho que Renato Archer também foi junto —, pelo falecimento do Kennedy. Acho que a morte do Kennedy foi um corte, e um deslocamento do eixo de poder do seu grupo para um grupo mais ativista e mais linha-dura, de que fazia parte Robert Kennedy.

Em 31 de março de 1964 o senhor estava em Genebra e sua família no Rio. Como se sentiu? Tentou fumar novamente?

Não... Embora minha família morasse na rua das Laranjeiras, bem em frente à entrada do Parque Guinle, onde se localizava o Palácio Laranjeiras, sede carioca da Presidência. Eu telefonava, escrevia, mas a preocupação foi menor que na crise dos mísseis. E eu também dividia a preocupação com a conferência.

A Unctad em Genebra e a revolução no Brasil

O movimento de convocação da United Nations Conference on Trade and Development, a Unctad, no qual o Brasil teve uma participação muito ativa, refletia a insatisfação dos países em desenvolvimento com a forma pela qual as questões ligadas ao comércio internacional estavam sendo discutidas dentro do GATT, não?

Não só dentro do GATT: do GATT, do Fundo Monetário e do Banco Mundial.

Como foi a preparação, no Brasil, da primeira reunião da Unctad?

Houve uma comissão muito dinâmica de preparação, liderada pelo embaixador Jaime Azevedo Rodrigues, que era secretário-geral adjunto para assuntos econômicos do Itamaraty. Era seu chefe de gabinete o Jório Dauster. Foi muito interessante, porque havia cinco grupos de trabalho — é por isso que eu digo que o problema não era só com o GATT, era também com o Fundo Monetário e o Banco Mundial. O primeiro grupo tratava das *commodities*; o segundo, da promoção do comércio de produtos manufaturados e semimanufaturados; o terceiro, dos fluxos financeiros e tecnológicos e dos serviços; o quarto, dos arranjos institucionais; e o quinto, dos agrupamentos regionais e do comércio internacional, inclusive do nosso ponto de vista. Isso está num artigo que escrevi sobre a Unctad.[5] Essa era a estrutura da conferência em si, mas a preparação já levou em conta essa agenda.

O que essa preparação mostra é que a política externa independente tinha afinal adquirido uma dimensão econômica. Até então, ela, que procurava se aproveitar de uma brecha possível na rivalidade Leste-Oeste entre países desenvolvidos, não tinha apresentado uma vertente econômica consistente. A orientação era muito marcadamente política, enquanto a parte econômica, tanto interna quanto externa, era até mais conservadora do que a anterior. A posição do Brasil na Unctad, ao menos tal como está expressa nas instruções, era realmente a dimensão econômica da política externa independente.

Essas instruções eram oriundas de onde? Do Ministério da Fazenda ou do Itamaraty?

O grupo era interministerial. Os chefes, acho que eram os ministros, mas eu me lembro que a figura mais atuante era o próprio Jaime Azevedo Rodrigues. Fui trabalhar com eles mais ou menos alocado no grupo de trabalho 3, de serviços e

---

[5] "Comércio, ajuda e desenvolvimento", *in Indicações para o projeto brasileiro* (Rio de Janeiro, Tempo Brasileiro, 1971), p. 89-108.

movimentos financeiros. Depois fui para Genebra como delegado adjunto do grupo 3, como o número três ou quatro da delegação, mas todos os que estavam acima foram cassados, de modo que acabei sendo eu o delegado brasileiro na comissão número 3.

Que temas se pretendia explorar mais durante a conferência?

Os temas eram os prioritários naquela época. Na parte de comércio, o grande tema era a deterioração dos termos de intercâmbio — afinal de contas, a conferência era muito cepalina, inclusive porque o secretário-geral era Raul Prebish.[6] Depois, ajuda econômica: na época, a ajuda econômica era muito baixa, e então se apresentou aquela reivindicação de que 1% do PIB dos países desenvolvidos fosse dedicado à ajuda externa — reivindicação essa que voltou na Rio-92, porque o objetivo caiu para 0,7% e o realizado para muito menos. Havia também a reivindicação de que fosse assegurada aos países em desenvolvimento uma taxa de crescimento de 5% do PIB, o que gerou uma grande discussão. Reivindicava-se ainda a livre transferência de tecnologia — naquela época, ainda era chamada assim, depois passou-se a chamar acesso. Na área de financiamento, havia o problema das taxas de juros de financiamento. Durante as discussões, foi apresentada pela delegação de Israel uma proposta de equalização de taxas de juros muito interessante.

Como é que se pretendia que fosse assegurada uma taxa de crescimento de 5% aos países em desenvolvimento?

Ao se assegurar essa taxa, o que se queria era deixar claro que era objetivo da Unctad dar aos países condições de crescer. Houve uma enorme discussão sobre isso. Os chefes da

[6]Raul Prebish era secretário-geral da Comissão Econômica para a América Latina da ONU (Cepal).

delegação americana foram mudando, houve três, mas no fim era o embaixador John Leddy, que tinha sido um dos negociadores do memorando San Tiago-Bell e depois foi ser embaixador na OECD.[7] Eu o conhecia bem de Washington, e lembro-me de uma discussão que houve com ele no *steering committee* quando esse problema dos 5% veio à baila. Estava presente também o chefe da delegação do Vaticano, padre Louis-Joseph Lebret, francês, que dirigia uma revista chamada *Développement et Civilisation.* Lebret esteve no Brasil várias vezes e mantinha aqui um movimento chamado Economia e Humanismo, bastante ativo. Desenvolveu um conceito de *ménagement du territoire* muito interessante, e cheguei a assistir a conferências que fez no Rio. O vice dele era um jesuíta, Jean-Yves Calvez, muito inteligente também, autor de um livro chamado *Pour Marx.* Tínhamos muito contato. O Vaticano tinha uma delegação forte e uma posição muito avançada de apoio aos países em desenvolvimento. Aliás, aquela foi uma conferência fascinante, porque se tinha o Prebish como secretário-geral, Che Guevara como chefe da delegação cubana, Lebret na delegação do Vaticano, Leddy e outros na dos Estados Unidos... Lembro que quando Che Guevara foi falar, havia uns refletores, umas lâmpadas enormes, e uma delas estourou. Todo mundo se assustou, mas ele continuou na maior calma: "Já estou acostumado..." Era um grande orador.

Seria interessante acompanhar exatamente a transição da posição brasileira do início ao fim da conferência, porque no

[7]Organization for Economic Cooperation and Development; em português, Organização para Cooperação e Desenvolvimento Econômico (OCDE).

meio do caminho houve o 31 de março. O senhor mesmo já mencionou aqui o incidente com Octavio Dias Carneiro...

A reunião começou no dia 23 de março e terminou em 16 de junho de 1964. O primeiro chefe da delegação brasileira foi Araújo Castro, que era ministro das Relações Exteriores e foi para a reunião com seu chefe de gabinete, o embaixador Celso Raul Garcia. Da delegação constavam Jaime Azevedo Rodrigues, que era um pouco o mentor do grupo, Octavio Augusto Dias Carneiro, Rouanet, eu e outros. Iriam também Josué de Castro e Celso Furtado, que não chegaram a ir. A idéia era termos chefes rotativos, porque a conferência iria durar três meses, e o ministro não podia ficar o tempo todo lá.

Josué de Castro e Celso Furtado não chegaram a ir porque foram cassados.

Sim. A situação foi tão traumática que o chefe de gabinete de Araújo Castro voltou para o Brasil e suicidou-se não muito depois, em circunstâncias por mim desconhecidas. E o diretor da Cacex, que havia contribuído na preparação da conferência, também.

Araújo Castro estava em Genebra no dia 31, ou já tinha voltado?

Araújo Castro estava lá no dia 30 e foi chamado, por causa da revolução, mas ainda sendo Jango o presidente. Em seu lugar ficou Jaime Azevedo Rodrigues, que passou um telegrama oficial ao Itamaraty dizendo que não trabalharia com militares gorilas.

Vasco Leitão da Cunha, que então assumiu o Ministério das Relações Exteriores, relata em seu depoimento que não pôde deixar de cassar Jaime de Azevedo Rodrigues por conta desse telegrama.[8]

É. Ele tentou reclassificar o telegrama de oficial para pessoal, mas não conseguiu. Jaime fincou pé e foi para Paris.

---

[8]Vasco Leitão da Cunha, *Diplomacia em alto-mar: depoimento ao CPDOC* (Rio de Janeiro, Fundação Getulio Vargas, 1994).

A chefia da delegação foi assumida, então, por Octavio Dias Carneiro, que também veio embora, porque, quando o representante de Portugal começou a discursar, ele se levantou e saiu do plenário, seguindo as instruções escritas que tinha. Foi chamado a serviço e não voltou. Aí assumiu por algum tempo o nosso delegado substituto em Genebra, Alfredo Valadão, que ainda era ministro, não era embaixador. Afinal, veio chefiar a delegação Edmundo Barbosa da Silva.

Dias Carneiro seguiu instruções que haviam caducado...

Depois, até eu fiz a mesma coisa, sem as mesmas repercussões, em relação às despesas militares. Vim a ser o representante do Brasil no grupo 3, discutiram-se despesas militares, e o Brasil propôs que elas fossem reduzidas, tanto as externas quanto as domésticas. Eu tinha instruções e as segui. Dizia o Valadão: "Você quer acabar com a minha carreira?" Eu respondia: "Não, eu tenho a instrução. Está aqui..."

Nesse processo, além do senhor, outros foram mudando suas funções e responsabilidades?

Sim. Meu setor seria chefiado pelo Celso Furtado, que nunca apareceu. Restava o Galvêas, em termos de antiguidade, mas ele cedeu o lugar a mim e eu assumi. Holanda ficou com a parte de *commodities*, Márcio Rego Monteiro, com os manufaturados, Rainho, acho que com a parte institucional. Rouanet acabou sendo chamado de volta ao Brasil. O interessante é que tivemos cinco chefes de delegação, mas não houve mudanças fundamentais, não houve instruções novas. Tanto que eles votaram em tudo segundo as instruções originais, porque nunca chegaram outras. Mesmo com Edmundo Barbosa da Silva a linha continuou a mesma, não houve mudança substantiva de orientação.

É curioso, porque Marcelo de Paiva Abreu diz que a posição brasileira na conferência mudou e que o Brasil passou a fazer reservas à ata final.[9] *O senhor se lembra disso?*

Não. A única alteração que vi foi em relação a Portugal, mas isso não tinha nenhuma relevância econômica. No mais, lembro que as instruções continuaram as mesmas. Edmundo chegou lá, tinha sido meu chefe, e houve aquela discussão que mencionei, em torno do compromisso de um crescimento de 5%. Estavam o Lebret, o Leddy, um grupo de não mais de 12 países, e o Leddy atacou a posição brasileira, que era de defesa do 1% de ajuda e dos 5% de crescimento, dizendo que aquilo era um absurdo, era querer planejar a economia mundial. Edmundo estava sentado, levantou-se e disse: "Meu assistente vai assumir a chefia da delegação brasileira e tomar a defesa do ponto de vista do Brasil." Abriu mão da chefia da delegação brasileira no *steering committee*, quer dizer, na cúpula da conferência, para eu discutir em nome do Brasil. Fiz a defesa do nosso ponto de vista, veementemente. Portanto, não vejo mudança na posição brasileira, a não ser pela retórica menos agressiva. Aliás, o relatório da delegação brasileira, datado de 23 de junho de 1964 e assinado pelo Edmundo, parece, a meu juízo, corroborar essa minha avaliação, embora mencione que houve certas "precisões" constantes de novos despachos telegráficos do Itamaraty.

As outras delegações que estavam na Unctad procuraram a delegação brasileira para saber se haveria mudanças? Houve alguma expectativa?

Só o Prebish ficou um pouco preocupado, porque o Brasil tinha realmente assumido uma posição de liderança.

---

[9]Ver "O Brasil e o GATT: 1947-1990", *in Sessenta anos de política externa brasileira*, vol. 2, *op. cit.*

Lembro até que estávamos atravessando uma ponte em Genebra e o Prebish perguntou, me parece que ao Jaime Rodrigues, o que estava havendo. Jaime respondeu que as coisas iriam continuar da mesma maneira. E de fato não houve, basicamente, nenhuma mudança na atuação da delegação brasileira. Dos chefes de grupos, Holanda, Rainho e eu tínhamos trabalhado juntos em Washington na Operação Pan-Americana e, junto com Márcio Rego Monteiro, partilhávamos as mesmas posições. Agora, num ponto é claro que a situação mudou: o Brasil deixou de exercer o papel de liderança, sobretudo no seio do grupo dos 77, que certamente lhe caberia caso não houvesse ocorrido o 31 de março.

A não-alteração na atitude da delegação brasileira à Unctad deu-se por inércia ou porque Vasco Leitão da Cunha, ao assumir o ministério, deixou que se prosseguisse na mesma linha?

Acho que o Vasco amorteceu, sim. Acho que, se ele não estivesse lá, as coisas teriam mudado mais. Vasco e o próprio Edmundo. Quando Edmundo, depois, voltou para o Brasil, tinham sido cassados Jaime Rodrigues, pelo telegrama que enviou, que foi uma autocassação, Hugo Gouthier, alegadamente por corrupção, e Jatir de Almeida Rodrigues e Antônio Houaiss, que já tinham sido investigados antes. Vasco conseguiu limitar as punições. Depois houve uma comissão de investigação, que Edmundo presidiu. Foram chamados Rouanet, Merquior, os "esquerdistas". Ao todo, 22 diplomatas. A caça aos boêmios e aos homossexuais foi uma coisa meio turva, mas esses de que falei eram considerados "ideológicos", e esse caso eu acompanhei bem. Tanto Merquior quanto Rouanet tinham que fazer uma defesa por escrito, respondendo a um questionário, e depois uma defesa oral, e ambos foram lá para casa para eu rever o que iriam dizer, dar idéias. Revi os *papers* deles e acho que também cheguei a dar uma palavra ao próprio Edmundo. E nenhum deles foi molestado. Foram aceitas as defesas que apresentaram.

Essa comissão de investigação era a sério ou era uma coisa mais formal, que Edmundo Barbosa da Silva presidiu como que para dar uma satisfação? Havia possibilidade de esses diplomatas serem considerados culpados?

Houve muitas cassações naquela época, o clima era de caça às bruxas. Mas, realmente, Vasco e Edmundo conseguiram proteger, não deixar que o Itamaraty fosse objeto de uma verdadeira devassa. Até mesmo porque lá havia muita gente da política externa independente. De certa maneira, o Itamaraty tinha avançado mais, em termos ideológicos, do que o resto da sociedade. Muita gente ficou seriamente preocupada. Eu, por exemplo, não fui molestado, mas minha mulher foi, coitada, enquanto eu estava em Genebra... É que, quando ainda estava em Washington, eu tinha encomendado numa livraria em Nova Iorque, que me tinha sido até indicada pelo saudoso embaixador João Carlos Muniz, as obras completas do Marx. Chegaram dois volumes, acho que no dia 7 de abril, e minha mulher foi chamada ao depósito do Correio, instalado num imenso armazém escuro perto da praça Mauá. Atrás de uma grande mesa o funcionário perguntou: "Como é isso? Dois volumes de Marx, novinhos, impressos na Alemanha Oriental..." Maria Luiza respondeu: "Meu marido é estudioso de ciência política, e temos mais 20 volumes desses em casa... Para o estudo da ciência política, Marx é indispensável. E o senhor veja, esses aí vêm de Nova Iorque. Pode verificar." O sujeito: "Ah, exatamente, o centro da expansão do comunismo é Nova Iorque!" Enfim, a conversa foi kafkiana, e ela não conseguiu que devolvessem os livros, mas também não foi mais incomodada. Depois, tive que ir ao pessoal do SNI para conseguir que os próximos volumes chegassem às minhas mãos, mas aqueles dois eu nunca mais consegui reaver. Faltam nas minhas obras completas... Isso mostra que as coisas estavam realmente difíceis: a pessoa receber livros pelo correio e ser chamada...

Outro exemplo: San Tiago, em 4 de abril, seria eleito tranqüilamente para a Academia Brasileira de Letras, mas empatou. E empatou com uma pessoa que eu dou um doce a quem souber quem é: Nilo Bruzzi. É um poeta. Já ouviram falar? Ninguém nunca ouviu falar. Só votaram nele porque era anti-San Tiago.

Como San Tiago Dantas viu a instalação do regime militar no país?

Em junho, quando eu ainda estava em Genebra, San Tiago veio a Paris, para depois ouvir um médico em Nancy, e fui vê-lo, passei um fim de semana com ele. Estavam em Paris também Antônio Balbino, Antônio Gallotti, José Nabuco, Waldir Pires, e conversamos muito sobre a revolução. San Tiago continuava sempre esperançoso, achando possível ainda tentar mudar a situação. Até o chamado "testamento" dele, que foi publicado pelo *Jornal do Brasil*, era uma tentativa de recanalizar as coisas. Houve um projeto de cassá-lo, mas não foi adiante. E há um fato interessante: San Tiago era muito amigo do Hélio Viana, que era cunhado do Castelo Branco, irmão da dona Argentina, e Castelo, lá por volta de 1953, o tinha convidado para fazer conferências na Escola Superior de Guerra — eu até juntei esse material; nunca foi publicado, mas seria interessante publicar. Nessa dúzia de conferências que fez a convite de Castelo, que era o comandante da Escola, San Tiago colocou o problema do poder nacional. Toda a teoria do poder nacional começou ali, com as conferências de San Tiago. Era quando se estava criando a chamada doutrina da Escola.

Do serviço público à iniciativa privada

O senhor participou da comissão interministerial encarregada de resolver a questão do acordo com a Amforp já no governo Castelo Branco?

Sim. Eu representava o Ministério do Planejamento e fui à reunião do Conselho de Segurança Nacional que aprovou a modificação do acordo, realizada no Alvorada, com Castelo presidindo. Lembro até que nessa reunião houve um abajur que caiu, e Castelo levantou-se para recolocar o fio na tomada... Fez-se, aliás, uma modificação contraditória no acordo, porque em vez de 75% do pagamento se transformarem em reinvestimento, viraram empréstimo. Ora, isso tinha a ver com a ideologia anterior. Foi uma concessão pós-revolucionária a uma crítica anterior, de que a Amforp iria dominar a indústria brasileira. Ideologicamente, a revolução deveria ser mais favorável ao investimento do que ao endividamento.

Afinal, a modificação foi aprovada pelo Conselho de Segurança e, contra a opinião de Octavio Gouvêa de Bulhões, que era o ministro da Fazenda, a comissão interministerial resolveu submetê-la ao Congresso, onde também obteve aprovação, nas duas Casas. Quem tinha uma grande ascendência na questão do acordo com a Amforp era Marcondes Ferraz, então presidente da Eletrobrás, uma figura muito interessante. Foi ele quem insistiu para que a coisa fosse apresentada ao Congresso, contra a veemente resistência do Bulhões. Ele dizia que, para ser um acordo permanente, não reversível, não sujeito, depois, a comissões de revisão, era importante o Congresso aprovar. É interessante, porque o governo Castelo era um governo autoritário, mas que ainda negociava com o Congresso. O episódio é bem típico da tentativa ainda democratizante de Castelo Branco.

Com tudo isso, o fato é que até hoje não pagamos toda a dívida contraída com a Amforp. Achou-se que a solução do investimento não era boa, que a Amforp iria tomar conta do Brasil, e então, como o prazo para o pagamento dos 25% era de 25 anos, fez-se um acordo pelo qual o prazo para o pagamento dos 75% restantes seria prorrogado por mais 20 anos. Isso foi em 1965 e, portanto, com mais 45 anos, esses bônus vão até 2010...

O senhor comentou também que participou de comissões que negociaram acordos de investimento com os Estados Unidos e com a Alemanha. Como foi isso?

Participei de uma comissão interministerial em que mais uma vez eu representava Roberto Campos, então ministro do Planejamento. O procurador da Fazenda era Edmilson Arraes. O acordo com os Estados Unidos foi assinado e está publicado na coleção Atos e Tratados do Ministério das Relações Exteriores. Foi interessante a forma que se encontrou para superar as dificuldades. Era um acordo de seguro de investimento — chamava-se "garantia de investimento". Hoje quem faz isso é a OPIC — Overseas Private Investment Corporation. O problema jurídico foi o fato de que no seguro, se a OPIC paga o investidor, a seguradora assume a propriedade, mas o governo americano não podia assumir a propriedade, porque isso era vedado pela Lei de Introdução ao Código Civil. Fez-se então uma sub-rogação. Depois, os alemães vieram, mas queriam que congelássemos a Constituição por 50 anos. Uma coisa maluca, não é! Um tratado pelo qual não se mudasse a Constituição por 50 anos, com garantia de propriedade! Esse não foi assinado. A Alemanha queria realmente um acordo de garantia de investimento, e os Estados Unidos, um acordo de seguro de investimento. Seguro, sobretudo, contra a desapropriação e contra o chamado risco de transferência.

Tanto no caso da Amforp quanto dos tratados, não só fiz parte das comissões como, depois, participei de todas as discussões no Congresso. E foi interessante porque com isso eu acompanhava coisas que estavam sendo discutidas paralelamente. Por exemplo, Castelo acabou apresentando uma lei de reforma agrária mais radical que a do Jango. Era um projeto do Roberto Campos, que previa uma taxação progressiva bastante drástica. Mas o Congresso, liderado por Bilac Pinto, o derrubou.

O senhor mencionou ainda que foi chefe de gabinete do chefe da delegação brasileira à conferência da OEA realizada no Rio em novembro de 1965. Tratava-se de Luís Viana Filho, chefe do Gabinete Civil da Presidência da República.

Sim. Vasco Leitão da Cunha presidiu a conferência, Antônio Azeredo da Silveira era o secretário-geral, Armando Mascarenhas era o subsecretário-geral, Luís Viana era o chefe da delegação, eu era seu chefe de gabinete e José Guilherme Merquior era subchefe. Não me lembro exatamente da pauta da reunião, mas sei que foi absolutamente desimportante. O importante aconteceu fora: foi a famosa passeata de intelectuais na porta do Hotel Glória. Marcito Moreira Alves, Glauber Rocha e outros foram presos. Meu compadre Odylo Costa Filho até chegou para o Luís Viana, logo depois da passeata, e disse: "Não entendo essa esquerda. Para que ficar demonstrando aí fora se ela está aqui dentro do seu gabinete?" Lembro que fui falar com Sobral Pinto para tentar soltar o Glauber... Naquela época, Glauber era meu concunhado, casado com a irmã da minha mulher.

Parece que essa reunião, a II Conferência Interamericana Extraordinária, foi convocada para reformar a carta da OEA, que acabou não sendo reformada. Não deve mesmo ter tido importância, a não ser pela prisão dos intelectuais...

Eles foram presos pelo Dops e ficaram na Barão de Mesquita acho que uma semana. A Marie, mulher do Marcito, levava queijos franceses e distribuía entre eles. Quem estava no governo da Guanabara na época era Rafael de Almeida Magalhães, que acho até que era amigo de alguns deles, e a coisa acabou amainando.

Durante a conferência, fui convidado para fazer parte do governo Negrão de Lima como vice-presidente da Copeg[10] e acabei ajudando a negociar com Luís Viana a própria posse do Negrão, que até o último momento esteve ameaçada. Era preciso haver uma decisão da Comissão de Investigação sobre o Negrão, e a decisão final só ocorreu depois da posse dele.

Negrão de Lima era o candidato da oposição na Guanabara e derrotou Flexa Ribeiro, candidato de Carlos Lacerda.

Sim. Negrão ganhou na Guanabara, e Israel Pinheiro em Minas. Eram os anticandidatos. Foi uma espécie de ilha de democracia dentro de um meio ambiente autoritário. Meu papel foi o de tentar mostrar a importância de não se que-

---

[10]Companhia Progresso do Estado da Guanabara, criada em 1961.

brar o processo democrático. Já que eu era chefe de gabinete do Luís Viana, acho que fui convidado para a Copeg um pouco para dar legitimidade ao governo Negrão. Era uma espécie de garante na área econômica, na área de financiamentos etc.

Como foi sua experiência na Copeg?

O presidente da Copeg era o conselheiro Armando Mascarenhas, que ao mesmo tempo era secretário de Economia, de modo que era muito ocupado. Durante uns dois anos fui eu que toquei realmente a Copeg. E a primeira semana foi um momento de tensão, porque a Copeg era uma instituição financeira que vivia do que naquela época se chamava de letras de câmbio, e não se sabia qual seria a reação do público. A premissa era que Negrão era de esquerda e Lacerda de direita, e dizia-se que o público lacerdista iria retirar o dinheiro. Mas isso não ocorreu. Ao contrário, a Copeg teve um sucesso que depois até fez com que eu fosse expelido. É o problema de ter êxito demais...

O que nós fizemos? Primeiro, tocamos a parte de crédito e financiamento, como se fôssemos um banco de investimento. Com recursos captados ou repassados via Acordo do Trigo — PL 480 —, financiamos de início só indústrias, como a Formiplac, a Kelson, Biscoitos Piraquê, e depois outras atividades econômicas, como hotéis, teatros e até o Cinema Novo — isso foi uma novidade. Em seguida, criamos a Copeg Crédito Imobiliário que, por ser a primeira no Brasil, recebeu a carta-patente nº 1. Depois, conseguimos recursos da Usaid e do BNH para estudar o problema das favelas e elaborar um projeto de urbanização. Foram três favelas-piloto: Brás de Pina, Morro União e Rio das Pedras. Fizemos subcontratos com a então Universidade do Estado da Guanabara, na parte de medicina — esse viria a ser o núcleo da Medicina Social da UERJ; com uma especialista em artesanato, Lélia Coelho Frota; com uma dupla de arquitetos, Carlos Nelson e Sílvia Wanderley, que já trabalhava com a associação de moradores de Brás de Pina; com um professor de direito, o já citado Herbert Viana Chamoun; com um escritório de análise econômica — Octavio Dias Carneiro elaborou um modelo econométrico pelo qual mostrou como a favela era explorada pelo entorno —, e os resultados foram animadores. Fundamos a Codesco, Companhia de Desenvolvimento das Comunidades, que é até hoje considerada iniciativa pioneira e exemplar. O prefeito Luiz Paulo Conde e o secretário de Habitação, Sérgio Magalhães, em repetidas manifestações públicas apontaram a Codesco como semente do programa Favela-Bairro.

Tudo isso acabou levando a um aumento de ciúmes, o que, junto com a deterioração da situação política em 1968, fez com que eu tivesse que me afastar. Eu tinha sido convidado para dirigir o Instituto de Estudos Econômicos, Sociais e Políticos da UEG pelo reitor João Lyra Filho, mas não tinha aceitado porque achava que já era da Copeg e teria trabalho demais. Mas o diretório acadêmico renovou o convite: "Ou você aceita ou vamos fazer uma greve geral. Você é a única pessoa em quem temos confiança." Como a situação na Copeg já estava começando a se deteriorar, aceitei. E assumi também a direção financeira do Museu de Arte Moderna.

A situação se deteriorou na Copeg em que sentido?

Havia duas pressões. A primeira era das pessoas que eram contra a urbanização das favelas, vista como coisa de esquerda. O projeto era apoiado por um grupo de deputados estaduais muito ativos, considerados de esquerda —

Fabiano Villanova, Ciro Kurtz e Alberto Rajão —, e acabou sendo visto como uma coisa política. Somou-se a isso um problema criado pelo presidente da Copeg, que passava por problemas pessoais e familiares e deixou que eles contagiassem o clima de trabalho. Mascarenhas queria, primeiro, que eu ficasse só com a Codesco. Dizia: "Você é muito popular, deve se candidatar a deputado..." O curioso é que até hoje sou realmente procurado pelas lideranças das favelas de Brás de Pina — hoje um bairro — e Marcílio Dias. Na verdade, Mascarenhas queria me afastar, porque era a Copeg que dava apoio econômico à Codesco, a Codesco sozinha não iria funcionar. Ele chegou a ir ao Negrão para pedir o meu afastamento, e eu então fui também ao governador e combinei uma saída tranqüila. Eu tinha aceito novas funções no início do ano e estava com uma agenda pesada. Mas essas novas funções também eram uma forma de defesa: o presidente do Museu de Arte Moderna era Moreira Salles, e o reitor da UEG, João Lyra, além de amigo de muito caráter, era irmão do ministro do Exército,[11] e como tal já havia intercedido com êxito para evitar ou reverter a prisão de muitas pessoas.

Quando saí da Copeg, pedi uma licença de dez anos do Itamaraty. Na época, havia a chamada lei dos ociosos, que permitia que as pessoas pedissem licença para tratamento de assuntos particulares, e recorri a ela.

Desde 1963 o senhor já estava afastado do Itamaraty, requisitado por outros órgãos públicos. A diferença em 1968 foi que o senhor pediu uma licença para tratar de interesses privados.

Sim. Como eu estava no Museu de Arte Moderna, vendo a situação se deteriorar, eu disse: "Dr. Walther, realmen-

---

[11] João Lyra Filho era irmão de Aurélio de Lyra Tavares, ministro do Exército do governo Costa e Silva (1967-1969).

te, essa coisa de serviço público não dá pé." Ele respondeu: "Ah! Essa é a melhor notícia que eu podia ter hoje! Você vai trabalhar comigo no lugar que escolher!" Assumi então a diretoria do Unibanco, continuando no MAM, na UEG e no Rio Branco. O meu sustento, que vinha da Copeg, passou a vir do Unibanco. O *timing* do meu afastamento do serviço público acabou sendo muito oportuno, porque pedi a minha licença pouco antes do 13 de dezembro de 1968. Então, com o AI-5, foi que as coisas realmente ficaram mais pretas.

Foi nesse período, pós-64, que o senhor começou a dar aulas no Instituto Rio Branco?

Sim. Em 1965 comecei a dar aulas, ainda em caráter transitório, nos cursos de relações econômicas internacionais e de economia. Em junho de 1966, Corrêa do Lago, com quem eu já havia trabalhado na Divisão Econômica no início da carreira, assumiu o Rio Branco e encontrou o seguinte quadro: as cadeiras de desenvolvimento econômico e de política internacional, as duas mais importantes, eram dadas por professores americanos. Ele me chamou e disse: "Isso não é possível. Por melhores que eles sejam, desenvolvimento econômico brasileiro mereceria um professor brasileiro..." O professor de desenvolvimento econômico era Werner Baer, que acabou tendo problemas com os militares. O de política internacional era William T. R. Fox, professor da Universidade de Colúmbia. Até era engraçado, porque o seu curso tinha 21 pontos de política internacional, e sabem qual era o ponto 21? *The Brazilian case!* Realmente, inacreditável. Corrêa do Lago disse o seguinte: "Já dispensei os dois, mas nós vamos ter esses dois cursos, de modo que eu preciso que você os dê." Respondi que não poderia dar de repente os dois cursos, mas ele insistiu: "Não tem jeito, só confio em você para fazer isso." Eu então propus: "Posso fazer duas coisas: posso fazer um programa e uma bibliografia dos cursos, e posso achar pessoas para fazerem conferências sobre cada um dos pontos." Ele topou, e foi muito interessante, porque nós conseguimos a nata não só da Casa, mas também de outros setores do governo.

Lembro, por exemplo, que sobre as Nações Unidas falou alguém que se revelou, para mim, um excelente conferencista: Carlos Alfredo Bernardes. Fantástico conferencista, o pessoal adorou. Chamei o Carbonar, que depois acabou dando a própria cadeira de política internacional. Acho que Roberto Campos não chegou a ir, porque era ministro do Planejamento... Enfim, chamei vários embaixadores, na parte de relações internacionais, e alguns professores, na parte de economia. Foi muito bom.

O senhor lembraria de outros nomes?

Miguel Osório falou sobre Guerra Fria, Meira Pena sobre Ásia, Rouanet sobre confronto Norte-Sul, Pio Correia falou também... Em economia, tivemos o embaixador Paulo Leão de Moura sobre a Unctad, Benedito Moreira sobre exportação, Isaac Kerstenetzky sobre crescimento do PIB, João Paulo dos Reis Veloso sobre planejamento... A equipe que depois ficou responsável pela cadeira de desenvolvimento econômico era da Fundação Getulio Vargas, coordenada pelo professor Simonsen.

Foi uma experiência muito interessante, que durou seis meses. No fim, eu disse: "Agora não dá mais." Corrêa do Lago insistia: "Não, mas eu conto com você, quero que continue professor..." Respondi: "Então vou elaborar a minha própria disciplina, e vai ser ligada à história do pensamento moderno. E também vai ser na base de leituras, vai ser um *reading course.* Vou dar dez livros, os alunos terão que ler os livros todos ou partes deles, e o Rio Branco terá que comprar dez exemplares de cada um." Assim foi feito. Era uma época braba, e compraram dez volumes do *Manifesto comunista*, de Marx e Engels, dez volumes do *Capitalismo, último estágio do imperialismo*, de Lênin... Era o único lugar em que se podia ler isso. Comecei com Maquiavel e Tocqueville, e todos esses embaixadores de hoje foram meus alunos. Dei essa cadeira por muitos anos, até que em 1974, quando o Rio Branco foi para Brasília, o padre Aleixo, filho do Pedro Aleixo, a assumiu.

4

Opiniões de um Observador

A política externa, de Castelo a Médici

Em 13 de maio de 1964, o Brasil rompeu relações com Cuba; em julho seguinte, o presidente Castelo Branco fez um discurso para a turma de formandos do Rio Branco em que falava em "círculos concêntricos" e anunciava claramente o alinhamento do Brasil com os Estados Unidos; em 1965, o Brasil participou da força de intervenção na República Dominicana... Como o senhor viu esse movimento de realinhamento e de total negação dos princípios da política externa independente?

Eu estava acompanhando, de fato, mais a parte econômica, e aí a mudança foi muito menor, mesmo depois da Unctad. Nossa posição sempre foi reivindicatória, nunca deixou de ser. O que mudou foi a retórica.

O apoio econômico que o governo brasileiro recebeu do governo americano após a revolução não foi uma decorrência do alinhamento político?

Essa é uma interpretação. Mas, realmente, o que abriu a porta ao financiamento externo foi o acordo da Amforp, que tinha sido aprovado por San Tiago Dantas. Só a partir dali foi que se conseguiu alguma coisa, inclusive porque a emenda Hickenlooper estava em vigor. O programa econômico do governo Castelo, o PAEG, foi aprovado pelo Fundo Monetário não necessariamente por razões políticas, e sim porque tinha consistência macroeconômica, tanto que, afora o Plano Real, foi o único plano de estabilização que realmente funcionou. Evidentemente, a parte política também remava a favor, mas, quando olhamos o passado, vemos que o Fundo Monetário sempre foi muito cruel com os seus aliados ideológicos. Já disse isso aqui: Gudin foi muito maltratado pelo Fundo, Lucas Lopes também, e não havia nenhuma razão política para isso. Na Aliança para o Progresso, sobretudo na PL 480, voltada para o financiamento do trigo, é que a coisa era realmente mais política. Através da Aliança para o Progresso, os Estados Unidos realmente tiveram uma presença. Mas isso já acontecia antes da revolução. A Usaid chegou a ter uma representação muito grande aqui no Rio antes de 64.

Como o senhor viu a política externa do governo Costa e Silva? Era visível a intenção de introduzir mudanças no relacionamento Brasil-Estados Unidos?

Quando foi escolhido sucessor do Castelo, em 1967, Costa e Silva montou um escritório em Copacabana, ao lado do cinema Roxy e, por sugestão de Ruy Gomes de Almeida, que era muito seu amigo, do grupo que jogava cartas com ele, me chamou para conversar. Ruy era presidente da Associação Comercial, eu trabalhava na Copeg, que estava instalada no décimo andar do edifício da Associação, e tínhamos contato freqüente. Foi interessante a conversa. Metade dela foi só com Costa e Silva, e na outra metade esteve presente também o futuro ministro Andreazza, na época ainda coronel e realmente o seu homem de confiança.

Conversamos sobre a conjuntura internacional, falamos de política externa, porque eu tinha estado três anos antes na Unctad e estava a par dos problemas, mas não registrei nenhuma disposição confrontacionista. Sugeri que era necessário ter maior preocupação social, cuidar do problema do emprego etc. Disse que os militares poderiam ter um papel modernizador, mas precisavam de legitimidade para isso. E que era possível obtê-la através de uma administração mais humana, o que estava, aliás, na linha que o próprio Costa e Silva tentou, sem muita coerência, introduzir. Naquela época, como eu estava trabalhando na Copeg e na Codesco, estava muito ligado a essa problemática.

Minha avaliação da conversa foi otimista. Depois, até, transformei-a num artigo chamado "O papel dos militares no desenvolvimento", que foi publicado, acho, na revista *Cadernos Brasileiros.* Naquela época, eu publicava no *Correio da Manhã,* no *JB* e nas revistas *Síntese*, dirigida pelo padre Ávila, *Cadernos Brasileiros,* dirigida por Vicente Barreto, e *Tempo Brasileiro*, dirigida por Eduardo Portela. Na ocasião, eu soube, pelo hoje embaixador José Olympio Rache de Almeida, que a Secretaria Geral do Itamaraty chegou a pensar em me mandar uma carta dizendo que, embora eu estivesse afastado, não podia estar escrevendo e dando opiniões sobre o papel dos militares... Isso mostra bem, nesse período posterior a 64, mas sobretudo depois de 68, quando fui para a iniciativa privada, e também fui trabalhar com João Lyra, que era irmão do ministro da Guerra, como aproveitei o espaço que tinha para usar a minha voz. Foram publicados vários artigos meus na *Síntese* — por exemplo, o artigo sobre a conferência da Unctad, depois um outro sobre a Aliança para o Progresso —, na *Cadernos Brasileiros* — esse sobre os militares —, e alguns na *Tempo Brasileiro,* inclusive um sobre "Fausto e o homem moderno", recentemente lembrado por Rouanet em artigo no *JB.*[1]

A impressão que se tem é de que a partir do governo Costa e Silva houve um esfriamento do apoio econômico dos Estados Unidos ao Brasil. O senhor concorda?

O desencanto com a revolução foi realmente rápido. Depois de Lincoln Gordon, veio para cá como embaixador John W. Tuthill, com quem eu conversava muito, e ele já revelava preocupação com o problema da distribuição de renda, da compressão dos salários etc. Tuthill tinha, aliás, uma equipe heterogênea. William Elis era chefe da Usaid, e Jerome Levinson foi posteriormente ser assistente do Frank Church, inclusive nas investigações sobre a influência americana no golpe do Chile. Mais tarde se tornou consultor jurídico do BID. Faziam parte ainda David Trubek e Frank Carlucci, que depois chegou a ser diretor da CIA e conselheiro de segurança do presidente Reagan. Enfim, os Estados Unidos eram contrários a certas tendências da situação aqui. As coisas lá mudaram com a morte do Kennedy, mas não radicalmente. Johnson era um *hawk* em política externa, mas em política interna era o homem da "grande sociedade". Apoiava a idéia da melhor distribuição de renda, e sua política da grande sociedade, junto com os custos da Guerra do Vietnã, acabou levando os Estados Unidos a um surto inflacionário.

Os americanos criticavam não só a política de compressão salarial que era praticada aqui, como criticavam tam-

---

[1]Sérgio Paulo Rouanet relembrou em agosto de 1999, no *Jornal do Brasil,* o artigo de Marcílio Marques Moreira publicado em *Cadernos Brasileiros* n. 37, set./out. 1966.

bém o autoritarismo, para não falar na tortura. Não houve presidente mais maltratado nos Estados Unidos do que o Médici. Sei que para o receberem lá foi uma luta. Aliás, quando Costa e Silva morreu, competiu com Médici o general Afonso Albuquerque Lima, que era cunhado dos Moreira de Souza. Os americanos consideravam Albuquerque Lima nacionalista e potencialmente antiamericano, e para desfazer essa impressão ele escreveu uma carta ao *New York Times* dizendo que não era nenhum radical, não era antagônico aos Estados Unidos, apenas defendia reformas estruturais necessárias. A pedido do José Cândido Moreira de Souza eu transmiti essa carta, através de Walther Moreira Salles, e ela foi publicada. Albuquerque Lima acabou perdendo para o Médici, primeiro, porque o grupo mais conservador venceu, e segundo, porque era general-de-divisão, não era general de quatro estrelas.

Reuniões mundo afora

Em termos de política externa, o interessante é que depois de 1968, mesmo não estando na diplomacia oficial, a mudança nas minhas atividades não foi tão grande quanto eu pensava. O que eu fazia no Unibanco não era muito diferente do que eu fazia antes: ia para o exterior negociar acordos, fazia conferências e defendia a imagem do Brasil, às vezes tangenciando a própria diplomacia. Por exemplo, em 1972, ainda no governo Médici, Delfim Netto[2] chamou-me por telefone dizendo que tinha aceito um convite do Chicago Council for Foreign Relations, que organizava — e orga-

[2]Delfim Netto foi ministro da Fazenda dos governos Costa e Silva (1967-1969) e Médici (1969-1974), embaixador em Paris de 1975 a 1978, durante o governo Geisel (1974-1979), e novamente ministro de Estado no governo Figueiredo (1979-1985): primeiro, da Agricultura, de março a agosto de 1979, e depois do Planejamento, até o fim do governo, em substituição a Mário Henrique Simonsen. Ver *DHBB.*

niza até hoje — uma reunião bianual chamada Atlantic Conference. Ia haver uma reunião na Venezuela, mas era novembro, haveria eleições aqui, e ele me pedia que o representasse até ele chegar. Delfim nunca chegou, fui o único brasileiro que compareceu e acabei salvando a conferência em termos de representação do Brasil. Estavam lá vários senadores e deputados americanos, estava o Lopes Rodó, o homem do Opus Dei que reformou a economia espanhola ainda no tempo do Franco, Manuel Fraga Ibarne, Oscar Camilion... Conheci muitas pessoas e, como essa Atlantic Conference se reunia de dois em dois anos, foi uma maneira, também, de manter contato.

Essa reunião de 1972 foi a primeira?

Não. A primeira foi em 1970, em Porto Rico. Foram Passarinho, que era ministro da Educação, e Delfim, ministro da Fazenda, o que mostra que o Brasil dava bastante importância ao encontro. Essa Atlantic Conference pretendia criar alternativas de articulação, e por isso os atores eram de origens diferentes; por isso talvez Delfim tenha achado que eu, estando no Unibanco, pudesse ser útil.

O senhor compareceu a outras reuniões?

Sim. A participação na conferência é por convite, não há uma representação oficial. Acabei no *steering committee*, e aí se formalizou o fato de eu ser a pessoa que ajudava a escolher o grupo brasileiro. Para a reunião de 1974, em Taormina, convidei Simonsen, Roberto Campos e Fernando Pedreira. Em 1976, a reunião foi em Sea Island, na Geórgia, e convidei Marcos Viana. Jimmy Carter estava recém-eleito — as reuniões são feitas logo depois das eleições americanas, para que os senadores e deputados possam viajar depois da campanha —, e Zbiginiew Brzezinsky compareceu, já mais ou menos como o principal homem da política externa do Carter. Essa reunião de 76 foi muito interessante. Foi tão interessante que fiz um memorando ao Golbery e pus lá: secreto. Já estávamos no governo Geisel, e o ministro das Relações Exteriores era Azeredo da Silveira. Não era propriamente uma predileção minha e preferi me dirigir ao general Golbery, com quem tinha melhores contatos. Avisei-o de que a política americana iria mudar, de que eles iriam atacar o Acordo Nuclear Brasil-Alemanha, levantar o problema dos direitos humanos, e o Brasil tinha que estar preparado.

Em 1978, eu sugeri que a reunião fosse no Brasil. A idéia foi aceita, mas no fim o Silveira vetou, disse que poderia parecer uma interferência nas eleições... Tive que pedir ao Simonsen para falar com Geisel, e Geisel desbloqueou. Vinham senadores americanos, deputados, ministros das Relações Exteriores, vinha o Martinez de Oz, da Argentina, o Sérgio Castro, então ministro da Fazenda do Chile... Como é que essa gente ia ser desconvidada?

Embora não houvesse uma delegação oficial, havia algum tipo de articulação com o Itamaraty, no sentido de definir quem deveria participar dessas reuniões?

Às vezes. Dependia um pouco do tipo de diálogo que o Itamaraty permitia. Por exemplo, em 1978, sendo a reunião no Brasil, evidentemente houve muitos representantes brasileiros: Simonsen, Veloso, Celso Lafer, Paulo Villares... Mas não era gente do Itamaraty. Em 1980, a reunião foi em Portugal: convidei Élio Gaspari e Roberto Civita. Em 1982, convidei Olavo Setúbal e Ronaldo Sardenberg, este último para fazer um *paper*. Mais tarde, quando se tornou ministro do Exterior, Setúbal me disse: "Foi você quem me colocou nisso, quem inventou essa história de política externa..."

É realmente curioso: já em 1972 não houve articulação explícita com o Ministério das Relações Exteriores. Quem foi convidado naquela ocasião foi Delfim Netto, que era ministro da Fazenda e passou a incumbência ao senhor, que estava fora do Itamaraty.

Sim. E para confirmar a falta de articulação do Delfim com o Itamaraty, há um episódio interessante. Em 1972 fui ao Japão, assinar um acordo do Unibanco com o Daichi Kangyo Bank, então o maior banco japonês, e na mesma ocasião Delfim também foi, liderando uma grande missão. Pouco antes de eu sair daqui, o embaixador lá, Paulo Leão de Moura, meu amigo, sabendo que eu ia, me telefonou e disse: "Sei que você está vindo e gostaria que me fizesse um favor: você poderia saber o que é que o Delfim vem fazer aqui?" Quer dizer, Delfim fazia as coisas e nem comunicava ao Itamaraty...

O pragmatismo responsável

O senhor contou há pouco que entregou um memorando relativo à Conferência Atlântica de 1976 ao general Golbery, que era chefe do Gabinete Civil do presidente Geisel, e não ao ministro das Relações Exteriores, Azeredo da Silveira. O general Golbery e o ministro Silveira não se entendiam?

Silveira tinha uma enorme proximidade com Geisel, parece que compartilhavam de uma série de opiniões acerca da política externa que ficou conhecida como pragmatismo responsável, e acho que de certa forma também tentava se articular com Golbery. Aliás, houve um outro momento, no começo de 1979, em que tive que acionar o Golbery de novo. Quando terminou minha licença do Itamaraty, Silveira fez uma manobra para me demitir "a bem do serviço público". Eu, como tinha uma licença-prêmio que não tinha gozado, resolvi entrar no seu gozo, porque o governo ia mudar e Silveira sairia. Roberto Campos achava que seria ministro e me dizia: "O grande problema do Brasil é a dívida externa, você tem que negociar isso, de modo que não saia do Itamaraty." Por outro lado, Silveira achava que eu estava dando apoio ativo ao Campos para ser ministro, o que não era verdade.

Afinal, o ministro escolhido pelo presidente Figueiredo foi Saraiva Guerreiro. Mas em que consistiu a manobra do ministro Silveira para demiti-lo?

No dia 31 de dezembro de 1978, um sábado, o Itamaraty passou um telegrama para a minha mãe, que ficou assustadíssima, dizendo que eu tinha que me apresentar na segunda-feira no ministério para começar a trabalhar, e com a prova de que não tinha nenhum vínculo com a atividade privada. Então, fui a Brasília e falei de novo com Golbery — meu caminho até ele não era direto, era por meio de Luiz Gonzaga do Nascimento e Silva, que era muito seu amigo. Lembro até que o embaixador Átila me chamou a atenção para o fato de que uma pessoa, quando está em licença, tem 30 dias para se apresentar em Brasília. Afinal, desisti da licença-prêmio e pedi demissão dentro desses 30 dias. Não ia brigar, mas não queria ser demitido "a bem do serviço público", como Silveira queria fazer.

Essas divergências entre o ministro Silveira e o senhor se originaram nesse momento ou já havia alguma história anterior?

Não me consta que houvesse muita coisa anterior, não. Talvez ciúmes por conta da reunião da Atlantic Conference, que eu consegui que fosse feita aqui e ele queria proibir. Como proibiu no Brasil — coisas que nos prejudicaram muito — a Interamerican Foundation, que é uma fundação privada mas conta com recursos públicos, porque eles financiaram uma pesquisa sobre racismo no Brasil; como proibiu aquele grupo Peace Corps, Voluntários da Paz, que fazia um pouco parte da Aliança para o Progresso, era até chefiado pelo Shriver, cunhado do Kennedy, e era formado por jovens que vinham para cá trabalhar. Muitos deles nunca voltaram aos Estados Unidos, e a maioria continua muito ligada ao Brasil.

No período Geisel, houve realmente uma indisposição em relação aos Estados Unidos, uma idéia de que não se deveria permitir a intervenção americana nos negócios internos brasileiros. E o ministro Silveira era muito favorável a essa afirmação de autonomia. Como o senhor definiria a política externa do governo Geisel?

Confrontação desnecessária. Inclusive, em relação à energia nuclear, havia um cônsul-geral americano aqui que era muito ativo contra o nosso acordo com a Alemanha, e eu dizia a ele: "Vocês estão perdendo tempo em combater o acordo, porque o Brasil nunca vai absorver essa tecnologia alemã. O pessoal não está preparado. Vai levar tanto tempo que vão desistir." E foi o que aconteceu. Essa minha opinião, aliás, não era desbaseada, era o que me dizia o reitor da Universidade de Brasília, José Carlos Azevedo, que era PhD em energia nuclear pelo MIT. Ele achava que o Brasil não estava fazendo esforços, não estava fazendo investimentos em pesquisa para poder absorver a tecnologia nuclear.

José Carlos Azevedo foi um reitor que teve conflitos com o movimento estudantil, não?

Teve conflitos, mas ao mesmo tempo abriu um espaço de debate. Ele, na universidade, e Marco Maciel, na Fundação Milton Campos. Fui inúmeras vezes a Brasília para debates sobre política externa. Iam também Mário César Flores — que não era nem almirante ainda, era comandante da Marinha, especializado já naquela época em estratégia militar —, Celso Lafer, José Guilherme Merquior. E era convidada muita gente de fora, inclusive marxistas: Joan Robinson, Lucio Colleti, Karl Deutsch, Ernest Gellner, Raymond Aron.

Há muita gente que vai buscar as origens do pragmatismo responsável nas formulações da política externa independente. Na sua opinião, é possível fazer essa associação?

Acho que há alguma parecença — ambas as políticas assumiram uma posição não-alinhada, digamos assim, com os Estados Unidos —, mas acho que também há muitas diferenças. Acho que nós realmente perdemos o bonde entrando numa parceria com a Alemanha que, de fato, não tinha a tecnologia nuclear que pensávamos que tivesse. Mas isso, naquela época, não era inteiramente percebido. O começo do governo Geisel coincidiu com a crise do petróleo, e firmou-se a convicção de que a energia nuclear era uma possível solução. Nesse sentido, realmente, houve uma tendência a sobrestimar o potencial da energia nuclear. Chegou-se mesmo a falar em "era nuclear"...

Se o Brasil tinha a pretensão de obter uma certa capacitação tecnológica, como forma de ganhar maior autonomia em questões internacionais, por outro lado isso também não esbarrava na resistência do governo americano, e de outros países, em transferir tecnologia? Como o senhor via isso?

Desde a conferência da Unctad, em que o meu setor tratava da parte financeira e de transferência de tecnologia, eu via os problemas que existiam. Como eu procurava mostrar na época, era preciso investir em pesquisa, começando com educação básica, até para permitir a transferência de tecnologia. Senão, para quem se iria transferir? Agora, lá fora também não se entendia a situação brasileira. Inclusive as empresas não entendiam. Na época, eu fui do conselho latino-americano da IBM e vi muito claramente que, num primeiro momento, o Brasil queria participar minoritariamente numa indústria de microcomputadores a ser instalada aqui — naquela época, eram chamados de *minicomputadores.* A IBM, para começar, não acreditava em minicomputadores; segundo, dizia que no mundo inteiro nunca tinha feito uma associação. Mais uma vez, foi uma negativa de fora que levou ao acirramento de uma posição nossa — como, em 1952, a negativa da Esso de vir para o Brasil explorar petróleo acabou desembocando no monopólio da Petrobras.

Que avaliação o senhor faria da condução do país e da política externa brasileira em todo o período militar?

O ponto para o qual eu chamava a atenção na época — eu escrevia isso, disse isso na Escola Superior de Guerra em 1973 — era que, para poder negociar com força, você tem que ter legitimidade. E os problemas de direitos humanos, os problemas sociais que nós tínhamos, aquela coisa de "o país vai bem mas o povo vai mal", isso deslegitimava e criava uma fraqueza lá fora. Lembro que nessa conferência um deputado me perguntou: "O que o senhor acha de brasileiros que ficam difamando o país no exterior?" Minha resposta foi mais ou menos na linha de que aquilo fazia parte de um diálogo pluralista e de uma busca de legitimidade. Dizia Eduardo Portela que quanto mais Maria Luiza ficava entusiasmada com as minhas respostas, mais ele ficava preocupado... Mas, afinal, a palestra não teve repercussões negativas. A Escola Superior de Guerra também era um lugar meio defendido, onde se podiam dizer certas coisas. Era um espaço de debate em que era possível testar os limites da liberdade de ventilar idéias. Ficava-se sabendo até onde se podia esticar.

Eu me lembro que naquela época, conversando em Londres com alguns jornalistas, um deles me disse: "O que eu realmente não aceito no Brasil é a tortura." Respondi: "Eu também não!" Era uma coisa muito presente. Roberto Campos era embaixador em Londres na época do Geisel, e eu ia muito lá, porque estava vendendo os primeiros fundos de ações do Unibanco. Fazia conferências, e Roberto Campos muitas vezes participava dos eventos. E dizia assim: "Marcílio, já que não podemos coordenar as verdades, vamos ao menos coordenar as mentiras..."

Observando a dívida

É sabido que a dívida externa brasileira começou a se avolumar no governo Geisel, numa época de grande liquidez internacional. Como o senhor avaliava então a estratégia de manutenção do desenvolvimento via endividamento externo? Já era possível ver que isso era uma bomba-relógio?

Não. Na época, ou seja, contemporaneamente — depois tive uma opinião diferente —, eu avaliava mais a aplicação do dinheiro do que a forma de captação. Realmente, o

Brasil, ao contrário de outros países que usaram esse dinheiro para consumo, aumentou muito a taxa de investimento, reformou todo o parque industrial, modernizou a infra-estrutura, mudou a matriz energética, fez coisas muito positivas. Mas depois vim a perceber que o endividamento tinha sido feito a taxas de câmbio flutuantes, com juros flutuantes. Não erramos no principal, no substantivo, mas erramos no adjetivo.

De início, então, o senhor não via riscos no fato de o Brasil estar ficando cada vez mais sujeito às flutuações do mercado financeiro internacional?

Isso me preocupava, em parte, e essas minhas preocupações eram expressas no conselho do BNDES, de que eu fazia parte, porque o BNDES era um grande tomador de recursos no mercado. Eu sempre relatava o balanço e várias vezes alertei que seria interessante o BNDES tomar recursos das instituições financeiras oficiais, como o Banco Mundial, o que ele praticamente deixou de fazer. Por que deixou de fazer? Porque havia grande disponibilidade de recursos e, para conseguir dinheiro, era só responder a um dos *n* telex que chegavam oferecendo. Era muito mais fácil, muito mais rápido, mas eu chamava a atenção para o fato de que seria interessante uma certa diversificação dos nossos passivos. Dito isto, eu não tinha ainda a percepção, que vim a ter depois, do que realmente estava em risco, que era mais do que na época eu podia imaginar.

A origem de todos esses problemas, evidentemente, foi o desmantelamento do sistema monetário de Bretton Woods, em 1970 e 72, com os dois chamados *Nixon shocks*, quando os Estados Unidos, primeiro, desvalorizaram o dólar em 10% em relação ao ouro e, depois, o deixaram flutuar. Isso ocorreu mais ou menos no mesmo momento em que foi criado o eurodólar, que foi uma resposta da Europa, inclusive da Rússia, a limitações impostas nos Estados Unidos ao movimento de capitais — assunto que aliás está voltando à baila. Para evitar qualquer tipo de bloqueio dos Estados Unidos, passou-se então a fazer empréstimos na Europa, em dólares, e a taxas de juros flutuantes. Isso, adicionado ao fato de que após 1972 as taxas de câmbio passaram a ser flutuantes, multiplicou o risco. Por quê? Porque na medida em que as taxas de juros sobem, as moedas tendem a se fortalecer, pois há influxo de capital. Foi o que acabou ocorrendo em 1979.

Em 1979 os juros subiram e o dólar se fortaleceu, piorando a situação dos países devedores.

Exatamente. A crise dos juros foi deflagrada em outubro de 1979, quando Paul Volcker, então presidente do Federal Reserve, foi à reunião do FMI em Belgrado, na Iugoslávia, e foi muito criticado pelos europeus pela política fiscal e monetária frouxa e pela conseqüente inflação "galopante", de 12%, 13%, nos Estados Unidos. Ao voltar para casa, ele reuniu o Federal Reserve e tomou uma decisão que parecia simples: em vez de conduzir uma política monetária cujo parâmetro sinalizador fosse a taxa de juros, passou a estabelecer metas de expansão dos agregados monetários e deixou a taxa de juros ao sabor do mercado, porque ela se adaptaria à oferta maior ou menor dos agregados. Isso acabou fazendo a taxa de juros ir à lua: a Libor foi a 21,5%, e com isso o dólar também se valorizou enormemente.

O Brasil, no começo de 1973, tinha um endividamento bastante pequeno: seis bilhões de dólares, se não me engano. Em 1974, após o choque dos preços do petróleo, nós intensificamos tanto o nosso endividamento que no fim do ano esse total tinha dobrado: 12 bilhões. Em 1979, a dívida tinha passado, mais ou menos, a 40 bilhões de dólares...

Isso porque continuávamos a fazer novos empréstimos.

Sim, isso em função de novos empréstimos, tomados a juros reais negativos. A Libor até então estava baixa, e parecia inteligente tomar dinheiro a juros nominais baixos e reais negativos. Havia, na época, a convicção de que as taxas de juros históricas ficariam em 2% ou 3%, e não havia o precedente de uma inflação de 12%, 13% nos Estados Unidos.

A decisão do governo brasileiro de tentar manter o nível de desenvolvimento a partir do financiamento externo não foi portanto, a seu ver, fundamentalmente errada.

Não, não foi uma decisão ensandecida. Foi conseqüência de uma decisão política. Em 1973, 74, nós estávamos no início de uma transição política, Geisel tinha sido escolhido para conduzir a abertura, e o que ele pensou? Achou que, se não mantivesse o ritmo do desenvolvimento — que, mal ou bem, era o que dava aos militares alguma legitimidade, um certo conceito moral —, não teria condições de fazer o que pretendia, ou seja, uma abertura controlada. Ele então optou: tinha oferta de dinheiro, a taxa de juros era negativa, e ele optou por tomar. E, com uns 10% a 20% de erros, até aplicou relativamente bem, em siderurgia e petroquímica, que eram os grandes itens da nossa importação. Naquela época, nós importávamos aço, produtos petroquímicos, fertilizantes, e no fim do período estávamos exportando esses produtos. Não foi um contra-senso. Agora, macroeconomicamente, havia dois diagnósticos que provaram estar errados: o primeiro era o de que a crise do petróleo era uma crise passageira e bastava fazer uma ponte; e o segundo era a avaliação da matriz energética. Como o pulo de seis bilhões de dólares nas importações em 1974 se deveu principalmente ao petróleo — importamos também aço e outros produtos, mas muito petróleo —, houve aquela idéia do Acordo Nuclear Brasil-Alemanha, que foi um investimento praticamente todo perdido. Perdemos a maior parte dos 12 bilhões de dólares que gastamos.

Apesar de tudo, torno a dizer que não havia na época uma percepção total do risco. Com uma sabedoria *ex post facto*, eu diria que nós acertamos no principal do endividamento, tomando bem e aplicando em investimento, enquanto a maior parte dos outros países aplicou em consumo. Fizemos alguns investimentos equivocados, mas tudo foi investimento. Até mesmo algumas coisas que na época foram consideradas elefantes brancos, como Itaipu, por exemplo, foram um investimento fantástico. Mas chegou um momento, em 1979, como eu disse, em que as taxas de juros e o dólar foram para o céu, e o Brasil foi para o inferno...

Outro fator que contribuiu para isso foi a segunda crise do petróleo.

Sem dúvida. Em 1979, houve o choque dos juros e o choque do petróleo. E em 1980, houve claramente um erro de política econômica — deve ter sido o ano em que mais erros de política econômica foram cometidos. Foi quando Delfim Netto assumiu o Ministério do Planejamento, depois de afastar o nosso professor Simonsen.

Já se estava então no governo Figueiredo.

Sim, mas Delfim achou que estava em 1967, quando havia grande capacidade ociosa, quando saíamos de uma recessão de três anos, quando tinha havido todo um esforço de estabilização e de modernização do país, quando havia grande prosperidade mundial, quando as taxas de juros eram mundialmente baixas: naquele momento, realmente, ele pôs o pé no acelerador, e começou o período do "milagre". Mas em 1980, depois de sete anos de milagre mais cinco anos de ponte financiados externamente, ele põe de novo o pé no acelerador, expande brutalmente a massa monetária do Brasil, faz uma desvalorização sim, mas ao mesmo tempo introduz limitações, com uma taxa de câmbio prefixada, uma taxa de juros prefixada, um teto para a correção monetária, tudo isso num momento em que as taxas de juros externas chegavam a 21%, 21,5%... A inflação pulou para 100%, e a dívida, que era de 40 bilhões de dólares em 1979, passou para 80 bilhões em 1981, sem nenhum investimento, apenas para pagar juros e comprar petróleo. Foi realmente um equívoco.

Deflagrar a economia interna com taxas de juros externas altas, que por sua vez puxam a taxa de câmbio, e com petróleo caro, foi a política mais inadequada, e eu disse isso por aí. Dei uma entrevista ao *Jornal do Brasil* em que eles ouviram a opinião do ministro da Fazenda, o Galvêas, e a minha, que era contrária à dele. Falei também numa série de conferências no Instituto de Relações Internacionais, o IRI, da Universidade Católica, e o pessoal não gostou. Eu soube que um membro da equipe econômica foi ao ministro do Exército reclamar. Nesse momento, eu também procurei, digamos assim, me segurar. Eu tinha um canal direto com o governo, que era o ministro Leitão de Abreu, chefe da Casa Civil. Ele me ouvia muito e procurava não deixar o Delfim inteiramente solto, porque o Delfim queria mexer com a correção monetária. Já se ensaiavam então medidas heterodoxas de combate à inflação.

O senhor diria que era um consultor de Leitão de Abreu em relação a essas questões?

Não há dúvida. Havia uma escola, antecessora do que é hoje a Escola Nacional de Administração Pública, que ele tentou, através da filha, fazer funcionar em Brasília, e estive lá. Na ocasião, José Carlos Azevedo ainda era o reitor da UnB, convidou o Kissinger para fazer uma conferência na universidade, convidou várias pessoas, e eu também fui. O embaixador americano era o Motley. A universidade foi cercada pelos estudantes furibundos, que fizeram um panelaço. Batiam no duto do ar-refrigerado para fazer barulho, para não se poder ouvir a conferência... O governo, já naquela época, não queria mandar tropas, e não havia maneira de nós sairmos de lá. Eu tinha um carro do Unibanco, mas quando ele avançava vinha um e furava o pneu. O motorista era fantástico e ia mudando os pneus... Kissinger saiu num camburão da polícia, com o pessoal gritando "Kissinger é ladrão, sai de camburão!"... Do carro do Leitão, um Chevrolet antigo, eles arrancaram aquela capa de couro. Afinal consegui sair e levar a Marta Muse e o Roberto Campos, que ficou chateado porque não foi reconhecido pela multidão... Nessa ocasião, houve um jantar na casa do Leitão, uma daquelas granjas, e um almoço na casa do Motley.

Podemos dizer então que uma parcela da responsabilidade pela crise da dívida em 1982 coube à condução da nossa política econômica, e que desde 1980 isso já era visível para o senhor?

Já era visível, mas as autoridades negavam. Nessa entrevista ao *Jornal do Brasil*, eu dizia que tínhamos que ir logo ao Fundo Monetário, enquanto Galvêas negava. Eles chegaram a achar que era uma idéia subversiva, que eu estava no setor bancário, no fundo, para poder atuar com idéias de esquerda... Eu soube pelos meus amigos, Leitão de Abreu e outros, que alguém do Banco Central tinha conversado com o ministro do Exército e dito que essas minhas idéias de ir ao Fundo Monetário visavam desmoralizar o governo...

O senhor seria então um esquerdista infiltrado no setor bancário...

Pois é... Era um assunto muito contundente, porque afetava a tal "legitimidade", no aspecto não mais de sucesso econômico, mas de credibilidade. Eles, inclusive, criaram o seu próprio problema, porque eu dizia: "O Fundo Monetário está aí para isso", e eles rebatiam: "Não, ir ao Fundo Monetário é uma humilhação!". Acabaram indo ao Fundo em 1982, mas pela porta de trás. Só anunciaram a ida ao Fundo depois das eleições de 15 de novembro, aquelas em que o Montoro se elegeu governador e Fernando Henrique, que era seu suplente, se tornou senador.

Em que medida antecipar a ida ao Fundo amenizaria o rigor da crise aqui?

Acho que se tivéssemos ido antes, teríamos melhores condições. O que eu dizia naquela época era que, se o Brasil não fosse, a Índia iria, como foi, e tomou seis bilhões de dólares. O Fundo, naquela época, estava se sentindo sem função, porque ninguém o procurava. Tinha dinheiro e não tinha clientes, vamos dizer assim. Estava se oferecendo, e era um dinheiro a juro fixo e mais longo prazo.

O Fundo Monetário certamente imporia condicionalidades,[3] *mas de toda forma pouco depois o Brasil já estava com uma política recessiva.*

---

[3] Antes de conceder recursos através de um *stand-by arrangement*, o FMI discutia com o país uma série de metas em termos de reservas, desempenho fiscal e monetário etc., que uma vez acordadas eram incorporadas na carta de intenções e no memorandum de entendimento. A isso se chamava de *conditionalities*.

Sim. Nossa política econômica acabou criando uma recessão, porque em 1980 se pisou no acelerador e em 1981, no freio, loucamente. A deterioração foi fantástica, porque se começou a tomar dinheiro adoidado, a curtíssimo prazo, a inventar projetos que não existiam, apenas para tomar empréstimos. Tomou-se dinheiro no *overnight*, em Nova Iorque. Tomou-se um empréstimo de 500 milhões de dólares do Tesouro americano, secretamente, antes da visita do Reagan ao Brasil. Só se anunciou esse empréstimo durante a visita, em fins de novembro de 1982.[4] E no dia 8 de dezembro, o Banco do Brasil, que tinha as contas do Banco Central, não fechou a compensação em Nova Iorque, coisa que também se encobriu. No dia seguinte, fomos retirados do *chips*, quer dizer, a partir dali, o Brasil só podia negociar à vista, mas à vista mesmo, porque o *chips* era à vista mas compensando no fim do dia. O *clearing* do Banco Brasil era feito pelo Bankers Trust. Dali em diante, numa operação de câmbio, qualquer que fosse, primeiro tínhamos que ter o dinheiro. Eu soube disso no mesmo dia, mas isso não foi muito divulgado aqui. Eles puseram a culpa no fato de 8 de dezembro ser dia santo e Brasília estar fechada.

E aí estourou a crise da dívida. A despeito dos erros cometidos pelos países devedores, não houve um elemento de co-responsabilidade muito forte, pelo menos dos bancos comerciais, na crise?

Esse foi o nosso argumento para prosseguir a negociação e também o argumento para que os bancos continuassem a operar. Evidentemente, houve co-responsabilidade, e isso foi cobrado. E foi o que acabou levando ao favoreci-

[4] O presidente Ronald Reagan veio ao Brasil em 30 de novembro de 1982.

mento, por eles, de um abatimento de 30%, feito de diversas formas, quer em termos de juros mais baixos no futuro, quer em termos de abatimento puro e simples, os *discount bonds*.

Mas essa foi a solução final, que levou muito tempo para ser alcançada. Alguns autores são muito ácidos em relação a essa questão da co-responsabilidade e dizem que o primeiro objetivo da configuração armada pelos credores para encaminhar a crise da dívida teria sido salvar o sistema financeiro internacional. A seu ver, essa foi realmente a primeira preocupação das autoridades norte-americanas?

Foi, e eu quase diria graças a Deus... Se não houvesse risco, eles também não acudiriam como acudiram. O Federal Reserve, naquele momento, deu aos bancos liquidez quase ilimitada. O Fundo Monetário, por sua parte, também deu liquidez, e os bancos deixaram abertas linhas que eram vitais. Eles nunca cortaram a linha de vida que era o Projeto 4, ou seja, os depósitos dos bancos estrangeiros nos bancos brasileiros. Caso esses depósitos desaparecessem, todas as nossas agências teriam falido. Eles também mantiveram o Projeto 3, que são linhas comerciais. Isso era fundamental. Se não mantivessem linhas comerciais, tanto as exportações quanto as importações cairiam, porque não haveria dinheiro para financiá-las.

Então, mesmo no princípio, o encaminhamento da crise teria sido, em termos gerais, correto, pecando apenas por uma certa falta de sensibilidade diante dos problemas macroeconômicos dos países devedores?

Exatamente. Os bancos comerciais, num primeiro momento, tentaram beneficiar-se do próprio medo de uma crise sistêmica que o Federal Reserve e o Fundo Monetário tinham, porque, se não houvesse esse medo, primeiro, os bancos não fariam nada, segundo, haveria uma quebradeira, e aí haveria depressão — não seria nem recessão, seria depressão, do tipo da de 1931. A depressão de fato, pesada mesmo, não ocorreu quando houve o *crash* da Bolsa de Nova Iorque, em 1929, mas sim quando houve a quebra dos bancos, em 1931.

Os bancos norte-americanos, aos quais a dívida brasileira estava mais ligada, tiveram o apoio do Federal Reserve mas não reduziram significativamente, nos primeiros anos da crise, sua exposição aos grandes débitos. Por quê?

Não reduziram porque, se jogassem em liquidação os créditos que tinham com os países da América Latina e os países emergentes em geral, quebrariam, pois em alguns casos esses créditos chegavam a mais de 100% do seu capital. Havia realmente um risco sistêmico. Agora, os bancos não foram, de fato, sensíveis aos devedores. Tanto que a primeira coisa que fizeram, na primeira negociação, foi exigir o pagamento de uma taxa de renegociação de 1% a 2%. Nós pagávamos todas as despesas, comissões etc. e mais essa taxa. Isso depois foi caindo.

O próprio líder do grupo credor recebia uma comissão para organizar os empréstimos localizados.

Sim. Os líderes foram mudando. Naquela época, o Morgan chegou a ser o líder. Houve um seu representante, Tony Gebauer, que acabou sendo preso, sob a acusação de na confusão ter desviado o dinheiro de várias contas, inclusive de brasileiros que tinham depósitos no Morgan.

Em 1985, numa tentativa de resolver o problema da dívida, foi lançado nos Estados Unidos o Plano Baker, que levava em consideração a questão do crescimento dos países devedores e conclamava os bancos a contribuírem com recursos.[5] *Como foi a evolução da atitude das autoridades americanas, desde a primeira reação do Federal Reserve até o lançamento do Plano Baker?*

Primeiro, como disse, eles deram liquidez aos bancos. Era a preocupação sistêmica. Depois que os bancos se recuperaram, eles começaram a ter preocupação com os países devedores. O Plano Baker consistiu em fazer os bancos darem dinheiro novo, apesar de estarem carregando dívidas ruins. Evidentemente, eles só davam dinheiro novo no bojo de uma reestruturação da dívida. Eram o Projeto 1 e o Projeto 2: um projeto de reestruturação da dívida antiga e outro de fornecimento de dinheiro novo.

A passagem para o governo civil

O senhor continuou a se manifestar sobre a dívida externa ao longo do governo Figueiredo, como fez no início dos anos 1980?

Sim. Eu na verdade comecei a me especializar no problema da dívida externa, que tinha muitas facetas. Quando já

[5]O Plano Baker, lançado já no segundo governo Reagan (1984-1989), sob os auspícios do secretário do Tesouro dos Estados Unidos James Baker III, preconizava o comprometimento de mais recursos do Banco Mundial, dos bancos regionais de desenvolvimento e do FMI para o financiamento de programas de ajuste estrutural e de estabilização macroeconômica nos países devedores, que deveriam ser complementados por novos recursos provenientes dos bancos internacionais. O plano fracassou na medida em que os bancos não forneceram tais recursos, e aqueles oriundos das instituições multilaterais revelaram-se insuficientes, ao mesmo tempo em que a realização das reformas estruturais mostrou-se problemática em um grande número de países devedores. Ver Reinaldo Gonçalves, *O abre-alas: a nova inserção do Brasil na economia mundial* (Rio de Janeiro, Relume-Dumará, 1994).

estava começando a findar o governo Figueiredo, comecei a falar mais na televisão, sobretudo no *Bom dia, Brasil*, da Rede Globo, onde estava o Antônio Carlos Drummond. Eu falava no *Bom dia, Brasil*, em Brasília, e, aqui no Rio, num programa que o Renato Machado tinha com a Belisa Ribeiro, que trabalhou com Moreira Franco e depois com o próprio Collor. Eles me chamavam muito. Os jornalistas me chamavam porque eu conversava muito com eles. Eles me procuravam, não para pedir entrevistas, mas para que eu explicasse a situação, e com isso acabávamos criando um laço de confiança. Essa minha participação na televisão acabou até mudando a opinião — ou pelo menos a posição — do Silveira. Tanto que, quando o Reagan veio aqui, fui chamado pela Globo para fazer uma avaliação da relação Brasil-Estados Unidos, Silveira assistiu e comentou: "Ah, você foi muito bem!" Foi uma mudança; quer dizer, já tinha passado a animosidade.

Fui chamado também pela Câmara dos Deputados para falar sobre dívida externa, na Comissão de Relações Exteriores. Escrevi um trabalho muito grande e depois o levei a Tancredo Neves, na época candidato provável. Lembro que fiquei muito impressionado, porque já o achei muito amarelo. Aí, também, não sei se foi Marco Maciel ou Aureliano Chaves — Aureliano chegou a ser o candidato daquilo que viria a ser o PFL,[6] depois saiu e o candidato foi o Tancredo —, um deles me pediu um estudo sobre política externa, uma coisa mais ampla. Sei que apresentei um trabalho para

[6]Na época, tratava-se ainda da Frente Liberal, dissidência do Partido Democrático Social (PDS), governista, que, recusando-se a apoiar a candidatura de Paulo Maluf, uniu-se ao Partido do Movimento Democrático Brasileiro (PMDB) na Aliança Democrática para dar apoio às candidaturas de Tancredo Neves e de José Sarney à presidência e à vice-presidência da República. Pouco depois da eleição destes, em janeiro de 1985, a Aliança Democrática se transformou em partido: o Partido da Frente Liberal (PFL). Ver *DHBB*.

o Tancredo e um para o PFL. Para fazer esse trabalho sobre política externa, lembro que conversei com um grupo, Rouanet e outras pessoas.

O ministro Saraiva Guerreiro não participava dessas consultas? Era um grupo diferente do Itamaraty oficial?

Era um grupo diferente. O Itamaraty, naquela época, não participava da discussão sobre dívida externa. Fui eu, como embaixador em Washington, no governo Sarney, que reintroduzi o Itamaraty no debate da dívida.

E curiosamente, no governo Sarney, os dois ministros das Relações Exteriores, Olavo Setúbal e Abreu Sodré, não eram do Itamaraty.[7] *O senhor acompanhou a escolha de Olavo Setúbal? Ele foi escolhido por Tancredo Neves ou por Sarney?*

Olavo foi escolhido pelo próprio Tancredo. E aquilo foi uma engenharia. Eu me lembro que quando houve o primeiro ou segundo aniversário do *Bom dia, Brasil*, a Globo deu uma recepção grande, com muita gente, em que até conversei muito com Sarney, então candidato a vice-presidente — eu o tinha conhecido no início da década de 1960, pois éramos compadres da mesma pessoa. Depois dessa recepção, houve um jantar no Florentino para um grupo pequeno. Aliás, não ficou muito claro quem oferecia o jantar a quem. Nós supúnhamos que fosse a Globo, mas o Florentino disse que ninguém tinha pago... Estavam presentes Ola-

---

[7]Olavo Setúbal, empresário e presidente do Grupo Itaú, ex-prefeito de São Paulo, a partir de 1985 ligado ao PFL, foi ministro das Relações Exteriores de março de 1985 a fevereiro de 1986. Nessa data, foi substituído por Roberto de Abreu Sodré, ex-governador de São Paulo, igualmente ligado ao PFL, que permaneceu no cargo até março de 1990. Ver *DHBB*.

vo Setúbal, Fernando Henrique Cardoso e Renato Archer. Eu tinha tomado uns dois ou três uísques e disse a cada um mais ou menos o que achava que ia acontecer. Disse ao Olavo: "Você quer ser ministro da Fazenda, mas não vai ser." Olavo foi ministro do Exterior porque queria ser ministro da Fazenda. Renato Archer queria ser ministro do Exterior e foi para Ciência e Tecnologia, ministério para o qual Fernando Henrique tinha sido convidado e não aceitou. Foi engraçado, porque saíram vários ministros dali, mas não para os lugares que queriam. Cada um queria o lugar do outro.

O senhor já se colocava, nesse momento, a possibilidade de voltar à diplomacia?

Não. Fazendo esta retrospectiva, ficou claro para mim que minha nomeação para Washington teve até mais lógica do que eu pensava. Mas na época eu realmente não pensava na embaixada, porque, como eu tinha saído da carreira como primeiro-secretário, achava que tecnicamente não seria possível ser embaixador. Mas foi possível, e exatamente por eu ter pedido demissão, por não ser mais diplomata. O que eu achava, na época, era que talvez pudesse, eventualmente, ser indicado negociador da dívida. Isso, sim, cheguei a cogitar. Acho que Sarney também chegou a cogitar, mas a coisa não se concretizou. Lembro que naquela época José Serra me telefonou falando em outra possibilidade. Funaro teria sido vetado como presidente do BNDES — coisa que acabou sendo superada — por causa da dívida que sua empresa, a Trol, tinha com o banco, e o Serra me disse: "Se realmente o veto se concretizar, posso lançar o seu nome para presidente do BNDES?" Aliás, naquela época, não só o Serra, mas também Fernando Henrique me procurou para conversar. Fernando Henrique queria saber o que eu achava de ele aceitar o Ministério da Ciência e Tecnologia. Eu disse que dependia da prioridade que fosse dada à pasta. De fato, era um ministério que poderia ser a semente de um investimento maciço em ciência. A outra alternativa — ele era senador — era ser líder no Congresso. Ele aceitou essa última posição, mas depois acabou pedindo demissão.

Quando o senhor conheceu Fernando Henrique Cardoso?

No início dos anos 70, num seminário do Council of the Americas, que tinha uma seção chamada Center for the American Relations — hoje está tudo junto na American Society. O seminário foi em Nova Iorque, e compareceu um brasileiro que vivia em Princeton chamado Fernando Henrique Cardoso. Foi quando entrei em contato mais intimamente com ele. Fui a Princeton para visitá-lo. Depois mantive freqüente contato com ele em São Paulo, em torno do Fernando Pedreira, então redator-chefe d'*O Estado de S. Paulo*. José Gregori e Celso Lafer muitas vezes também participavam de longos papos com ele.

Pouco depois de ser eleito, em janeiro de 1985, Tancredo Neves fez uma viagem ao exterior. Foi à Europa e aos Estados Unidos com uma comitiva grande e procurou abrir portas. O senhor acompanhou essas tentativas?

Sim. Um dos grandes temas da viagem ainda foi a dívida. Tancredo queria que o Fundo Monetário aprovasse o programa brasileiro antes de ele entrar. De fato, isso facilitaria muito as coisas, mas o Schultz[8] disse a ele em Washington que o Fundo não aprovaria. Tancredo chegou a mandar

[8]George Schultz, secretário de Estado dos EUA durante o segundo governo Reagan.

o Dornelles[9] para Paris, para falar com o diretor-gerente do Fundo, Jacques de Larosière, mas a coisa não funcionou. O pessoal do Fundo, sobretudo nas transições políticas, é muito insensível. Eles não sabem conjugar o ciclo político com o ciclo econômico. Foi um erro tremendo. Depois também erraram ao não apoiar o Plano Real. Mas, como já disse aqui, isso é uma tradição: maltrataram Gudin, maltrataram Lucas Lopes...

O convite para a embaixada

Quando José Sarney assumiu a Presidência da República, em março de 1985, como ficaram seus contatos com o presidente? O senhor mencionou há pouco que tinha com ele uma relação de compadrismo.

Compadrismo explícito... Ambos éramos compadres do Odylo Costa Filho, poeta, maranhense como Sarney, grande figura humana, casado com outra grande figura do Piauí, dona Nazaré. Quando Sarney veio para o Rio, era um pouco mais moço do que o Odylo, que o recebeu, inclusive nos meios intelectuais. Eu jantava ou almoçava freqüentemente em casa do Odylo e lá encontrava Sarney, mesmo quando ele era governador do Maranhão. Uma coisa interessante foi que ele chamou o Glauber Rocha para filmar a sua posse como governador.

Depois que Sarney se tornou presidente, eu ia muito a Brasília conversar com ele, almoçar, jantar. Sempre conversava também com o embaixador Rubens Ricúpero, que era

---

[9] Francisco Dornelles, escolhido ministro da Fazenda por Tancredo Neves, foi mantido por Sarney e permaneceu no ministério de março a agosto de 1985. Foram seus sucessores Dilson Funaro, de agosto de 1985 a abril de 1987; Luís Carlos Bresser Pereira, de abril a dezembro de 1987; e Maílson da Nóbrega, de janeiro de 1988 a março de 1990. Ver *DHBB*.

seu assessor internacional, com Célio Borja, que chegou a ser assessor da Presidência, e com o chefe do SNI, general Ivan de Souza Mendes. Conversava sobretudo com Ricúpero. Eu já o conhecia de antes. Contei aqui que eu entrava em todas as listas de promoção por merecimento do Itamaraty e nunca era promovido. Ricúpero era uma das pessoas que passavam telegrama lamentando a não-promoção. Eu o conhecia bem e conversávamos muito, principalmente sobre dívida externa.

Como foi feito o convite para a embaixada em Washington? A que o senhor o atribui?

Acho que fui convidado muito em função dos temas econômicos que estavam sobrecarregando a pauta das relações Brasil-Estados Unidos. Como já contei, eu tinha feito um estudo sobre a dívida externa para a Comissão de Relações Exteriores da Câmara dos Deputados. Retrabalhei esse estudo e acabei sendo convidado pelo Twentieth Century Fund para publicar uma monografia nos Estados Unidos. Aliás, foi uma experiência muito interessante, que eu não tinha tido antes e não voltei a ter depois, que é a de você ter um editor que vai orientando o seu trabalho — não o conteúdo, mas o tratamento —, pensando no leitor. Achei um tipo de troca muito fértil. Dá trabalho, mas é muito interessante, porque acaba saindo um produto melhor. Uma pessoa pode conhecer a dívida externa brasileira mas não conhecer o leitor americano, não saber se ele vai entender aquilo ou não. Afinal, o livro, que se chamou *The Brazilian Quandary,* saiu por volta de julho de 1986. O presidente Sarney soube disso, e essa deve ter sido também uma das razões que o levaram a me convidar.

A infância e o futuro diplomata

Marcílio aos seis anos, em viagem de convalescença, após três meses de cama com reumatismo articular agudo. Veneza, 1937.

O ministro Mário Moreira da Silva (1º da dir., sentado), chefe da Legação brasileira em Berna, cercado de amigos e filhos: Clarice Lispector (2ª fila, 2ª da esq.); os filhos mais velhos, Marcelo (atrás de Clarice) e Maria Nícia (atrás de Mário) e, em primeiro plano, os mais moços, Márcio e Marcílio. Berna, Suíça, 1946-7.

Mário Moreira da Silva e Noêmia de Azevedo Marques Moreira da Silva, pais de Marcílio Marques Moreira.

No Museu de Arte Moderna, ainda instalado no prédio do MEC, Marcílio (1º da dir.), ao lado do colega e poeta Marcelo Cabral, em conversa com Cândido Portinari. Rio de Janeiro, 1952.

Marcílio e Alceu Amoroso Lima em frente ao Mosteiro de São Bento. Rio de Janeiro, 1954-5.

Um negociador habilidoso

Visita de Nelson Rockefeller ao MAM. Na época, Marcílio Marques Moreira era diretor financeiro do Museu. Rio de Janeiro, junho de 1969.

Com o governador da Guanabara, Negrão de Lima, com quem trabalhara nos tempos da Copeg. À direita, Hélio Adoni e Maria Teresa Vargas Penna. Belo Horizonte, 1969.

Nova tentativa de renegociar a dívida externa, agora no governo presidencialista de João Goulart. No Salão Oval da Casa Branca, Marcílio Marques Moreira, Teodoro Moscoso, coordenador da Aliança para o Progresso, o embaixador Roberto Campos, o ministro da Fazenda San Tiago Dantas, o presidente John Kennedy, o embaixador Lincoln Gordon e Edwin Martin, secretário assistente de Estado para a América Latina. Washington, março de 1963.

Já como diretor do Unibanco, com Walther Moreira Salles e Rondon Pacheco, governador de Minas Gerais. Belo Horizonte, 1969.

Assinatura do acordo de negociação da dívida externa brasileira no início do governo Jânio Quadros. A partir da esquerda, Herbert K. May, subsecretário do Tesouro; Carlos Alfredo Bernardes, encarregado de negócios em Washington; Clemente Mariani, ministro da Fazenda; Douglas Dillon, secretário do Tesouro; Walther Moreira Salles, o negociador da dívida; Werther Azevedo, pela Carteira de Câmbio do Banco do Brasil; John Leddy, secretário-adjunto do Tesouro, e Marcílio Marques Moreira, então segundo-secretário. Washington, 17 de maio de 1961.

A embaixada em Washington

Audiência com o presidente José Sarney, antes de partir para Washington como embaixador. Brasília, 1986.

Com o senador Amaral Peixoto, embaixador em Washington quando Marcílio lá esteve em seu primeiro posto, e Hamilton Xavier, então vice-governador do Estado do Rio de Janeiro. 1980.

O embaixador Marcílio com
Henry Kissinger durante reunião
da Comissão Trilateral.
San Francisco, Califórnia,
março de 1987.

Com o ex-presidente Jimmy
Carter, na Carter Library.
Atlanta, Georgia, 1989.

O embaixador Marcílio Marques
Moreira, ao lado da embaixatriz Maria
Luiza, apresenta credenciais ao
presidente Ronald Reagan.
Washington, 10 de fevereiro de 1987.

Visita de Luiz Inácio Lula da Silva, candidato do PT à presidência da República, à missão brasileira junto à OEA. Ao fundo, Francisco Weffort. Washington, 4 de maio de 1989.

Em recepção ao corpo diplomático na Casa Branca, os embaixadores do Brasil ladeiam o casal presidencial Barbara e George Bush. Washington, 1º de fevereiro de 1989.

Durante a III Sessão Especial da Assembléia Geral das Nações Unidas dedicada ao desarmamento, o ministro Luiz Augusto de Araújo Castro, o embaixador na OEA Dario Castro Alves, o embaixador em Washington Marcílio Marques Moreira, o presidente José Sarney, o ministro das Relações Exteriores Abreu Sodré, o embaixador na ONU Paulo Nogueira Batista e os embaixadores Marcos Azambuja, José Guilherme Merquior e Luiz Felipe de Seixas Corrêa. Nova Iorque, junho de 1988.

Marcílio e Maria Luiza com Albert e Heloísa Sabin na recepção de despedida na embaixada do Brasil em Washington. Julho de 1991.

Em agosto, o embaixador em Washington, Sérgio Correia da Costa, me pediu para substituí-lo na conferência sobre relações internacionais do Aspen Institute, em Veneza, o que fiz. Foi muito interessante. Estavam lá, entre outros, Paul Volcker, Albert Gore, de Michellis, então ministro do Trabalho italiano, Giovanni Agnelli, Lamberto Dini, que veio a ser primeiro-ministro da Itália. Por essa época, Sarney foi aos Estados Unidos em visita oficial e, pelo que me contou, não gostou do que viu. Reagan, logo na sua chegada, teve uma atitude antipática. Estava no auge a discussão da questão da informática, havia ameaças de retaliação...[10]

Em outubro, um outro grupo, de economistas de alguns grandes bancos, um de cada país — chamava-se Clube Internacional dos Economistas de Bancos —, iria se reunir em Madri, e eu iria participar da reunião. Eu ia embarcar no sábado, mas na sexta me telefonou o Ricúpero e disse: "Se eu fosse você, não embarcava." Respondi: "Como? Eu tenho de ir à reunião!" Ele disse que o presidente precisava conversar comigo. Perguntei se não poderia ficar para depois, e ele respondeu: "Não. Acho que ele está querendo convidá-lo para ser embaixador em Washington." Transferi a viagem de sábado para segunda, no domingo fui com minha mulher para Brasília e, de fato, na segunda-feira, de manhã cedo, o presidente me convidou.

---

[10]Desde setembro de 1985, o governo norte-americano anunciara sua disposição de iniciar investigações contra supostas "práticas desleais" de comércio praticadas pelo Brasil em virtude da aplicação da lei de reserva de mercado da informática, em vigor desde 1984. A conclusão das investigações estava inicialmente prevista para setembro de 1986, mês em que o presidente Sarney foi a Washington. Durante a visita, a comitiva presidencial brasileira foi surpreendida pelo tom "duro" adotado pelo presidente Reagan, tanto em discurso dirigido a Sarney na Casa Branca como em encontros reservados. Ver Tullo Vigevani, *O contencioso Brasil x Estados Unidos da informática: uma análise sobre formulação de política exterior* (São Paulo, Alfa-Omega/Edusp, 1995).

Havia alguma insatisfação em relação à atuação de Sérgio Correia da Costa?

É provável. A atuação dele na própria visita do presidente aos Estados Unidos não convenceu. Houve incidentes, sobretudo a declaração do Reagan na chegada, que Sarney não apreciou. Mas Sérgio estava se aposentando e não chegou a sair por causa desse episódio. Ao mesmo tempo, Sérgio estava em conflito com o secretário-geral, que era o Paulo Tarso Flecha de Lima. Sarney era uma pessoa que gostava de equilíbrio de poder, queria um embaixador que fosse da sua confiança e, assim, me convidou. Mas, quando o fez, disse: "Preciso que você me dê um certo tempo, porque eu tenho que falar com o ministro" — já era Abreu Sodré, com quem Sarney tinha mais intimidade do que com Setúbal. "Sei que ele vai aceitar muito bem." De fato, o ministro concordou. O secretário-geral, curiosamente, é que, segundo depois me disseram, não teria gostado. Não por ser eu, mas por não ter sido avisado de antemão do convite e por eu não ser do Itamaraty.

Problemas de equilíbrio: Flecha de Lima era diplomata de carreira, o ministro Abreu Sodré não era...

E Sarney nomeou embaixador em Washington alguém que estava afinado com ele, alguém que era — ele não escondia isso — da confiança do presidente da República. Mas devo dizer que, em relação a mim, Paulo Tarso nunca manifestou nada.

Como foi a recepção daqueles seus antigos colegas, que permaneceram na carreira, ao seu retorno à vida diplomática?

Acho que a maioria recebeu bem. Durante todo o período em que estive fora do Itamaraty, que foi longo, desde que fui trabalhar com San Tiago Dantas, sempre viajei muito e sempre os procurei nas embaixadas. Conversava com eles, tinha bastante contato. Mas sei que alguns, que eram concorrentes ao cargo, não gostaram muito. Como Sérgio Correia da Costa estava para se aposentar, já devia haver alguma expectativa. Aliás, eu nem sei quem eram os candidatos. Depois, enquanto eu estava em Washington, sei que também houve vários candidatos à minha vaga.

Mas então foi feito o convite, fui para a Espanha na segunda-feira mesmo, voltei na sexta, e os Estados Unidos deram o *agrément* na própria sexta. Foi muito rápido, cinco dias. Na quarta-feira da outra semana, já fui para a argüição na Comissão de Relações Exteriores do Senado, junto com outros quatro embaixadores. Como éramos cinco, preparei uma exposição de 10, 15 minutos, no máximo. Mas o presidente da comissão disse: "Bom, temos cinco embaixadores, mas o que realmente interessa é o embaixador em Washington, de modo que vamos dispensar os demais." E me deu uma hora para falar. Realmente, foi uma surpresa. Lembro que houve um senador substituto que tentou trocar a minha nomeação por um aeroporto e uma ponte, uma coisa assim... Foi preciso entrar o Hargreaves, que naquela época era assessor parlamentar da Presidência. Afinal fui aprovado e fui me desfazer das minhas coisas, fechar a casa etc.

Quais eram as suas expectativas?

Naquela época, para a opinião pública, o tema principal das relações Brasil-Estados Unidos era a informática. Mas, nas conversas que fui mantendo com o presidente e seus assessores, fui me dando conta de que o problema da dívida ia passar a ser muito importante. Uma pessoa da assessoria do presidente, Michael Gartenkraut, descobriu que os números referentes às nossas reservas, e também ao comércio exterior, não estavam certos, e que as reservas estavam baixíssimas. Saí daqui com uma espécie de espada de Dâmocles sobre a cabeça. Parti em 22 de novembro, no dia seguinte à divulgação do famoso Cruzado II,[11] que provocou badernas, queima de ônibus etc. A situação estava muito conturbada, e os jornais diziam que a embaixada em Washington era apenas um degrau para eu chegar ao Ministério da Fazenda. Tive que emitir sinais muito definidos ao Sarney de que eu não cogitava o posto, não ambicionava ser ministro. Não estava preparado para enfrentar o ministério, sabia que era uma coisa muito complicada e, sem ter apoio suficiente, seria muito desgastante.

Embora o senhor não ambicionasse o Ministério da Fazenda, a área econômica deve ter-se sentido um pouco incomodada com um embaixador em Washington que entendia muito de economia e de dívida externa... Ou seja: a transferência do eixo da negociação da dívida externa da área econômica para o Itamaraty era uma possibilidade concreta.

Era. Tanto que Funaro procurou criar um contrapeso a isso nomeando um embaixador da dívida, Saraiva Guerreiro, que chegou a participar de algumas reuniões em Washington. Mas depois Guerreiro, inteligente, viu que estava ali apenas de figurante. A idéia era politizar a dívida, e Guerreiro seria o instrumento disso. Curiosa a escolha, também.

---

[11]Decretado em 21 de novembro de 1986, uma semana após a vitória maciça do PMDB nas eleições estaduais e legislativas, o Plano Cruzado II estabeleceu o fim do congelamento de preços em vigor desde a edição do Cruzado I, em fevereiro. O resultado imediato foi um aumento generalizado de preços, recebido com protestos e desconfiança pela população. Ver *DHBB*.

O senhor escolheu assessores na área diplomática para levar para Washington?

Não. A embaixada já estava lotada, tinha dois ministros conselheiros, pessoas competentes, que me visitaram aqui no Rio, tinha secretários, de modo que não levei ninguém.

Como foi a sensação de voltar para Washington depois de 23 anos, não mais como terceiro-secretário, mas à frente da própria embaixada? No sentido subjetivo mesmo.

Realmente, foi uma coisa curiosa. De certa maneira, usando a palavra inglesa, uma *vindication.* Mal ou bem, eu achava que o Itamaraty não tinha sido, no mínimo, elegante comigo. Eu estava voltando com uma responsabilidade de escopo muito diverso. Era no mínimo interessante, instigante, desafiante. Uma volta compensadora de uma saída levemente traumática e decepcionante.

A política externa do governo Sarney

Antes de "seguirmos" com o senhor para Washington, gostaríamos que fizesse uma avaliação mais geral da política externa do governo Sarney. O fato de os ministros Olavo Setúbal e Abreu Sodré não serem diplomatas tornou o Ministério das Relações Exteriores mais exposto ao jogo político?

Não. Tanto Setúbal quanto Sodré, assim como a maioria dos ministros anteriores que não eram da carreira, ouviam muito a Casa. E tinham mais condições de defender o ponto de vista da Casa do que uma pessoa do quadro, que, em geral, não tem projeção nacional. Acho que quando o ministro é da carreira, ao contrário do que a Casa possa pensar, ela perde um pouco. Um ministro que não a ouvisse seria, realmente, um choque. Mas é muito difícil isso acontecer, porque o próprio regulamento da Casa impõe limites muito sérios à atuação de um ministro político: ele não pode nomear ninguém da sua confiança pessoal, não pode ter equipe própria, fica inteiramente tolhido. Não pode ter um secretário-geral, nem mesmo um oficial-de-gabinete estranho à carreira. Não há essa possibilidade.

Antes do Setúbal e do Sodré, quais foram os ministros de fora da Casa? Juracy Magalhães, Afonso Arinos, San Tiago Dantas... Quando San Tiago foi nomeado ministro, pegou toda a equipe, levou lá para a Casa das Pedras e fez uma espécie de seminário sobre política externa — aliás, são muito interessantes as transcrições, que estão no Arquivo Nacional. Ou seja, ele também ouvia muito a Casa, embora sem se tornar seu refém. San Tiago, pela própria personalidade, pelo conhecimento que tinha, transcendia um pouco a Casa, mas não a confrontava.

O senhor acha que o fato de Luiz Felipe Lampreia, que respondeu pelo Ministério das Relações Exteriores desde o início do primeiro governo de Fernando Henrique Cardoso até pouco tempo, ser um diplomata de carreira lhe deu menos trânsito na negociação da política internacional?

Acho que sim. Mas também, em parte, ele conseguiu ter o seu espaço porque tinha a confiança do presidente. Foi secretário-geral do presidente quando este era ministro,[12] e isso em parte superou o problema. Por outro lado, o presi-

---

[12]O presidente Fernando Henrique Cardoso foi ministro das Relações Exteriores (de outubro de 1992 a maio de 1993) e posteriormente da Fazenda (de maio de 1993 a dezembro de 1994) no governo Itamar Franco (1992-1994). No Ministério das Relações Exteriores, teve como secretário-geral Luiz Felipe Lampreia, que foi seu ministro das Relações Exteriores de janeiro de 1995 a janeiro de 2001. Ver *DHBB*.

dente gosta muito de política externa. Com exceção dos militares, muitos presidentes tiveram gosto pela política externa. Sarney certamente tinha. Collor também. Itamar, não.

A Constituinte influiu na política externa do governo Sarney, no sentido de trazer maior politização dos temas?

Acho que não. Ao menos eu não senti nada em que a Constituinte tivesse influído. Acho até que ela foi meio na contramão do que Sarney estava fazendo. Sarney estava restabelecendo relações com as ONGs, com a Anistia Internacional, com os movimentos ambientalista, feminino, de proteção aos índios, mal ou bem acabou levando a solução ao problema da informática, tudo isso um pouco na contramão da Constituinte. A Constituinte devia ser o início de um novo capítulo, mas acho que foi o fim do capítulo anterior. Foi muito intervencionista, portanto, no fundo, muito autoritária.

E tinha uma vertente nacionalista muito forte. Por tudo isso, ela não teria alterado, de alguma forma, os rumos da política externa? Ou seja, a política externa, retomando a pergunta, não ficou mais exposta ao jogo político interno?

Acho que não. O presidente foi quem tentou utilizar a política externa, inclusive a dívida externa, para efeitos internos, tentou politizar a moratória, mas não conseguiu. Ele achava que a moratória teria uma repercussão tão grande quanto o Plano Cruzado. Os pronunciamentos são claramente nesse sentido, mas não houve essa repercussão. Ele achava que ela lhe traria dividendos políticos, apoio no Congresso, mas isso não ocorreu.

Até o governo Sarney, a impressão que se tem é de que a política externa tinha temas em torno dos quais havia uma coalizão de interesses. Veja-se a questão da informática, por exemplo, em que estava em debate a própria soberania nacional. Essa coesão não se fragmentou a partir de então?

Um dos grandes problemas da política brasileira é a captura das políticas públicas por grupos de interesse. No regime autoritário, pré-Sarney, pré-Constituinte, esses grupos se aliavam com setores militares. Foi o caso da informática, com a SEI,[13] foi o caso da política nuclear. Já no governo Sarney, e depois no governo Collor, houve um desarmamento desses grupos, que deixaram de contar. Acho que foi possível haver a reformulação da política de informática exatamente porque o grupo militar deixou de ter hegemonia, e provavelmente o mesmo ocorreu na parte nuclear. Ainda no governo Sarney, fizemos o acordo com a Argentina,[14] fomos abrindo, e isso foi continuado pelos governos posteriores até chegarmos, agora, à adesão ao TNP, o Tratado de Não-Proliferação Nuclear. Na própria parte ambiental, conseguiu-se convencer Sarney, na Assembléia Geral da ONU de 1988 ou 89, a última a que ele assistiu, de que o Brasil devia convidar as Nações Unidas a realizar a Eco-92 aqui. Isso foi uma grande virada.

---

[13]Secretaria Especial de Informática, criada em 1979 e diretamente subordinada ao Conselho de Segurança Nacional.

[14]O Protocolo de Cooperação Nuclear Brasil-Argentina foi assinado pelos presidentes Sarney e Alfonsín em 10 de dezembro de 1986, juntamente com outros 17 protocolos de cooperação bilateral no âmbito do Programa de Integração e Cooperação Econômica (PICE), embrião do atual Mercosul. Seguindo as previsões daquele protocolo, ambos os países abriram seus programas nucleares à inspeção recíproca, o que resultou numa visita de Sarney às instalações nucleares secretas argentinas de Pilcaneyeu. Ver Luís Felipe de Seixas Corrêa, "A política externa de José Sarney", *in Sessenta anos de política externa brasileira: 1930-1990,* vol. 1 *op. cit.*.

É preciso ver que no começo do governo Sarney, embora os militares não estivessem mais lá para apoiar, por exemplo, os antiambientalistas, os antiindigenistas, os que infringiam os direitos humanos, a má vontade continuou. Só depois é que a coisa foi sendo desmontada. E foi possível desmontar porque esses grupos não tinham mais aquelas alianças. As mudanças foram até certo ponto vagarosas, porque havia um círculo de resistência. Na questão das patentes, por exemplo, a resistência ao patenteamento não era nem um problema militar. Havia algumas empresas que eram contra, e mesmo dentro do próprio Itamaraty havia resistência. O Itamaraty manteve um pouco essas culturas. Até hoje você as encontra. Estava conversando com o Rouanet há pouco, e ele disse que ainda há pessoas dentro do Itamaraty que acham que há um exagero na defesa dos direitos humanos, que é preciso desenvolver um conceito "asiático" ou subdesenvolvido de direitos humanos. Até hoje há, dentro do Itamaraty, alguns apoios à tese da não-universalização dos direitos humanos. Ainda há alguns núcleos onde essa cultura resiste aos avanços mais gerais.

O Itamaraty sem dúvida lançou posições avançadas, como por exemplo a da universalização das relações internacionais. Nós reconhecemos a União Soviética, a própria Cuba, a China, antes de reconhecermos o Partido Comunista. Houve maior universalização internacional do que interna. Houve posições progressistas do Itamaraty durante um regime mais conservador, mas essas posições, com o tempo, passaram a ser anacrônicas e mantiveram-se assim. O Itamaraty, que era muito adiantado, acabou ficando um pouco a reboque no processo de redemocratização, não teve nenhum papel na abertura democrática. Poderia ter proposto flexibilizar a política de direitos humanos, mas, que eu saiba, não fez nada. Como nós estávamos numa situação de descompressão política, seria razoável, ou ao menos plausível, ter feito isso, mas não fez. Ao contrário, ficou mais na área de defesa das políticas do governo e denúncia das intromissões externas no campo dos direitos humanos, da política ambientalista e do programa nuclear.

Voltando à Constituinte: em termos de política externa, foram colocados na nova Constituição alguns princípios que também eram novos em uma Carta constitucional: repúdio ao racismo e ao terrorismo, integração latino-americana etc. Como o senhor viu o fato de este último princípio, que era uma política de governo, ser incorporado à própria Constituição do país?

Acho que a integração latino-americana, sobretudo a aproximação com a Argentina, que abriu caminho para o Mercosul,[15] foi a vertente mais exitosa da política externa de Sarney. Foi realmente onde ele fez uma diferença, se distinguiu. Aliás, a integração latino-americana não só foi o melhor momento da política externa de Sarney, como da própria diplomacia brasileira, que percebeu muito bem a situação. Na cabeça do Sarney e do Alfonsín, a integração tinha um objetivo maior, que era o apoio mútuo à redemocratização nascente. Por causa dessa inspiração maior, ela teve uma aceitação política muito grande. Acho que a integração não só teve êxito como foi uma das coisas que empolgaram a opinião pública ou, pelo menos, que a opinião pública aceitou. E a opinião pública aceitando, o Congresso fez o mesmo.

---

[15] A integração econômica entre Brasil e Argentina iniciada em 1986 atingiu um novo patamar em 6 de julho de 1990, já durante os governos de Fernando Collor de Mello (1990-1992) e Carlos Menem (1989-1999), com a assinatura da Ata de Buenos Aires, em que os dois países comprometiam-se a formar um mercado comum até dezembro de 1994. Em 21 de março de 1991, já com a adesão de Uruguai e Paraguai, firmou-se o Tratado de Assunção, que estendeu a ambos o objetivo do mercado comum, a partir de então denominado Mercosul. Cumprida a etapa de transição, em 17 de dezembro de 1994 os quatro países membros firmaram o Protocolo de Ouro Preto, que definiu a estrutura institucional do Mercosul e lhe conferiu personalidade jurídica internacional. Na mesma ocasião, foi adotada uma Tarifa Externa Comum (TEC), que assinalou a entrada em vigor de uma União Aduaneira cuja complementação está prevista para 2006. Por fim, em 1996 Chile e Bolívia tornaram-se membros associados do Mercosul, através da assinatura de acordos de livre comércio. Ver Paulo Roberto de Almeida, *Mercosul: fundamentos e perspectivas* (São Paulo, LTr, 1998).

5

Embaixador nos Estados Unidos

Agenda negativa

Quando foi para Washington como embaixador, em novembro de 1986, que instruções o senhor levou para o encaminhamento das relações Brasil-Estados Unidos?

Não houve propriamente instruções. Minha missão teve um sentido um pouco peculiar: eu deveria não só seguir uma orientação, mas também ajudar a formulá-la. Paulo Tarso organizou uma espécie de seminário, a que compareci, com os principais chefes da Casa, para discutir as matérias ou os assuntos em pauta mais quentes, mas de fato não houve uma instrução, a não ser a de procurar preencher, de uma maneira mais ativa, um espaço nos Estados Unidos, ter uma presença mais marcante. Estávamos realmente em um momento difícil, em muitos aspectos. Eu só tinha um trunfo, a democratização, que trazia uma nova legitimidade à posição brasileira. Fora isso, a imagem do Brasil estava pouco divulgada e muito distorcida, até mesmo por alguns chavões que se tinham formado lá. Por exemplo: o Brasil era considerado desorganizado, porque a inflação era muito alta; era considerado caloteiro, porque não gostava de pagar dívidas; era considerado pirata, porque roubava propriedade intelectual; era considerado assassino, porque trucidava índios; violento, porque os homens podiam matar impunemente suas mulheres. Essa era a versão que eles tinham. Finalmente, éramos extremamente ameaçadores, porque queimávamos as florestas, e isso esquentaria o globo e destruiria as cidades no futuro. Realmente, dentro desse quadro, não foi fácil.

Sua missão tinha então o sentido de maximizar os interesses brasileiros mediante essas pressões todas?

Exato. Usando esse trunfo que eu tinha, que era essa nova legitimidade, e procurando recolocar o Brasil diante dessas questões. O que foi feito. Na questão das florestas, nós, que éramos muito defensivos, passamos a ser ativos, até nos oferecendo para sermos hospedeiros da Eco-92; no tocante às mulheres, procuramos levar aos Estados Unidos lideranças do movimento feminista no Brasil; no tocante aos índios, procuramos defender a idéia da delimitação das reservas indígenas; em relação aos direitos humanos em geral, restabelecemos relações com as ONGs. Procuramos atacar os outros problemas também.

O fato de estarmos num regime democrático, se por um lado trouxe maior legitimidade às nossas negociações com os Estados Unidos, por outro não trouxe também uma certa instabilidade, já que setores muito diferenciados dentro do Brasil passaram a pressionar em prol dos seus próprios interesses? Isso de alguma forma afetou a administração da diplomacia brasileira?

Acho que não. Até porque, infelizmente, os grupos de interesse no Brasil, em geral, não têm uma dimensão de pressão internacional. Um exemplo clássico são as negociações comerciais. Na própria rodada Uruguai do GATT, a presença de empresários era escassa. Hoje, isso está começando a mudar, mas na época só havia alguns poucos setores mais organizados, como o do aço ou o de calçados, por exemplo, que às vezes respondiam a ameaças mais diretas. Na verdade, essa questão da maior dificuldade de governança em regimes democráticos é muito mais presente na condução da política econômica do que na condução da diplomacia. Senti isso muito mais aqui, como ministro da Economia, do que como embaixador em Washington.

E como era vista a democratização do lado de lá? Qual a reação do Fundo Monetário, por exemplo?

Já falamos aqui na incapacidade tradicional do Fundo de lidar com problemas de ciclo econômico e ciclo político. Havia realmente uma incapacidade do burocrata do Fundo, ou do Banco Mundial, ou do Tesouro americano, para lidar com o problema democrático. Eles insistiam muito: "Falta vontade política..." Não percebiam que alguns problemas eram ligados exatamente à introdução da democracia, introdução essa que foi fruto de uma evolução interna, para a qual também eles torceram e fizeram pressão. Mas quando a democracia chega, primeiro, eles não registram isso como uma coisa positiva, e têm de ser cobrados. Às vezes, mesmo, eles preferem regimes semi-autoritários, como se viu claramente no Leste Asiático: praticamente todos os regimes lá eram autoritários, às vezes beirando o totalitarismo, e ganhavam loas muito altas, até a crise de 1997.[1] Idem, o México.

Sua indicação para a embaixada deve ter sido benéfica aos interesses brasileiros, já que o senhor tinha bom trânsito nas áreas econômica e financeira americana e internacional, não?

A mim isso realmente facilitou o trabalho. Cheguei lá no segundo governo Reagan, e o secretário do Tesouro era James Baker; depois, no governo Bush, passou a ser Nicholas Brady. Mas houve uma coincidência, porque o secretário assistente, depois subsecretário, que permaneceu o tempo todo e tratou do problema da dívida, era David Mulford, a quem eu conhecia havia dez anos, no mínimo. Ele tinha trabalhado numa empresa chamada White Weld, que tinha uma participação no Unibanco, tinha feito parte do conselho consultivo do Unibanco, de modo que era uma pessoa com quem eu tinha muito bom relacionamento. Acabei criando também um bom relacionamento com o USTR,[2] quando entrou a Carla Hills, e com o Federal Reserve — no início lidávamos mais com Paul Volcker, que era presidente do Federal Reserve Board, e depois com Jerry Corrigan, presi-

---

[1] Crise financeira prolongada, com repercussões internacionais, que atingiu particularmente cinco países do Leste Asiático: Indonésia, Malásia, Filipinas, Tailândia e Coréia do Sul. As causas da crise devem ser entendidas como uma combinação de fatores endógenos e exógenos. No primeiro caso, destacava-se a fragilidade financeira daqueles países durante a década de 1990, provocada pela liberalização do setor financeiro doméstico sem adequada supervisão; pela expansão excessiva do crédito bancário, em grande parte destinado ao investimento improdutivo ou especulativo; e pela perda do grau de liberdade da política monetária, por causa da liberalização da conta de capitais e de débitos ruins herdados do passado. Já no plano externo, deve-se registrar a reversão dramática, no ano de 1997, dos fluxos de capitais que vinham alimentando essas economias em níveis extremamente altos entre 1994 e 1996. Note-se, ainda, que tal reversão ocorreu sobretudo no tocante aos empréstimos bancários comerciais, grande parte deles, por sua vez, concentrada em créditos de curto prazo. Ver Stephany Griffith-Jones, "A crise financeira do Leste Asiático: uma reflexão sobre suas causas, conseqüências e implicações para a política econômica", *Política Externa*, São Paulo, 7 (3), dez.-jan.-fev. 1998-1999.
[2] United States Trade Representative.

dente do Fed de Nova Iorque. No Departamento de Estado eu conhecia algumas pessoas, mas aí eu tinha que ir ou muito em cima, quer dizer, ao secretário ou subsecretário, que eles chamam de *deputy secretary* — primeiro foi John Whitehead, depois Lawrence Eagleburger —, ou então muito embaixo, porque o escalão médio, especialmente o secretário de Estado Assistente para Assuntos Interamericanos, estava inteiramente devotado ao problema da Nicarágua, El Salvador, Guatemala, e nem chegava a receber os embaixadores latino-americanos que não fossem da América Central.[3]

A impressão que se tem é de que, realmente, o principal vetor da política externa norte-americana para a América Latina nos anos 80 eram as relações com a América Central. Chegou-se mesmo a falar em uma centro-americanização da política externa americana nesse período.

É verdade. Eles viam a América Latina a partir de óculos centro-americanos ou, se for incluída Cuba, caribenhos.

---

[3] As relações entre os Estados Unidos e a América Central tornaram-se particularmente críticas durante a administração Reagan (1981-1989), em razão do revigoramento da Guerra Fria e o enfoque predominantemente anticomunista que o Departamento de Estado passou a adotar diante dos países da região, encarando qualquer forma de oposição às elites dirigentes locais como uma atitude potencialmente pró-soviética e pró-cubana. No caso da Nicarágua, o apoio inicial dado ao governo revolucionário sandinista, que em 1979 derrubou a ditadura da dinastia Somoza (outrora apoiada pelos Estados Unidos), foi revertido e transformado em ajuda e financiamento a uma guerrilha militar anti-sandinista, os *Contras*, liderada por antigos oficiais de Anastacio Somoza. Em El Salvador, a guerra civil, iniciada em 1981, opunha a oposicionista Frente Farabundo Martí de Libertação Nacional (FMLN) às forças governistas apoiadas pelos Estados Unidos. Na Guatemala, os movimentos guerrilheiros contra diversos governos militares pró-americanos eram uma constante desde os anos 60. A crise na América Central só começou a ser solucionada em fins dos anos 80, sob os auspícios do chamado Plano Esquipulas II, que foi elaborado pelo então presidente da Costa Rica, Oscar Arias (1986-1990), e acabou lhe valendo um Prêmio Nobel da Paz. O plano preconizava o fim da interferência das superpotências na região e uma série de medidas, incluindo a realização de eleições livres, destinadas a assegurar a estabilidade de governos democráticos. Não obstante, uma condição essencial para sua implementação foi o próprio abrandamento das tensões entre Estados Unidos e URSS após a ascensão à liderança soviética, em 1985, de Mikhail Gorbachev, que acabou por pavimentar o caminho para o fim da Guerra Fria. Ver *DTCWH*.

Em 1983, México, Colômbia, Panamá e Venezuela tinham formado o Grupo de Contadora, com o objetivo de favorecer uma solução pacífica e negociada para o conflito centro-americano. Em 1985, formou-se o Grupo de Apoio a Contadora, do qual o Brasil participava.[4] *O fato de o Brasil participar desse grupo gerava algum tipo de atrito diplomático com os Estados Unidos?*

O que eu via ocorrer, a partir do posto de observação da embaixada, era que nós não éramos muito demandados, nem a nos pronunciarmos, nem a participar do debate, nem a ajudar em qualquer tipo de encaminhamento. O que ocorria, pela minha lembrança, era que de fato o assunto absorvia toda uma parte do governo americano, que incluía o secretário de Estado Assistente, primeiro Elliot Abrams e depois Aronson, mas sobretudo Elliot Abrams, que era uma pessoa com um certo peso dentro do chamado grupo ideológico, tanto que continua bastante atuante. Abrams ficava concentrado nesse problema, e a embaixada, como acabei de dizer, tratava com outras pessoas dentro do Departamento de Estado, e sobretudo com o Departamento do Tesouro e com o USTR, os assuntos que tinha de tratar. A participação do Brasil no Grupo de Apoio a Contadora não era um assunto que tivesse qualquer relevância no nosso relacionamento com os Estados Unidos. Era uma coisa um pouco inócua. Eu nem acompanhei muito bem, não era uma coisa que *made a difference*. Dito isto, um assunto que sempre vinha à tona, sobretudo em véspera de voto nas Nações Unidas, em Genebra, era Cuba. A violação dos direitos humanos em Cuba

---

[4] O Grupo de Apoio a Contadora incluía, além do Brasil, Argentina, Peru e Uruguai. Em 1988, ambos os grupos se fundiram para formar o Grupo dos Oito, posteriormente ampliado e denominado Grupo do Rio, com o objetivo de estabelecer um mecanismo de concertação política na América Latina. Ver Luís Felipe Seixas Corrêa, *op. cit.*

era o assunto mais quente, que voltava a cada ano. O Departamento de Estado manifestava o desejo de que o Brasil votasse pela condenação de Cuba, mas nós sempre nos abstínhamos, nunca votamos. Acho que continuamos a fazê-lo.

Além da observação sobre a imagem do Brasil que fiz há pouco, devo fazer outra, a respeito da minha segunda estada em Washington: durante a minha primeira passagem, o nosso grande interlocutor era realmente o Departamento de Estado, Dean Rusk e outros. Já na segunda, o Departamento de Estado estava presente só eventualmente. A diplomacia americana, e principalmente a diplomacia econômica, que às vezes é uma não-diplomacia, era exercida pelo USTR, pelo Tesouro e pelo Federal Reserve. Certamente não era o caminho mais institucional, mas às vezes isso até facilitava as coisas. Lembro, por exemplo, que algumas vezes, em assuntos relativos ao comércio, tive que apelar ao Tesouro para inibir o USTR. Havia a Comissão de Política Econômica, que era presidida pelo secretário do Tesouro, à qual cabiam certas decisões, e o Baker e depois o Brady às vezes nos ajudavam, porque diziam a seus pares: "Se você fizer isso em termos de informática, ou de patentes, vai prejudicar a negociação da dívida..."

Durante seu período como embaixador, como foram suas relações com os outros representantes brasileiros nos Estados Unidos? A delegação brasileira na ONU, por exemplo, dialogava com a embaixada ou se reportava diretamente ao Ministério das Relações Exteriores?

Diretamente. Não há uma relação com a embaixada. Como não há, necessariamente, uma relação entre a embaixada e a representação na OEA. Na verdade, depende muito do embaixador. Por exemplo, Dário Castro Alves[5] tinha permanente contato comigo. Acordava às cinco horas da manhã, às seis tinha lido todos os jornais e às oito estava me ligando: "Saiu isso no *New York Times*, e tal." A embaixada tem relações mais estreitas, mas também não institucionalizadas, com os representantes brasileiros no Fundo Monetário e no Banco Mundial. Chegou a haver uma tentativa de um embaixador, que queria ficar em Washington, de criar uma embaixada do Brasil junto aos organismos financeiros internacionais. Essa proposta foi entregue ao Ricúpero e ao Paulo Tarso, e no dia seguinte eu tinha dois faxes com o projeto na mão. Não achei boa idéia. Ricúpero e Paulo Tarso também não aprovavam, até porque há países em que a relação entre a embaixada e as representações nesses órgãos é mais estreita ainda. Nos casos da França e da Inglaterra, por exemplo, o representante do país na diretoria do Fundo e do Banco é o conselheiro financeiro da embaixada. Mas este é um problema recorrente no Itamaraty, decidir se a embaixada deve ou não ter conselheiros não-diplomatas — nesses casos que citei, os conselheiros não são diplomatas, são funcionários do Tesouro. Há ainda embaixadas, como a da Alemanha, que têm como conselheiro um funcionário do Banco Central. Eu achava essa possibilidade mais interessante, mas também não sentia necessidade disso, porque tinha um relacionamento pessoal muito bom tanto com Pedro Malan, no Banco Mundial, quanto com o professor Alexandre Kafka, no Fundo Monetário. Embora não fossem do Itamaraty, por razões de imunidade diplomática ambos constavam da lista de diplomatas brasileiros.

---

[5]O embaixador Dário Moreira de Castro Alves chefiava, na época, a missão brasileira junto à OEA.

A moratória

O senhor foi para Washington no dia 23 de novembro de 1986 e, três meses depois, em 20 de fevereiro de 1987, o Brasil pediu a moratória.[6] *Como foi lidar com essa situação?*

Infelizmente, essa alternativa foi acionada. E passou a ser, no curso dos quatro anos e meio da minha estada em Washington, o tema predominante em torno do qual giraram todos os outros. Continuou o problema da informática, continuou o problema das patentes, surgiram os chamados novos temas — meio ambiente, direitos humanos, proliferação nuclear, controle de armas —, mas a dívida foi o tema principal.

Pouco antes de partir, o senhor declarou aos jornais que não acreditava na possibilidade da moratória. Isso era verdade, ou sua declaração era uma forma de marcar internamente uma posição contrária à medida?

Antes de sair do Brasil, eu disse claramente — e também escrevi isso no livro *The Brazilian Quandary*, publicado pouco antes — que a moratória só se justificava em duas hipóteses: como um *last resource* ou como um instrumento para negociar. Naquela época, como já contei, não se tinha noção da deterioração das reservas, porque esse dado fora escamoteado, e os dados do intercâmbio comercial foram adulterados pela Cacex. A adulteração deve ter começado

[6] A moratória foi anunciada pelo presidente José Sarney através de discurso em cadeia nacional de rádio e televisão. O Brasil decretava a suspensão unilateral, por tempo indeterminado, do pagamento dos juros da dívida externa de médio e longo prazo com os bancos comerciais, deixando de fora, portanto, os juros de empréstimos devidos às agências governamentais e multilaterais, bem como os empréstimos comerciais de curto prazo. No mesmo dia 20, os bancos foram informados oficialmente da medida por intermédio de telex enviado a William Rhodes, vice-presidente do Citibank e coordenador dos credores brasileiros. Ver *DHBB*.

em agosto de 1986, durou seis meses, e depois eles levaram um ano para recolocar gradualmente as contas em ordem. Já os números da reserva foram escamoteados até meados de novembro. O ministro da Fazenda não revelava a real situação, e foi Michael Gartenkraut, da assessoria econômica do presidente, quem descobriu o que estava acontecendo. Mostrou seus dados ao Ricúpero, e Ricúpero levou-os ao presidente. E aí o presidente do Banco Central[7] confirmou que o nível das reservas estava realmente muito baixo. Eu só vim a saber disso quase nas vésperas de partir.

O ministro Dilson Funaro escondia essa situação do presidente Sarney para evitar que ele tomasse uma iniciativa mais na linha do pessoal do Banco Central que, com Fernão Bracher à frente, estava mais disposto a negociar a dívida?

Ou por isso, ou para evitar a repercussão pública da revelação do fato de que nós estávamos "na lona", como se diz. As motivações eram difíceis de decifrar.

Nos Estados Unidos já se tinha essa informação, de que as reservas brasileiras eram muito menores do que se supunha e de que as estatísticas de exportação e importação estavam maquiladas?

Não. Nem a nossa embaixada sabia disso. Ao desembarcar em Washington, no carro até, antes de chegar à embaixada, contei aos dois ministros conselheiros esse fato e deixei clara a minha preocupação. Eles não sabiam de nada. Mas, uma semana depois de eu chegar, houve uma visita do

---

[7] No governo Sarney, foram presidentes do Banco Central Antônio Carlos Lemgruber (15/3/1985 – 27/8/1985), Fernão Bracher (28/8/1985 – 10/2/1987), Francisco Gros (11/2/1987 – 30/4/1987), Fernando Milliet (5/5/1987 – 8/3/1988), Elmo Camões (9/3/1988 – 21/6/1989) e Wadico Bucchi (22/6/1989 – 14/3/1990). Ver *DHBB*.

ministro do Exército, Leônidas Pires Gonçalves, que foi recebido com pompa e circunstância. No programa havia uma conferência na SAIS, que é a School of Advanced International Studies da Johns Hopkins University, na Massachusetts Avenue, e lá perguntaram, a ele e a mim, sobre dívida externa, reservas, moratória etc. Respondi que certamente não haveria moratória, só em última instância, mas quando terminei, o ministro Leônidas disse: "Eu gostaria de dar uma palavra sobre isso. Evidentemente o embaixador é muito diplomático, mas nós no Brasil decidimos que, se as reservas caírem abaixo de dois bilhões, vamos pedir a moratória." Quer dizer, já criou o ambiente. Nós estávamos às vésperas de uma negociação que iria ocorrer em janeiro de 1987 com o Clube de Paris, com o qual tínhamos grandes atrasos...

Na realidade, as palavras do ministro Leônidas e as suas expressavam posicionamentos pró e contra a moratória, não? Ao dizer que a moratória não estava sendo colocada, o senhor não estava trabalhando para que ela não fosse efetivamente pedida?

Certamente, para que não fosse pedida de uma maneira política. Naquele momento, eu já estava inclinado a crer que ela era quase inevitável, porque as nossas reservas estavam-se aproximando muito rapidamente do zero. Era mais um problema de resolvermos que moratória pediríamos do que se pediríamos, sim ou não. Eu achava que a moratória poderia ser negociada. Não ser unilateral.

A moratória deveria ser negociada, ou ser um instrumento de negociação?

Nós logo perdemos todo o cacife de negociação. Tínhamos dívidas com os bancos comerciais e com o Clube de

Paris. Em janeiro, por ocasião das negociações com o Clube de Paris, Funaro telefonou para o Baker e disse: "Temos que fechar a negociação, um fracasso seria terrível, me obrigaria a fazer a moratória. Ou vocês concordam ou eu faço a moratória." Baker achou que aquilo era um compromisso, que, se ele concordasse, não se faria a moratória, e menos de um mês depois se fez! Baker se sentiu traído. No Clube de Paris, realmente usou-se a moratória como instrumento de negociação, mas, depois que ela foi feita, o instrumento deixou de existir como ameaça.

Quanto a mim, eu preferia uma moratória negociada porque a moratória em si já é um confronto. Eu achava desnecessário adicionar a essa realidade um confronto político. Era algo que certamente iria deixar seqüelas, como deixou. Até recentemente nós pagamos um *spread* de dois pontos percentuais acima da Colômbia porque o episódio deixou uma lembrança amarga. Como não poderia deixar de ser, a moratória teve as piores repercussões possíveis. É bom lembrar que na cultura anglo-saxônica o Padre-Nosso tinha outra tradução. Na minha época, ao rezar o Padre-Nosso em português, dizia-se "perdoai as nossas dívidas", seguindo a versão da *Vulgata*. Depois mudou-se para a versão inglesa, que dizia *offences*. Não pagar, ser caloteiro, para eles, é impensável, é coisa muito séria. E a seriedade da situação foi acentuada porque Sarney queria utilizar a moratória como um fato político. Com isso, os credores e os observadores acharam que o Brasil tinha pedido a moratória não porque precisava, mas porque não queria pagar, por um ato de desafio. Quando, na verdade, nós pedimos simplesmente porque as nossas reservas tinham-se esgotado.

Quem, na equipe do ministro Funaro, lidou com o problema da dívida externa e da moratória?

O embaixador Álvaro Alencar e um economista que, apesar de bem-educado e bem preparado, às vezes radicaliza: Paulo Nogueira Batista Jr. Na verdade, Funaro tentou afastar a embaixada em Washington do circuito da dívida e deve ter-se ressentido quando Sarney a recolocou em cena. Como contei, cheguei a Washington em 23 de novembro; uma semana depois — portanto, no final do mês — esteve lá o ministro do Exército, e nos primeiros dias de dezembro eu tinha um encontro marcado com Paul Volcker. Mas telefonaram para o Volcker do Ministério da Fazenda dizendo que Funaro queria falar com ele sobre o Clube de Paris. Eles tomaram a hora que eu tinha e disseram: "Você não precisa ir." Quem diz "não precisa ir" não quer que vá, não é? Funaro e Bracher vieram a Washington, tiveram a reunião com o Volcker, e depois Bracher veio para a embaixada e disse: "Funaro foi fazer uma visita a uns parentes que estão doentes, mas depois fiquei de apanhá-lo com você no local onde estão essas pessoas para irmos para o aeroporto e ele lhe contar como foi a conversa com o Volcker." Fui com Bracher para o Hotel Madison e, quando estávamos lá, saiu o Larosière; cinco minutos depois, saiu Funaro. Quer dizer, em Washington, ele se reuniu com o diretor-gerente do Fundo num hotel...

É curioso Fernão Bracher ter participado disso, porque o Banco Central estava mais próximo da sua posição do que da do Ministério da Fazenda, não?

Exatamente. E isso ficou claro em um novo encontro que tive com Bracher em janeiro. Fiquei em Washington até 22 de dezembro, vim ao Brasil para o Natal, porque Maria Luiza, minha mulher, não tinha ido, estava fechando a casa aqui, empacotando coisas, e no dia 4 ou 5 de janeiro voltei para lá. E no avião estava o Bracher. Ele trocou de lugar com Maria Luiza, que estava ao meu lado, sentou-se e perguntou: "Eu sei que vocês têm uma regra, no Itamaraty, de mandar um telegrama secreto sobre tudo o que ouvem. Isso é uma regra inflexível?" Eu disse: "Depende..." E continuei: "Está bom, não ponho no telegrama." Ele contou: "Eu pedi demissão, porque estou vendo que o Funaro está levando a coisa com ares de confrontação e acho isso uma loucura."

Segundo o relato de Paulo Nogueira Batista Jr., a moratória foi preparada com meses de antecedência.[8] *E o senhor teve um sinal claro de que ela iria ocorrer apenas em janeiro de 1987.*

Sim. Mas é possível, realmente, que aquela coisa de esconder os números da reserva e da importação fizesse parte disso. É bem plausível.

O presidente Sarney estava a par dessa escalada em direção ao confronto, ou não?

Sim e não. Em parte, não. Ele não tinha os números, portanto não estava seguro. Tanto que nos primeiros dias de fevereiro, na véspera da moratória, ele telefonou para Washington e pediu que eu viesse incógnito a Brasília para conversarmos. Vim, fui a um jantar na casa do Funaro, uma casa no lago, meio abandonada, e aí vi que as propostas

---

[8]Paulo Nogueira Batista Jr., *Da crise internacional à moratória* (Rio de Janeiro, Paz e Terra, 1988).

eram de confrontação. A forma que eles propunham era violenta, era simplesmente rompermos os contratos. Não só deixarmos de pagar, mas não pagarmos mais. No dia seguinte, houve uma reunião no palácio com o presidente, Ricúpero e eu, e o presidente disse: "Vamos ter que fazer a moratória, é inevitável. Talvez possamos tirar algum dividendo político..." Ele queria colher dividendos políticos internamente, sem criar problemas externamente... Achava que a moratória poderia ter um efeito igual ao do Plano Cruzado, que todos iriam cerrar fileiras em torno daquela bandeira. Mas eu disse: "Olhe, presidente, tecnicamente, há certas coisas aqui que são realmente complicadas. Em comércio, em relações econômicas, isso de quebrar contratos, de banqueiro não pagar cheque, são coisas que não se podem fazer." Ele então pediu: "Se é assim, mude esse documento no que for preciso, e o que você e o Ricúpero propuserem eu levarei em conta." Havia um discurso e havia um telex que seria enviado aos bancos. Ricúpero e eu procuramos, com êxito parcial, retirar as bravatas e tornar a retórica mais coerente.

O relato de Paulo Nogueira Batista Jr., de que o senhor teria tentado demover o presidente Sarney da idéia de decretar a moratória, não corresponde então à realidade?

Não. Naquela altura, ela era inevitável. Além disso, é preciso lembrar que quando Bracher saiu do Banco Central, veio Francisco Gros, que é pessoa também ponderada, que trabalhou em banco — trabalhamos juntos no Unibanco —, trabalhou nos Estados Unidos, quer dizer, sabia que num banco há certas coisas que dá para fazer, e outras que não dá.

O ministro Funaro parece ter ficado bastante isolado dentro desse processo de declaração da moratória. Isso deve tê-lo fragilizado, tanto que a moratória foi em fevereiro e ele deixou o ministério em abril.

Ele se sentia fragilizado. O Cruzado II foi um desastre, a inflação já estava subindo. Ele não se fragilizou por causa da moratória, a moratória é que foi uma tentativa de reverter a fragilização.

Talvez, na atuação de Funaro, pesasse muito um dado de personalidade. Ele tinha uma personalidade um pouco messiânica, não?

Sem dúvida. Funaro era um estadista que tinha sido muito bem-sucedido no lançamento do Plano Cruzado. Era idealista, messiânico, mas talvez o súbito fracasso do Cruzado II o tenha feito perder o contato com a realidade. Ele teve, por exemplo, uma reunião com o Baker e voltou encantado para a embaixada: "A reunião foi fantástica!" Na realidade, o Baker tinha sido muito duro: "O senhor devia era estar em casa, tratando da inflação!" E ele dizia: "Mas que reunião boa! O Baker gosta mesmo de mim." Ele acreditava sinceramente que o Baker, homem objetivo, quase frio, gostava dele.

O senhor se lembra de um personagem que também esteve envolvido nas negociações da dívida nessa época e que era chamado de "pombo-correio"?

Sim. Chamava-se Edwin Yo, tinha sido subsecretário do Tesouro, era uma espécie de assessor do Paul Volcker e era ligado também ao Larosière. Tanto que, naquela reunião do Hotel Madison, ele também estava lá com o Larosière. Eu soube do nome dele porque, naquele dia em que eu devia chegar a Brasília incógnito, eles mandaram um aviãozinho da Líder me apanhar no Rio, e o piloto disse: "Ah, hoje de manhã, eu trouxe de Brasília para o Rio um sujeito, Edwin Yo, que foi falar com o ministro Funaro..." Quer dizer, era uma coisa um pouco estranha, porque eu achava que a moratória deveria ser negociada, Funaro achava que não, mas ao mesmo tempo mandou chamar o pombo-correio do Larosière e do Volcker. Era um pouco contraditório, não é? Funaro estava tentando negociar por canais não diplomáticos. Esteve com o tal Edwin Yo não só no Hotel Madison, como também, na véspera da moratória, em Brasília.

Foi dito que esse personagem, já prevendo a moratória, às vezes jogava duro, ameaçava. Havia isso?

Havia. Cheguei, depois, a ter uma reunião com ele. Ele só se reunia nesse Hotel Madison. E era assim: ou ameaçava ou prometia coisas inacreditáveis. "Há no Congresso uma grande sensibilidade em relação à dívida, vocês vão conseguir..." Era aquela coisa de *sticks and carrots.* Ele oferecia umas cenouras extraordinárias ou então ameaçava com pauladas.

No livro O outro lado da moeda, *Eric Nepomuceno descreve um encontro do ministro Funaro com Edwin Yo nos Estados Unidos que parece filme de 007. O personagem passa por Funaro no* hall *do hotel, entra no elevador, Funaro vai atrás, no elevador eles travam uma conversa rápida...*[9]

O episódio relatado por Eric Nepomuceno é o mesmo do encontro do Funaro com o Larosière a que me referi há

[9]O livro foi publicado em São Paulo, pela Siciliano, em 1990.

pouco. Edwin Yo tinha uma suíte no Hotel Madison, mas, realmente, nunca estava registrado. Quando se queria falar com ele, tinha-se que deixar um recado ou marcar um encontro "casual", como o descrito por Nepomuceno. O que ele não revela, entretanto, é que naquela tarde o Larosière estava na suíte do Yo.

Supostamente, esse personagem seria o porta-voz do governo norte-americano e do FMI. Coisas difíceis de serem ditas, ou muitas promessas, ou muitas ameaças, ele diria informalmente.

É. Mas no Brasil ele era tratado a pão-de-ló: avião da Líder etc. Depois, ele desapareceu, saiu inteiramente de circulação. Camdessus,[10] quando assumiu o lugar do Larosière no Fundo, não o utilizava, ou então o utilizava muito mais discretamente. Acho que só quando o Volcker saiu ele realmente desapareceu.

Há um outro pequeno episódio dessa época que eu acho folclórico, mas que o Funaro levou muito a sério. É o seguinte: no meio daquela confusão, em fevereiro ou março, me telefona o Ricúpero e diz: "Tem um camarada aqui, mandado pelo Jorge Murad, que insiste em uma tese heterodoxa para a dívida. Será que você o receberia se ele fosse aí?" Eu disse que sim, claro, e ele foi. Era dono de uma *trading* e disse: "Eu tenho um plano de umas zonas de exportação, umas áreas de comércio livre. Nós poderíamos fazer a conversão de parte da dívida em investimentos nessas zonas de exportação, e as divisas recebidas em pagamento dos produtos exportados ficariam *earmarked* para pagar a

---

[10]Michel Camdessus foi diretor-gerente do Fundo Monetário Internacional a partir de fins de 1987. Em novembro de 1999, anunciou sua disposição de encerrar prematuramente seu terceiro mandato de cinco anos em fevereiro de 2000, mas só foi substituído em maio, por Hoerst Köehler.

dívida." Era uma idéia um tanto sem pé nem cabeça, e eu disse: "Acho que isso não tem viabilidade, mas também não quero julgar. Você teria que perguntar a algumas pessoas aqui, não congressistas, mas assessores dos congressistas. O Federal Reserve tem uma lista de quatro ou cinco nomes. Tente falar com eles." Nem fiz os contatos, porque realmente não tinha nenhuma viabilidade. Mas Funaro soube dessa história, sobre a qual não havia aliás nenhum segredo, e achou, pois alguém lhe disse isso, que era um plano meu ou do presidente para *undermine* o plano dele. O que era totalmente sem fundamento.

Mas, afinal, Jorge Murad era marido da Roseana Sarney e secretário particular do presidente...

Mas eles queriam se ver livres daquele homem! E sempre existe isso, pessoas que o procuram dizendo: "Ah, eu tenho um assunto que é do seu interesse..." Enfim, pouco antes de o Funaro morrer, encontrei-o na Universidade de Campinas e lhe disse, referindo-me a esse episódio: "Puxa, Funaro, você fez umas declarações..." Ele respondeu: "Foi o que me contaram, uma fonte do governo americano confirmou..." Funaro talvez pensasse que eu queria ser ministro da Fazenda e que o presidente estava preparando isso. Ele expressou isso de maneira indireta, mas inequívoca. Estava com isso na cabeça. Como, depois, Bresser também, me parece. Os jornais diziam muito que, no fundo, eu tinha sido enviado para Washington como um primeiro passo para chegar ao ministério.

Demorou um pouco, mas acabou acontecendo... Não era tão impossível assim.

Quando aconteceu, foi uma surpresa. E nesse momento Sarney realmente fez várias declarações de apoio à minha designação, dizendo que quando o Funaro saiu chegou a pensar em me nomear, mas convidou o Tasso Jereissati, e no final o PMDB impôs o Bresser. É possível, portanto, que ele tenha falado nisso. Uma ocasião ele próprio me disse que tinha me poupado, porque sabia que eu preferia ficar em Washington a ser ministro da Fazenda naquelas circunstâncias. Enfim, não era uma hipótese delirante, mas não correspondia ao meu desejo.

Planos para a dívida

Quando assumiu o Ministério da Fazenda, Bresser Pereira tinha a intenção de pôr fim à moratória. Ele até diz, no seu relato,[11] *que os bancos comerciais eram adversários, mas não inimigos. E reivindica ter lançado a idéia da "securitização" da dívida, de transformação de títulos da dívida antigos em títulos novos. O primeiro a levantar essa idéia foi realmente o ministro Bresser?*

Sim e não. Vou contar o que houve, segundo a minha visão, evidentemente. Mas uma parte é fato. Em junho ou julho de 1987, Bresser foi a Washington, e nós elaboramos um programa de visitas. Achamos que era importantíssimo ele ter como aliado o Congresso, e a primeira entrevista que marcamos foi com o senador Bill Bradley, da Pensilvânia,

[11] Luís Carlos Bresser Pereira, "Experiências de um governo", *Cadernos de Conjuntura* nº 16, Rio de Janeiro, Iuperj, dez. 1988. Ver também, do mesmo autor, "Contra a corrente no Ministério da Fazenda", *Revista Brasileira de Ciências Sociais* nº 19, ano 7, jul. 1992.

depois candidato a candidato a presidente pelo Partido Democrata. Bradley, que aliás era formado em Princeton, onde se tinha tornado conhecido como jogador de basquete e tinha sido colega de turma de Francisco Gros, já vinha defendendo a idéia da securitização da dívida, com abatimento. Havia outros que defendiam a mesma proposta — por exemplo, Jim Leech, deputado republicano, depois presidente da Comissão de Finanças da Câmara; Charles Schumer, deputado e mais tarde senador por Nova Iorque; na área acadêmica, Jeffrey Sachs, professor de Harvard —, mas Bradley era o porta-voz mais credenciado. Bresser, evidentemente, não tivera a oportunidade de ter conhecimento disso, mas Sérgio Amaral, que ainda trabalhava na embaixada, tinha preparado para ele um dossiê com os discursos do Bradley. Quando o Bresser chegou para a entrevista, e o Bradley disse a ele que tinha essa idéia, Bresser respondeu que a achava muito boa. Bradley ainda disse: "Mas tem uma coisa, ministro: muitos outros ministros têm vindo aqui, acham a idéia ótima, e depois, quando vão embora, dizem o contrário." Bresser retrucou: "Não, eu vou tomar essa idéia a peito." E, de fato, começou a trabalhá-la.

Consegui, então, com um amigo meu que é muito ligado aos austríacos, Curtis Hoxter, um convite para o Bresser ir a uma reunião em Viena no dia 4 de setembro de 1987. Seria uma reunião com grande presença do Congresso americano, inclusive do Bradley. Bresser disse: "Só vou se você for também." Fomos, e na reunião o Bresser fez um discurso em que pela primeira vez falou em securitização com abatimento. Mas a diferença da proposta dele, em relação à proposta que o Brady faria depois, é que não havia garantias adicionais, e então o problema, que eu tentei explicar — uma semana antes de Viena houve uma reunião no México, um café da manhã com Sarney —, era que, se você procurasse securitizar uma dívida brasileira num banco por meio da emissão de um título de dez anos, e pedisse um desconto de 30% por conta do risco Brasil, o novo título iria imediatamente incorrer, no mercado, numa nova desvalorização de 30%, porque continuava a existir o mesmo risco, e assim você chegaria praticamente a zero. Enquanto, se houvesse uma garantia total do principal, e uma garantia ano a ano da rolagem dos juros, aí faria sentido obter o desconto, porque você estaria trocando a sua dívida por um título mais sólido.

Logo depois de Viena, Bresser foi pela segunda vez aos Estados Unidos e, no dia 8 de setembro, apresentou seu plano ao Baker. Foi aí que o Baker disse: "Mas isso é um *nonstarter...*" Aliás, em relação a esse episódio, é preciso dizer que houve duas coisas: primeiro, Baker foi muito discreto, muito elegante, porque não disse isso diante de ninguém além do Bresser. Quando fomos vê-lo, ele pediu o chamado *one-on-one* com Bresser, e foi aí que usou a palavra *nonstarter*. Foi o Bresser, depois, quem contou isso para a imprensa e disse que tinha "recuado um pouquinho". Declarou também que, "apesar disso, o Baker disse que ia estudar" a proposta. Ao tomar conhecimento de que o assunto havia vazado para a imprensa foi que o Baker deu a sua declaração, de que não havia prometido nada.

Também segundo o relato do ministro Bresser, o senhor teria considerado a proposta de securitização muito inovadora, fora de hora.

Não. Não é que fosse inovadora, é que ela não fechava matematicamente. Faltavam — foi o que depois se procurou, e o Brady adicionou — garantias.

Nos anos 70, tinha-se tentado articular um cartel dos países devedores, coisa que não aconteceu. Depois, Bresser Pereira tentou reviver a idéia articulando o chamado G-3.

Seriam Brasil, Argentina e México. Mas aí entrava o que se convencionou chamar "o dilema do prisioneiro",[12] tema que Celso Lafer tem retomado em vários ensaios. Quando o Brasil era mais confrontacionista, a Argentina acabava levando vantagem. Acho que a Argentina se aproveitou disso, e o México também. Realmente, houve a esperança de uma frente única de devedores no período Funaro-Bresser, chegou a haver contatos com o Sourrouille, ministro do Alfonsín, que chegou a enviar um representante num avião militar argentino para tentar um acordo, mas a coisa não prosperou. Nunca houve realmente um cartel dos devedores. O que houve crescentemente, e foi útil, foi um fluxo de informações entre as delegações e entre os ministérios. Houve reuniões em Washington em que eram porta-vozes principais, do México, o mais tarde chanceler e ministro da Fazenda José Angel Gurria e, da Argentina, Daniel Marx, depois vice-ministro da Economia. Havia troca de informações e às vezes até um apoio mútuo, porque a nenhum dos três países interessava o fracasso das negociações. A posição, na verdade era mais defensiva do que ofensiva.

---

[12]Conceito oriundo da teoria dos jogos que se aplica a uma situação de interação estratégica entre dois (ou mais) jogadores. Dois "prisioneiros" (jogadores) estão detidos em celas diferentes, sob a acusação de assalto à mão armada, e permanecem incomunicáveis. A evidência da culpa de ambos no delito em questão só pode ser obtida mediante uma confissão dupla; caso contrário, serão sentenciados apenas por porte ilegal de armas. Se ambos confessarem o assalto, a pena será reduzida para os dois. Se apenas um confessar, será libertado, enquanto o outro cumprirá a pena integral. O "dilema do prisioneiro" consiste no fato de que, de um ponto de vista racional, a melhor opção para ambos seria a de não confessar, mas o fato de que não podem se comunicar, somado à incerteza quanto ao comportamento do parceiro (que pode confessar sozinho), acaba levando os jogadores a preferirem uma opção subótima — ambos confessam. O modelo do "dilema do prisioneiro" tem sido extensivamente utilizado para descrever e explicar o comportamento de atores em negociações internacionais na área comercial, financeira, militar etc. Ver Iain Mclean, *The Concise Oxford Dictionary of Politics* (Nova Iorque/Oxford, Oxford University Press, 1997).

A entrada no Ministério da Fazenda, no final do governo Sarney, de Maílson da Nóbrega, reconhecidamente um tecnocrata, representou uma tentativa de despolitizar a questão da dívida, de privilegiar uma postura mais negociadora?

Acho que sim. Claramente. Não só a entrada do Maílson, como a escolha do negociador da dívida, Sérgio Amaral, que era a pessoa da embaixada em Washington que tratava de dívida externa — a tese dele para o CAE[13] foi sobre a negociação da dívida. Além disso, como ficou sobejamente comprovado quando Sérgio Amaral se tornou porta-voz da Presidência,[14] ele não coloca nada dele no que diz, apenas transmite. É um servidor público por excelência. As negociações no Comitê de Bancos eram difíceis, e ele conseguiu, de fato, despolitizar, tirar qualquer lado eventualmente agressivo.

Quem escolheu Sérgio Amaral como negociador?

O próprio Maílson, que tinha sido secretário-geral do Bresser e conhecia o Sérgio Amaral porque ele tinha acompanhado, assim como eu, toda a negociação do Bresser. Maílson escolheu também Arnim Lore, depois diretor financeiro da Varig, para diretor da área externa do ministério. Arnim Lore tinha trabalhado comigo no Unibanco, mas não fui eu que o indiquei.

O senhor chegou a conversar com o presidente Sarney sobre a escolha do próprio ministro Maílson?

---

[13]Curso de Altos Estudos do Instituto Rio Branco.
[14]Sérgio Amaral foi porta-voz da Presidência da República durante o primeiro governo de Fernando Henrique Cardoso (1995-1998).

Não. Eu não conversava sobre nomes. Inclusive porque, para mim, que preferia continuar como embaixador, era muito perigoso falar em nomes. Resisti à grande tentação.

Quando o ministro Maílson assumiu, houve alguma recomendação para que fossem mudadas as estratégias de negociação da dívida?

A grande diferença acho que foi de tática, de postura, mais do que de estratégia: em vez de tentar a via da confrontação, trilhar a via do diálogo. Não houve uma inovação muito grande em relação à estratégia. O acordo que Maílson negociou em 1988 foi um acordo típico da época.[15]

Comenta-se que, no final, o acordo de reestruturação da dívida em 1988 teria ficado mais próximo da proposta do Comitê dos Bancos do que da proposta inicialmente feita pelo Brasil. Se foi assim, isso refletia uma certa falta de poder de barganha? Ou foi uma maneira de ceder no curto prazo para, no longo prazo, recuperar a imagem do país e retomar as relações com o mercado financeiro internacional?

É muito difícil comparar o final da negociação com o começo, porque a proposta inicial é sempre para ser negocia-

[15]Concluído em 1º de julho de 1988, o acordo firmado entre o Brasil e o FMI previa um financiamento de até 1,4 bilhão de dólares para o país e estabelecia uma série de compromissos a serem observados pelo governo brasileiro, entre eles a manutenção das reservas internacionais, a elevação do superávit da balança comercial e o cumprimento de metas de inflação e de contenção do déficit público. O acerto com o FMI seguramente contribuiu para o encerramento de uma longa negociação entre o governo e os credores estrangeiros. Em setembro de 1988 Maílson da Nóbrega assinou em Nova Iorque um programa de reestruturação da dívida externa de médio e longo prazo, permitindo ao Brasil o alongamento em 20 anos, com oito de carência, dos prazos de pagamento do principal da dívida que venceria até 1993. As autoridades brasileiras também acertaram a renovação de linhas de crédito de curto prazo e um empréstimo de 5,2 bilhões de dólares para o pagamento de parte dos juros de 1988 e 1989 e de débitos pendentes em decorrência da moratória — débitos esses que já vinham sendo quitados desde janeiro de 1988, quando Maílson anunciou o retorno do país à comunidade financeira internacional. Ver *DHBB*.

da. O que se deve comparar, acho, são as relações com os outros países. E aí se vê claramente que o acordo que foi assinado com o Maílson era melhor do que o assinado com o México, em termos de taxas, de prazos e de outras condições. Foi um avanço. Na verdade, sempre se tentava melhorar sobre as negociações com o México e com a Argentina, e isso criava ciumeiras. Entre Brasil e Argentina, mais do que um eventual cartel, havia ciúmes. Se conseguíssemos uma taxa muito melhor, o pessoal lá estrilava. Por isso os avanços eram mais ou menos graduados.

O Brasil chegou a sair da moratória após o acordo de 1988, mas entrou de novo pouco depois, não?

Sim. O Brasil começou a pagar, porque houve na época mega-superávits comerciais, mas pouco depois, em torno de maio de 1989, as nossas reservas começaram a baixar, e aí houve uma segunda moratória, uma moratória branca, não declarada. No fim do governo Alfonsín, as reservas da Argentina acabaram, e isso levou à hiperinflação. Mais tarde, Sarney encontrou com Alfonsín, que lhe disse: "É um conselho que lhe dou, e acho que você deve ser intransigente: não deixe as reservas baixarem a zero, porque você perde qualquer possibilidade de negociação e de controle da situação."

Esse tipo de moratória branca era algo mais ou menos usual?

Era uma coisa mais aceitável do que aquela moratória agressiva. Quem estava no setor de câmbio era o Arnim Lore, e ele também abriu para os bancos credores a possibilidade de conversão da dívida em investimento. Isso amaciou. Acabou levando a alguns abusos, mas também levou ao abatimento da dívida e acalmou a pressão.

Quem transmitia mais diretamente essa pressão? Quem era o principal interlocutor nas negociações nos Estados Unidos?

Como já disse, meu interlocutor mais freqüente era David Mulford, subsecretário do Tesouro, a quem eu já conhecia, e com quem eu tinha uma relação de confiança. O Mulford era muito duro, um negociador difícil, às vezes áspero, mas tinha a grande vantagem de ser um *deliverer*: quando dizia que fazia, fazia, entregava a mercadoria. Isso aliás ficou muito patente nesse acordo do Maílson. No fim, a assinatura do acordo atrasou alguns dias, e foi necessário um empréstimo-ponte do Tesouro. Maílson estava em Tóquio, consegui falar com ele pelo telefone, e ele me autorizou a negociar, o que fiz. O Mulford disse: "Agora eu preciso de uma garantia." Pensei que a coisa fosse complicar, mas ele continuou: "Basta você me escrever uma carta como embaixador, dizendo que é intenção do governo brasileiro pagar." Negociou 500 milhões de dólares na base de uma carta minha dizendo que essa intenção existia...

Agora, quando havia alguma ameaça mais séria do Mulford, em geral havia uma aliança entre o Brasil e os bancos comerciais. Aí o interlocutor era o Bill Rhodes, presidente do Comitê dos Bancos. Depois ele deixou de ser presidente, formalmente passou a ser outro o presidente, mas era ele, de fato, a pessoa que negociava. Havia todo um jogo de alianças. Às vezes os bancos se aliavam claramente conosco para fazer com que o Fundo Monetário fosse mais flexível e aceitasse um acordo com o Brasil; outras vezes, se aliavam ao Fundo para forçar o Brasil a fazer uns pré-pagamentos. Eles achavam que ter um acordo com o Fundo tinha duas vantagens: uma era que o Fundo também jogava com eles; a outra era que o Fundo influía na classificação dos devedores feita pelo Icoerc, o Interagency Country Exposure Risk Committee. O Icoerc tinha quatro critérios para a reclassificação, e um deles era o país ter um acordo com o Fundo.

O Plano Brady, que já foi mencionado aqui, foi lançado, e com sucesso, em 1989, dois anos após o ministro Bresser Pereira ter apresentado seu plano de securitização. Além do conteúdo dos dois planos, outras coisas também mudaram nesses dois anos, não? A começar pelo governo americano.[16]

Sim. Entrementes, assumiu o Bush, que nomeou Brady secretário do Tesouro e pôs o Baker como secretário de Estado. Ou seja, o secretário do Tesouro deixou de ser um político, como era o Baker, para ser um homem de Wall Street, um homem de mercado, como era o Brady, que sabia que a securitização tinha que ter uma garantia colateral mas que, em compensação, passou a admitir o abatimento das dívidas como reflexo dos *spreads* de mercado.

Em todo esse processo de negociação da dívida, qual foi o papel do Itamaraty? O Itamaraty apenas recebia as informações que o senhor mandava ou tentava influir no encaminhamento das negociações?

O Itamaraty realmente não teve uma atuação própria. Acho que pela primeira vez ele foi informado das coisas, porque eu dava a eles as informações para que as transmitissem ao presidente. Às vezes passava a notícia diretamente ao presidente, mas em geral o fazia por meio do Itamaraty. Eles ao menos passaram a tomar parte no diálogo.

---

[16]A solução duradoura para o problema da dívida só começou a ser encaminhada a partir de 1989, já durante a administração de George Bush (1989-1993), com o lançamento do chamado Plano Brady, sob os auspícios do então secretário de Tesouro dos EUA, Nicholas Brady. O Plano possibilitava a redução do estoque da dívida dos países devedores mediante sua troca, com desconto, com certas garantias colaterais. Ver Reinaldo Gonçalves, *op. cit.*

Mas não eram formuladores de propostas.

Não, porque não tinham, realmente, pessoas que pudessem formular. Havia uma divisão financeira, mas essa divisão, tradicionalmente, sempre foi mal preparada. E, depois, havia grupos diferentes dentro do Itamaraty. O embaixador Álvaro Alencar, por exemplo, que foi o negociador em Paris, representava o lado confrontacionista. Chegaram a dizer que, quando acabou a negociação, ele teria dado uma banana para o pessoal do Clube de Paris. Não sei se isso ocorreu ou se é apenas uma metáfora, mas recebi queixa a respeito, a que não dei prosseguimento.

O contencioso da informática

Ao chegar a Washington, outro grande problema que o senhor teve de enfrentar, um problema que já estava em curso, foi o da informática. Em setembro do ano anterior, o presidente Reagan havia anunciado sua disposição de, com base na chamada Seção 301 da Lei de Comércio americana, iniciar investigações sobre supostas práticas desleais de comércio que estariam sendo adotadas pelo Brasil em função da lei de reserva de mercado na informática, em vigor desde 1984.[17] *Como o senhor viu a decisão do governo Reagan de anunciar o início da investigação num dia 7 de setembro? Não podia ser uma data mais infeliz...*

---

[17]As reclamações norte-americanas referiam-se especialmente à utilização pelo Brasil de *software* sem um regime apropriado de proteção ao *copyright*; à existência de uma lista de produtos e bens cuja importação era obstruída pela reserva de mercado e, ainda, à imposição de barreiras aos investimentos americanos no setor de informática. A conclusão das investigações estava prevista para 16 de setembro de 1986, quando o governo norte-americano poderia decidir pela aplicação de retaliações comerciais contra exportações brasileiras para os Estados Unidos. Contudo, a abertura de intensas negociações diplomáticas entre os dois países em 1985 e 1986 acabou por adiar esse prazo para 30 de dezembro. Ver Tullo Vigevani, *op. cit.*

Exatamente. Mostra o lado canhestro da política externa americana. Eles fazem repetidamente gafes inexplicáveis. Essa, certamente, foi uma. Foi quase como dar de presente um motivo para reagirmos. O próprio instrumento, a Super 301, já é truculento, não tem nenhuma *finesse*. Os efeitos são muitas vezes contraditórios e até contraproducentes. Seria difícil julgar *a posteriori*, mas acho que isso retardou a solução do problema. Se tivessem agido com um pouco mais de diplomacia, teria sido mais fácil.

A decisão do governo norte-americano de abrir um processo de investigação expressava, como foi dito na época, a intenção deliberada de boicotar a tentativa do Brasil de aumentar sua capacitação tecnológica e assim mudar sua inserção internacional, ter mais poder de negociação?

Se foi essa a intenção, foi um equívoco. A não ser que eles tenham comprado o nosso equívoco, o que às vezes acontece. A reserva de mercado foi um grande equívoco brasileiro, inclusive porque era uma reserva da máquina, era uma reserva do *hardware*, partindo do princípio de que o *hardware* era mais importante do que o *software*. Esse era realmente um caminho sem saída, e o resultado foi que nós nos atrasamos enormemente.

Mesmo equivocada, a reserva de mercado não visava a uma busca de autonomia?

Era uma busca muito equivocada, e um pouco herdeira do nosso modelo econômico do pós-guerra, que privilegiava o investimento de capital físico em detrimento do investimento em capital humano. Dentro dessa concepção, realmente, a máquina, o *hardware*, era mais importante do que o *software*. A Índia saiu pelo caminho inverso e hoje é uma das grandes exportadoras mundiais de *software*. E também capacitou as pessoas. Outro dia estive com um homem de negócios indiano, e ele me disse que tinha 40 mil pessoas trabalhando em *software* na companhia dele. Lá os números são inacreditáveis.

Agora, também é preciso levar em conta que na informática houve vários tipos de pressão. Pode ter havido um problema de política geral, mas houve também pressões das empresas. A Apple, por exemplo, era muito aguerrida. A IBM era menos, tinha o Robeli, brasileiro, como diretor do departamento latino-americano, que tentava moderar as coisas. Por quê? Porque a IBM foi, possivelmente, a maior beneficiária da nossa política. Estava aqui, tinha os grandes computadores e também aqueles intermediários, não tinha o micro, e teve uma reserva de mercado! Maravilha, não é? Se forem observados os lucros da IBM no período, ver-se-á que foram fantásticos, porque eles podiam praticar os preços que quisessem. Agora, a Apple, ao contrário, não estava aqui, e houve um fabricante que copiou, por engenharia reversa, o MacIntosh. Eles não tinham permitido isso em nenhuma parte do mundo. Acabaram, aliás, conseguindo que a SEI descredenciasse a tal empresa, porque de fato era uma cópia. Havia também esse problema, que era o da pirataria de *software*: as empresas não se davam nem ao trabalho de apagar os dizeres "este produto é licenciado para", simplesmente jogavam a coisa em cima. As cópias eram muito canhestras. Havia esse lado também.

A impressão que se tem é de que, na questão da informática, havia no Brasil uma disputa muito forte entre as burocracias: de um lado, havia uma ala mais nacionalista, representada pela SEI e pelo Ministério da Ciência e Tecnologia; de outro, uma área representada pelo Ministério das Comunicações e pelo Itamaraty, mais favoráveis a negociações. Em que medida seu trabalho nos Estados Unidos era obstaculizado pelas pressões das agências burocráticas brasileiras?

Naquela época, eu não tinha uma interface tão constante com os diversos interlocutores, a não ser com o Ministério das Relações Exteriores, que estava realmente em claro embate com o Ministério da Ciência e Tecnologia. Mas eu também tinha relações muito boas no Ministério da Ciência e Tecnologia, tanto com Renato Archer quanto com Luciano Coutinho, secretário-geral, e com Celso Amorim, assessor internacional do ministro, de modo que isso facilitou. Mas eu tinha que administrar isso com diplomacia, porque senão o Itamaraty ficava abespinhado.

O senhor assumiu a embaixada em Washington num momento quase que de trégua no contencioso da informática, já que os Estados Unidos haviam decidido adiar as retaliações até dezembro.

Cheguei lá em 23 de novembro, e o prazo era até 30 de dezembro de 1986, portanto eu tinha apenas cinco semanas para resolver tudo. Foi muito compactado.

Em dezembro, o presidente Reagan anunciou sua decisão de prorrogar as investigações por mais seis meses. O governo bra-

sileiro cedeu em alguns pontos, e o governo americano acabou por fragmentar suas exigências: pediu a descentralização do poder da SEI, que era o elemento mais nacionalista na discussão, indicou uma lista de produtos que poderiam ficar fora da reserva de mercado...[18] *Essa estratégia funcionou?*

Acho que funcionou, porque, primeiro, afastou uma ameaça muito grosseira e com isso arrefeceu um pouco o ímpeto nacionalista — é um problema de física: pressão e contrapressão. Acho que, de fato, ajudou a desarmar os espíritos e acabou facilitando a negociação. Ainda que fragmentariamente, acabaram acontecendo acordos. Resolveram-se problemas de *copyright*, o problema com a Apple, problemas em geral de propriedade intelectual.

Qual foi a reação da ala mais nacionalista a essa estratégia de fragmentação das demandas?

Ficava difícil para eles ser contra, porque o governo americano, aparentemente, estava cedendo, ao adiar, como adiou em 30 de dezembro, mais uma vez, a aplicação das sanções. E seis meses depois isso acabou sendo desarmado.

Mas logo a seguir houve a reabertura do processo, quando a SEI criou um problema com a Microsoft.[19] *O senhor chegou a*

---

[18] O governo brasileiro demonstrou sua disposição de atender a algumas das reivindicações norte-americanas ao enviar ao Congresso, em 9 de dezembro de 1986, um projeto de lei que instituía a proteção ao *copyright* de *software*. Tal projeto foi aprovado pela Câmara dos Deputados em 24 de junho de 1987, às vésperas, portanto, do novo prazo para a conclusão das investigações. Como resultado, em 30 de junho Reagan anunciou a suspensão das investigações na parte referente à propriedade intelectual e à importação de produtos de informática, mas manteve e mais uma vez prorrogou aquelas referentes às barreiras aos investimentos. *Idem, ibidem.*

[19] Em setembro de 1987, um novo agravamento do contencioso Brasil/Estados Unidos teria lugar com o anúncio, no dia 23, da decisão da SEI de proibir a comercialização do programa MS/DOS, da Microsoft, com base na alegação da existência de similar nacional — o programa Sisne, da empresa brasileira Scopus. A reação norte-americana se faria sentir em 13 de novembro, quando o presidente Reagan anunciou a possibilidade de impor sobretaxas às exportações brasileiras para os Estados Unidos no valor de US$ 105 milhões, que corresponderiam ao montante do prejuízo das empresas americanas no mercado brasileiro devido aos obstáculos criados pela reserva de mercado. *Idem, ibidem.*

ser procurado por representantes da empresa, no sentido de explicar o que estava acontecendo, o porquê da mudança na posição brasileira?

Acho que eles me procuraram, com um advogado especialista em patentes chamado Sherwood. Como eu disse num artigo que escrevi, negociar com os brasileiros é mais difícil do que negociar com os americanos... Certamente, não estávamos sendo muito coerentes. Mas o que acontecia, de modo geral, era que as negociações da informática não eram conduzidas em Washington. O problema foi tão agudo que as reuniões não eram feitas nem no Brasil. Era o Paulo Tarso que se reunia com o Clayton Yeutter, antecessor da Carla Hills no USTR, uma vez no México, outra na Venezuela... Dizia o meu antecessor, Sérgio Correia da Costa, numa famosa entrevista à imprensa — que ele disse que foi *off the record* mas foi publicada —, que não só as reuniões eram em território neutro, como nem a palavra computador podia ser utilizada. Falava-se em "bananas"... Em Washington, realmente, toda vez que havia um *deadline,* as coisas ficavam mais quentes, mas o *locus* da negociação não era lá. Por isso participei menos. Acompanhei mais, depois, a negociação das patentes farmacêuticas, que foi conduzida muito mais por Washington.

Uma coisa curiosa é que a área de informática, que era mais carregada de uma conotação nacionalista, de defesa da soberania, foi no entanto aquela onde houve mais concessões, se comparada à área das patentes farmacêuticas. E foi também a área onde os problemas se resolveram mais rápido, ainda no governo Sarney.[20] *Por que isso?*

---

[20]A nova etapa de negociações diplomáticas aberta em 1987 terminou por levar à suspensão da ameaça norte-americana de sanções comerciais e ao encerramento definitivo das investigações contra o Brasil em 6 de outubro de 1989. Para tanto, contribuíram decididamente, em primeiro lugar, a atuação do Conselho Nacional de Informática (Conin) que, em 20 de janeiro de 1988, julgando favoravelmente um recurso impetrado contra a proibição da SEI, autorizou a comercialização do MS/DOS em sua versão 3.3, mais atualizada; e, em segundo lugar, a sanção (em 18 de dezembro de 1987) e a regulamentação (em 12 de maio de 1988) da lei do *software.* Na prática, estava assegurada a crescente flexibilização da reserva de mercado, que seria finalmente extinta em 29 de outubro de 1992, no prazo original previsto pela lei de 1984. *Idem, ibidem.*

Acho que a área farmacêutica interessava diretamente, basicamente, à indústria farmacêutica, enquanto a de informática interessava, no Brasil, a todo o setor industrial. A indústria automobilística, por exemplo, estava ficando inteiramente obsoleta. Você tinha que ter carburador, porque injeção eletrônica era considerada um computador, já que utilizava um *chip*, ou seja, um microprocessador...

Quer dizer que os lobbies *para a resolução do problema da informática no Brasil eram mais fortes?*

Eram mais fortes, faziam pressão. A indústria de bens não-duráveis, a indústria de equipamentos, todas essas estavam realmente sofrendo muito, porque tudo entrava na lista de proibições. Entravam, por exemplo, aqueles equipamentos de medição, que não eram realmente um computador, e que são importantíssimos para qualquer indústria mecânica fina. Tudo estava sendo abrangido, e havia realmente uma contrapressão do usuário. O contrabando era enorme, de micros e outros. Na verdade, naquela época havia um contencioso de que as pessoas esquecem, que era o contencioso geral do fechamento comercial. Os Estados Unidos estavam ameaçando retirar do Brasil as vantagens do SGP, o Sistema Geral de Preferências, por causa do fechamento, por causa da resistência às importações. E estavam bloqueando todos os nossos empréstimos no Banco Mundial. A pressão era generalizada. O USTR era obrigado, a cada ano, a fazer uma espécie de listagem dos países que estavam mais fechados, menos abertos, que impunham obstáculos mais gerais ao comércio. A Super 301 era um instrumento setorial, mas havia outros, em que as sanções eram de outro tipo, como a retirada do SGP.

Em relação às ameaças de retaliação, o Brasil teria sido um test case? *Ou seja, mesmo havendo problemas com outros países, o que acontecesse no Brasil era importante porque serviria de exemplo?*

Sim. Eu escrevi, num dos textos que publiquei, que o Brasil era suficientemente grande para ser um país exemplar e suficientemente fraco para não poder retaliar — ao contrário da Comunidade Européia. Eles impunham sanções, e o Brasil não tinha poder de fogo retaliatório. Mas tinha condição exemplar. Não adiantava ir contra o Chile, por exemplo. *Who cares?* Já se fosse o Japão, ele contra-atacaria, pois tem os bônus americanos em carteira.

A seu ver, os resultados da negociação da informática atenderam aos interesses do Brasil?

Acho que sim. Acho, inclusive, que é um equívoco pensar que fizemos a abertura para agradar aos nossos parceiros comerciais. Reduzimos as tarifas, até mesmo as barreiras não tarifárias, não para beneficiar o outro. O grande beneficiário da abertura foi o próprio país. A tese de que tudo tem que ser negociado com vagar tem seus limites, porque, se levar muito tempo, o próprio país é prejudicado. Era o caso da informática: quanto mais tempo levasse o fechamento, mais ficava prejudicada a indústria automobilística, a indústria de capital, a educação. No caso da informática ou da indústria farmacêutica, isso era muito claro, não havia dúvida. Em um ou outro caso de uma indústria nascente talvez as coisas não funcionem assim, mas acho que são mais exceções do que regras.

Ainda no que se refere à informática, o Itamaraty como um todo aparece como favorável à mudança da lei de reserva de mercado. Internamente, havia consenso em relação a isso?

Não. Acho que dentro do Itamaraty também havia grupos diferentes, facções mais aguerridas e menos aguerridas. As aguerridas o eram mais por estilo do que por convicção. Por exemplo, Paulo Tarso é uma pessoa aguerrida por estilo, não necessariamente por convicção. Há outras pessoas que são mais ideológicas, que fazem o que fazem porque estão convictas de seus motivos. Olham mais para as motivações do que para os resultados.

Havia "ideológicos" no Itamaraty em relação à informática? Pessoas que de fato eram desenvolvimentistas?

Havia. Que pensavam ser desenvolvimentistas, não é... No sentido de que achavam que a reserva era o melhor caminho para o desenvolvimento.

Para o senhor, que definitivamente não era da ala aguerrida nem da ala ideológica, eram mais fáceis os entendimentos com o pessoal da área econômica do governo brasileiro do que com o pessoal da área diplomática? Ou não fazia muita diferença?

Dependia muito das pessoas. Funaro era uma pessoa carismática e um pouco nacionalista. Já Maílson era um funcionário, mais burocrático e também mais moderno. O Ministério da Fazenda, realmente, a não ser no meu tempo, não participou muito da negociação da informática ou das patentes farmacêuticas. Concentrou-se no problema da dívida e no problema do crédito, porque além de tratar da dívida tínhamos que conseguir créditos do BID, do Banco Mundial, do Eximbank.

Nas negociações da informática, que peso tinham a parte política e a parte mais técnica? Havia uma fórmula, uma divisão de tarefas?

Não. Costumo dizer que uma negociação como essa se processa em múltiplos níveis e envolve múltiplos atores. Acho que o técnico tem que embasar a negociação política, é mais um problema de camadas. Quanto aos atores, eu tinha citado, dentro da burocracia do Executivo americano, o Departamento de Estado, o Tesouro, o USTR e o Federal Reserve, mas nos Estados Unidos, para conseguir alguma coisa, você tem que atuar também no Congresso, tem que atuar na mídia, tem que atuar nos *think tanks*, no meio acadêmico, nas ONGs, porque eles é que vão gerar a opinião pública, e essa opinião pública é que vai condicionar a própria política. A negociação tem que ser multifacetada e multinivelar.

O senhor chegou alguma vez a ir conversar com congressistas norte-americanos?

Inúmeras vezes. O contato com o Congresso, lá, é indispensável. E isso ocorreu nas várias temáticas: temática da dívida, temática da propriedade intelectual, temática da segurança, muito na temática do meio ambiente — talvez esta tenha sido aquela em que o Congresso teve uma posição mais agressiva.

Consta que o Partido Democrata, que na época era maioria, era mais duro na defesa dos interesses da indústria americana. É correto isso?

Não tenho muita certeza, não. Acho que não é correto fazer essa generalização. Sobretudo quando os interesses eram específicos, como era o caso da informática e da indústria farmacêutica, acho que a coisa não passava por aí. Passava pelo deputado ou pelo senador que defendia os interesses do lugar onde estava a fábrica. É interessante essa relação deles com os interesses locais.

O contencioso das patentes

Como foi sua participação na negociação do contencioso decorrente do não-patenteamento pelo Brasil de produtos e processos farmacêuticos norte-americanos?[21]

Em relação ao não-patenteamento, há duas qualificações a serem feitas: de um lado, o contencioso com a indústria farmacêutica, sobretudo no início, continha no mínimo três ou quatro reivindicações; de outro, o problema do patenteamento não era só em relação aos produtos farmacêuticos. Inicialmente, que eu me lembre, as reivindicações da indústria farmacêutica diziam respeito, primeiro, ao controle de preços e, segundo, ao problema do licenciamento: eles reclamavam que os preços não eram reajustados — o que era recorrente para todos os produtos de grande consumo popular, que realmente são os mais enfocados num combate à inflação —, e que as licenças no Ministério da Saúde eram

[21] Em fins de 1987, atendendo a uma reclamação apresentada pela Pharmaceutical Manufacturers Association (PMA), poderosa associação empresarial que reunia os grandes laboratórios norte-americanos, o governo dos Estados Unidos decidiu iniciar uma investigação contra a não-concessão, pelo Brasil, de patentes farmacêuticas, com base no Código de Propriedade Industrial (CPI) vigente desde 1971. Em fevereiro de 1988, o governo brasileiro anunciou a formação de um grupo interministerial com o objetivo de examinar a política brasileira nas áreas farmacêutica e de química fina. O relatório final da comissão, divulgado em junho, concluiu que a política em curso deveria ser mantida. Também em junho, o presidente Sarney anunciou sua intenção de atender em parte às reclamações da indústria farmacêutica americana através da concessão de patentes a processos farmacêuticos, mantendo, contudo, o não-patenteamento para produtos. A medida foi considerada insatisfatória pelo governo americano, que, em outubro de 1988, anunciou a aplicação de sobretaxas às exportações brasileiras de papéis, produtos químicos e artigos eletrônicos para os Estados Unidos no valor de até US$ 39 milhões. Por se tratar de setores crescentemente dinâmicos em termos de exportação, a sanção excedia na verdade esse valor. Ver Maria Helena Tachinardi, *A guerra das patentes: o conflito Brasil x EUA sobre propriedade intelectual* (Rio de Janeiro, Paz e Terra, 1993).

extremamente lentas. O terceiro ponto era um pouco correlacionado com isso e tangenciava o problema do patenteamento: eles diziam que algumas licenças eram dadas para outros produtos concorrentes de uma maneira um pouco leviana. Aliás, esse era o contraponto do problema anterior: os licenciamentos levavam muito tempo mas, por outro lado, os critérios não eram rigorosos, não eram consistentes e, além disso, eles tinham não só que traduzir tudo, mas até repetir os testes de eficácia e de efeitos colaterais. Não podiam trazer, por exemplo, os resultados de pesquisas que haviam apresentado ao Food and Drug Administration, precisavam repetir tudo aqui. E o quarto ponto era, evidentemente, a falta de patentes.

Os americanos protestavam contra essa ausência de critérios de licenciamento porque isso estaria beneficiando laboratórios farmacêuticos não-americanos?

Sim. Estaria favorecendo a importação de algumas matérias-primas e, mais do que matérias-primas, de alguns medicamentos do Leste Europeu que eram apenas embalados aqui.

Em 1987, as indústrias farmacêuticas americanas tinham 85% do mercado brasileiro e ainda assim se sentiam prejudicadas... Deviam estar querendo chegar a 100%...

Esse era um dos argumentos que nós usávamos nas conversas. E como eram quatro reivindicações, isso nos ajudou um pouco, porque nós tentamos atacar os pontos em que tínhamos mais atuação, que eram dependentes do próprio Executivo: em relação ao controle de preços, mostramos que havia uma certa descompressão; em relação ao licenciamento, mostramos que o governo estava procurando ser um pouco mais ágil e, ao mesmo tempo, mais rigoroso. Através de um licenciamento mais rigoroso, de certa maneira se conseguiria, ao menos no nosso ponto de vista, atender ao problema do patenteamento. Se o pessoal no Brasil não licenciasse com certa facilidade alguns remédios, aqueles que tivessem uma comprovação melhor, que tivessem melhores padrões, acabariam prevalecendo, porque eram mais conhecidos do que um remédio brasileiro ou europeu do Leste que apenas se tinha apropriado ou comprado uma patente.

Enfim, tudo o que fizemos foi para evitar as sanções e para dar ao governo mais tempo para encaminhar a reforma do Código de Propriedade Industrial. Acho que não havia dúvida para ninguém de que era necessário adequar o código aos tempos modernos, e não só em função dos produtos farmacêuticos. Em relação a *software*, a vídeo, por exemplo, não existia praticamente propriedade intelectual. Havia realmente necessidade de uma reforma, mas o governo achava que precisava de tempo, e ia-se ganhando tempo. Enquanto isso, muitas empresas americanas acabaram vendendo o que tinham e saindo do Brasil. A Merck vendeu acho que 60% da empresa. Agora está tentando recomprar. Com controle de preços, elas não podiam ganhar dinheiro. Além disso, se trouxessem um produto novo, ele poderia ser roubado — não só ser roubado como depois ser exportado. Era uma ameaça para as empresas, e várias saíram.

Por que o governo precisava ganhar tempo? Havia realmente um consenso de que era inevitável uma mudança no código, ou era preciso conquistar alguns setores para essa posição?

Havia um certo *lobby* das empresas brasileiras para estender o prazo. Acho também que toda burocracia resiste a mudanças, às vezes até por inércia. Mas havia menos resistência ideológica do que no caso da informática. A resistência era ou de interessados ou daqueles que estavam comprando as empresas estrangeiras baratíssimo.

Mas o fato é que as mudanças demoraram... A discussão da lei de patentes no Congresso foi muito difícil.

Muito longa. Eu disse que havia um certo *lobby*, mas é preciso dizer também que o grupo das indústrias farmacêuticas não era muito forte no Brasil, em contraste com a Argentina, por exemplo. A Argentina até hoje não aprovou a sua lei de patentes. Lá, 50% do mercado estava nas mãos dos argentinos, e não só isso, estava concentrado em duas empresas muito grandes, enquanto aqui, ainda hoje, quem tem mais, tem 5% ou 6% do mercado. Naquela época, então, o mercado aqui era extremamente fragmentado, pulverizado. Enquanto isso, nos Estados Unidos, a Pharmaceutical Manufacturers Association era um grupo extremamente aguerrido. Como também o era a Motion Pictures Association, com o Jack Valenti. Esse era um grupo muito forte, pela própria natureza de criador e manipulador de símbolos.

O Partido Democrata apoiava essa posição aguerrida das indústrias farmacêutica e cinematográfica norte-americanas?

Sim. Mas acho que, provavelmente, a PMA era mais ligada aos republicanos do que aos democratas. Na parte da Motion Pictures, como Reagan era o presidente...

Parece que houve uma certa contradição no encaminhamento da questão farmacêutica pelo governo Sarney. De um lado, a defesa do não-patenteamento também foi bastante aguerrida, já que se demorou para conseguir mudanças; de outro, para que se viabilizasse uma indústria farmacêutica nacional, seria preciso haver investimento do governo e estímulo à produção nacional, mas isso não existiu.

Não havia. Era praticamente inexistente. Agora, acho que a atitude aguerrida, muito mais do que a favor da manutenção do código, foi sobretudo no sentido de argumentar que qualquer tipo de sanção ou de pressão era descabido e seria contraprodutivo internamente, dificultaria qualquer tipo de evolução. Como no caso, hoje, da privatização das rodovias, o usuário do remédio passou a ser um aliado da reforma do código, porque, na época, se você quisesse um antibiótico de terceira ou quarta geração, tinha que apelar para a Varig, e não para a farmácia. Acho que isso contribuiu para a consciência de que tinha que haver mudanças.

Mas permanece o paradoxo: a pressão externa pelo patenteamento era forte, a resistência da indústria brasileira era fraca, o investimento do governo no setor farmacêutico era nulo, e ainda assim o desfecho tardou...

Vamos trabalhar com hipóteses. Acho que o assunto era mais complexo, porque realmente era preciso fazer um novo código, não adiantaria uma meia-solução. E, naquela época, quem no Brasil tinha atenção suficiente para reescrever um Código de Propriedade Intelectual? Ao mesmo tempo, o assunto estava sendo discutido desde 1986, na rodada Uruguai, portanto havia esse lado multilateral também. Realmente, no governo Sarney, em termos de elaboração de código, se fez muito pouco. Eu me lembro até que surgiu uma idéia em Washington, que foi aceita mas que acabou não tendo êxito, de pedir à OMPI[22] um estudo comparado de legislações que pudesse ajudar. Depois houve uma revista que disse que a OMPI é que tinha redigido o novo código inteiramente. Mas esse estudo nem foi aproveitado, ficou nas gavetas do Itamaraty. Como no caso da informática, no das patentes também havia dentro do Itamaraty uma certa resistência a negociar.

Baseada em princípios ideológicos?

Acho que um pouco. Era aquela ideologia do grupo que o Motley chamava de "os barbudinhos do Itamaraty"...

Mas esse não era o grupo hegemônico.

Não. O grupo hegemônico dentro do Itamaraty, em todo o período, foi chefiado pelo Paulo Tarso, secretário-geral, e depois, no governo seguinte, pelo Marcos Azambuja, secretário executivo de Política Externa. E ambos eram favoráveis ao reconhecimento das patentes. Mas havia um grupo que resistia a isso e retardava, não as decisões, mas a implementação das decisões. Tanto que aquele estudo veio para cá e foi engavetado.

Havia ainda outro fator: certamente um apoio à indústria farmacêutica no Brasil — a não ser à Ceme,[23] que não criava nada —, um apoio à pesquisa, teria que ser uma coisa maciça. Desenvolver um novo remédio, hoje, custa 300 milhões de dólares e leva dez anos de pesquisa. Ter centros de pesquisa custa muito mais. A embaixada em Washington

---

[22]Organização Mundial da Propriedade Intelectual.
[23]Central de Medicamentos, órgão ligado ao Ministério da Saúde.

chegou, na época em que eu lá estava, a aventar uma idéia que acabou não sendo factível, primeiro porque não teve muita repercussão, segundo porque o atraso diminuiu nossa capacidade de barganha, ao contrário do que se poderia pensar. Era uma proposta feita informalmente, de revermos o código mas, em contrapartida, exigirmos das empresas farmacêuticas estrangeiras um mínimo de pesquisa, ao menos pesquisa de adaptação, além de um maior estudo das plantas ou das doenças tropicais. No início houve uma certa ressonância, e acho que teria sido possível fazer essa negociação.

Houve ressonância no Brasil ou nos Estados Unidos?

Encontrei menos receptividade no Brasil do que lá. Acho que lá, se oferecêssemos uma solução rápida, daria para negociar e convencê-los a fazer estudos aqui, exigir uma cota de pesquisa. Faltou mencionar ainda outro núcleo de resistência no Brasil: a burocracia do Ministério da Saúde. Havia ali uma grande resistência, porque o Ministério da Saúde achava que dar patenteamento iria aumentar o preço dos remédios. Eles então se baseavam numa posição da Organização Mundial da Saúde, que tinha uma lista de remédios considerados essenciais e que não deviam ser patenteados no mundo. Havia toda uma cultura da Organização Mundial da Saúde contrária ao patenteamento.

Havia ainda o INPI,[24] que nessa época desempenhava um papel importante no tocante ao licenciamento de tecnologia em geral e que, dentro da burocracia, talvez fosse o órgão mais

[24]Instituto Nacional da Propriedade Industrial, órgão ligado ao então Ministério da Indústria e Comércio.

empenhado na defesa clara do não-patenteamento... Essas burocracias se articulavam?

Não. Isso não era vertebrado, não era articulado internamente.

Havia relação entre ser contra o patenteamento e ser nacionalista no tocante à informática e à energia nuclear? Isso era uma forma de pensamento coerente?

Não havia uma síntese. Havia uma ideologia, mas um pouco vaga. Na área de informática e na área nuclear houve uma ideologia que foi apropriada pelos militares, mas na área farmacêutica isso não ocorreu. Como também, a não ser por aquele experimento totalmente fracassado da Ceme, não se fez nada de sério, nada de oficial para desenvolver o setor. Na área de agricultura, por exemplo, fez-se alguma coisa: centros de excelência, a Embrapa, aquele centro de pesquisa em Campinas. Há exemplos na própria área de informática, na área de comunicações. Também em Campinas, a Telebrás, apesar de tudo, desenvolveu algumas tecnologias: o cartão de telefone, por exemplo, que é uma tecnologia intermediária mas muito barata, foi desenvolvido lá — hoje, aliás, a China está comprando isso do Brasil. Mas na área de medicamentos era zero.

O problema das patentes acabou por levar à aplicação de sanções contra o Brasil por parte do governo americano. Que tipo de negociação o senhor teve que fazer nesse momento? Quem eram seus interlocutores?

A negociação teve que ser multifacetada, porque a decisão da sanção foi tomada ainda pelo Clayton Yeutter, que acho que estava meio envenenado, traumatizado ou ressentido — seja qual for a palavra que se use — com a negociação da informática. Diante da pressão muito forte da PMA, ele optou pela sanção. De certa maneira, nos pegou de surpresa, porque a gravidade ou a iminência da coisa não estava assim tão clara, até mesmo pelo êxito que se tinha tido em contornar o problema da informática. A coisa veio realmente com mais virulência, e só foi possível ver ao menos um horizonte quando a Carla Hills entrou. Com a Carla Hills, consegui imediatamente um bom diálogo e sobretudo um bom acesso. Ela nunca deixava de responder a um chamado telefônico ou de marcar uma entrevista. Era, realmente, muito mais acessível. Mas quando ela chegou, a sanção já estava decretada.

Temos uma informação de que o senhor teria convencido a PMA a adiar um pedido de entrada de processo contra o Brasil. Lidar com a PMA deve ter sido complicado, não?

Era complicado. Era o núcleo duro da negociação. Mas nós procurávamos alguns aliados, que eram pouquíssimos, ligados à Merck, ligados à Lilly. O Motley ajudou bastante. Procurávamos contornar os problemas através de algumas alianças internas, o que funcionou durante algum tempo. Dizia-se que havia dissensões internas na PMA, que a diretoria tinha radicalizado um pouco a posição. Mas nós não tínhamos aquilo que tivemos na informática, que foi, senão a boa vontade, a condescendência da IBM. A IBM não era aguerrida porque estava ganhando dinheiro aqui, ao contrário das indústrias farmacêuticas, que estavam perdendo. O preço do computador não era sujeito a controle, enquanto o dos remédios era. O controle de preços também quebrou empresas brasileiras.

A indústria européia pressionava menos que a americana?

Sim. Com exceção da Glaxo, que talvez fosse a principal prejudicada, objeto do que eles chamavam de pirataria, através do famoso Zantac, que aqui se chamava Antac e foi reproduzido por vários laboratórios.

O senhor, uma ocasião, deu uma declaração à imprensa sobre pirataria: "Segundo Marcílio Marques Moreira, a pirataria que os americanos alegam é hipotética."[25] *Por que hipotética?*

Porque, a não ser por esses poucos exemplos que dei, a indústria brasileira não tinha capacidade de copiar. Tanto que os americanos diziam: "Queremos que em dois ou três anos entre em vigor o patenteamento." Ou seja: "Se os brasileiros ficaram 20 anos sem patente e não conseguiram copiar, podemos esperar mais um pouco..." O brasileiro não era como o japonês, que tinha grande competência para copiar. Você aqui ficava sem remédio, literalmente. Encontrava os medicamentos mais simples, mas toda a família dos antibióticos de gerações mais recentes não chegou a ser fabricada no país.

Na embaixada, o senhor era encarregado de encaminhar as negociações bilaterais. Mas como eram suas relações com os representantes do Brasil no GATT, que também estavam encaminhando essa discussão?

Primeiro, estava lá Paulo Nogueira Batista; depois, ele saiu e entrou Rubens Ricúpero. E aí houve uma mudança radical de relacionamento. Antes, todo o tráfego de informações, telegramas, telefonemas, era feito através do Itamaraty. Com Ricúpero, passou a ser direto.

---

[25] *Veja*, 26 de outubro de 1988.

O apoio que o Brasil recebeu no GATT,[26] quando reclamou da unilateralidade das sanções comerciais norte-americanas, aumentou seu poder de barganha nas negociações com as autoridades americanas em Washington, com o USTR, com a PMA?

Acho que não teve muita repercussão, embora tenha incomodado um pouco os americanos. Os europeus eram tradicionalmente contra a Super 301, mas aquele núcleo do poder americano não se comovia muito com isso. Mas como, por outro lado, nos Estados Unidos tudo sempre é feito através de um certo consenso da opinião pública, eu operava também através das universidades, dos *think tanks*. Cheguei a participar de uma conferência, a escrever o capítulo sobre a Super 301 de um livro chamado *Aggressive unilateralism*, que foi publicado pelo grande teórico do comércio internacional Jagdish Bhagwati.[27] Depois o livro foi até traduzido em japonês. Reconheço qual é o meu artigo porque eles puseram uma fotografia minha...

O senhor também tinha relações com os setores exportadores brasileiros prejudicados pelas sanções que iam aos Estados Unidos defender seus interesses?

Tinha. Era o grupo do papel e do papelão. Tive várias reuniões com eles. Eles também procuravam fazer pressão,

[26] Classificando as medidas adotadas pelo governo americano em outubro de 1988 como "unilaterais" e "ilegais", o Brasil decidiu recorrer ao arcabouço regulatório do GATT para se defender. Assim, em 20 de dezembro de 1988, o representante brasileiro Rubens Ricúpero solicitou a formação de um painel com o objetivo de examinar a legalidade das retaliações comerciais norte-americanas. Além de afirmar que estas estariam causando um prejuízo às exportações brasileiras muito maior do que o montante fixado pelos EUA, o Brasil alegava que a não-proteção de patentes de produtos farmacêuticos, químicos e alimentícios era plenamente autorizada pela Convenção de Paris de 1883, principal instrumento jurídico internacional de regulação da propriedade industrial, da qual o país era signatário. Ver Maria Helena Tachinardi, *op. cit.*

[27] Jagdish Bhagwati e Hugh T. Patrick (eds.), *Aggressive Unilateralism: America's 301 trade policy and the world trading system* (Ann Arbor, The University of Michigan Press, 1990).

iam ao USTR. Legalmente, podiam ir, porque foram citados lá. O USTR pegou um setor que, primeiro, parecia poder preencher os tais milhões que seriam o prejuízo hipotético, e, segundo, cuja exportação para os Estados Unidos estava crescendo. Não era um setor estagnado, o que machucava mais ainda. O objetivo dos exportadores de papel era que a sanção fosse suspensa, e eles pressionavam o governo americano nesse sentido. Mas também pressionavam o governo brasileiro para apresentar uma lei de patentes, porque sabiam que era a maneira mais eficaz ou mais rápida de resolver o problema.

Para compreender esse problema das sanções, é preciso levar em conta que, primeiro, os americanos usaram com muita propriedade o argumento que eles chamam de *moral highground*. Quer dizer, eles diziam que o Brasil estava pirateando, estava roubando uma propriedade. Não era o mesmo argumento que tinham em termos de informática, pois aí se tratava de um caso típico de proteção a uma indústria nascente, o que tinha uma certa legitimidade, contava com teóricos e tudo o mais. O caso das patentes era apresentado como roubo. No momento em que estava explodindo a noção e a realidade da sociedade do conhecimento, roubase aquilo que era mais precioso! A PMA convencia os outros. E, como já disse, eles tinham um aliado firme, que era a Motion Pictures Association, do Jack Valenti, que tinha um representante polivalente — não é trocadilho — aqui no Brasil, o Harry Stone. Eles usavam muito esse argumento da pirataria, mas atrás disso estava a idéia de que estava havendo roubo de propriedade intelectual e de que isso era uma coisa contagiosa. Diziam que, no Brasil, roubavase propriedade intelectual em geral, não havia uma proteção genuína, não só no caso dos produtos farmacêuticos, mas também em outras áreas como vídeo, som (na época eram sobretudo cassetes e discos, ainda não havia CDs) e *software*.

Houve, de parte do governo norte-americano, alguma tentativa de diminuir o nível de pressão por conta da campanha presidencial de 1989 aqui no Brasil? Algo como a preocupação de que uma pressão muito forte pudesse acabar fortalecendo Lula, o candidato de esquerda?

Não. Por duas razões: primeiro, porque a sanção continuou em vigor; segundo, porque naquela época eles não davam muita atenção ao Lula como candidato viável. Ao contrário do que aconteceu depois. Na segunda eleição, em 94, ele foi lá, e houve uma recepção, pelo menos em Nova Iorque, quase feérica, inclusive por parte da comunidade financeira. Isso não aconteceu em 89.

Os novos temas

Em dezembro de 1988, quando Chico Mendes foi assassinado, o New York Times *publicou um editorial intitulado "Brazil burns the future", em que afirmava que aquele assassinato representava a falta de ação do governo brasileiro em relação à questão ecológica e, mais especificamente, em relação à necessidade de preservação da Amazônia. O senhor escreveu uma carta em resposta, dizendo que não faltava vontade política, e sim dinheiro. Qual foi a posição do governo brasileiro nesse episódio?*

O governo brasileiro estava começando a mudar sua posição, mas acho que aquilo ajudou, foi um *turning point*, uma encruzilhada. Em 1988, o verão dos Estados Unidos, que corresponde ao inverno aqui, tinha sido de extremo calor, enquanto aqui tínhamos tido extrema secura e, portanto, um recorde de queimadas. Já anteriormente a isso, tinha havido uma missão de senadores americanos ao Amazonas que incluiu os senadores Al Gore e Tim Wirth — este último depois foi subsecretário de Estado para esses assuntos e é irmão de um brasilianista, o historiador John Wirth. Esses eram senadores democratas, mas havia também um grupo republicano. Eles foram ciceroneados por um biólogo, uma espécie de brasileiro honorário, Thomas Lovejoy, então secretário de Relações Internacionais da Smithsonian Institution. Era ele quem organizava esse tipo de coisa, porque tinha, e tem ainda, um centro de pesquisa na Amazônia em que eles abatem de forma racional áreas circunscritas da floresta para ver o módulo mínimo de sobrevivência ecológica. Os senadores estiveram lá, andaram a pé, de jipe, de canoa etc. e, quando voltaram, o tema da preservação da floresta foi muito discutido. Eu me lembro que o calor nos Estados Unidos estava uma loucura, caiu muito a altura das águas do Mississipi, e o assunto estava muito quente. Começaram aquelas reuniões sobre o clima, o impacto das queimadas e das emissões de CO_2 sobre o clima, e aí houve a morte do Chico Mendes, um pouquinho antes do Natal. Logo se organizaram várias manifestações, uma missa etc. O que foi que eu fiz? Fui à manifestação na escada do Capitólio e fui ao culto ecumênico em memória de Chico Mendes. Não só fui, como pedi para falar e falei: "Em nome do povo brasileiro, lamentamos a morte desse nosso *paragon* da defesa da ecologia..."

Foram instruções do Itamaraty ou foi uma iniciativa sua mesmo?

Foi uma iniciativa minha. Mas eu sempre combinava com o Itamaraty o que ia fazer. Disse que o Brasil perdia uma grande figura, um homem que tinha lutado para defender as nossas florestas, e que éramos nós os maiores interessados em reverter essa situação, porque, afinal de contas, as florestas eram nossas, e queimar as próprias riquezas não era uma coisa inteligente, nem era o que o Brasil queria. Ganhei ali uma credibilidade muito grande junto aos ambientalistas. Tanto que um senador republicano, que tinha muita influência sobre as políticas do BID, vários anos depois me disse: "Realmente, depois daquele dia, o senhor adquiriu entre nós um grande respeito."

A relação de confiança que se estabeleceu com o senhor não impediu que as críticas contra o governo brasileiro fossem ferrenhas. O senhor diria que passou a funcionar como um anteparo nas relações entre os ambientalistas e o governo brasileiro?

De certa maneira. O que eu fazia, como fiz no caso das mulheres, como fiz no caso dos direitos humanos, era pedir socorro aos grupos ambientalistas brasileiros para me apoiar e para dialogar, porque o diálogo com eles ficava muito mais fácil. Quando houve aquele programa *60 minutes* sobre o argumento da "defesa da honra" para "justificar" o assassinato impune de mulheres infiéis no Brasil, pedi à Jacqueline Pitanguy, que era presidente do Conselho Nacional das Mulheres, para vir a Washington, e ela veio; no caso dos direitos humanos, veio o Paulo Sérgio Pinheiro. Da mesma maneira que, no Congresso americano, os congressistas brasileiros tinham mais acesso, essas pessoas tinham um diálogo mais fluido com as ONGs. O mundo tem esses novos atores, e temos que jogar com eles. Não pode ser só governo.

Até porque essas questões envolviam pressões que não eram só do governo americano, eram da sociedade americana.

Sim. Na questão ambiental, havia associações numerosas e antigas. Esse Wild Life Fund tem mais de cem anos. É ele que mantém aquele minizoológico do Central Park em Nova Iorque.

O Itamaraty concordava com essa sua visão?

Concordava, com certa relutância. Acho muito importante que os agentes da política externa — portanto, a diplomacia brasileira — entendam isso bem, mas ainda encontrei uma certa ciumeira. Por exemplo, no caso dos empresários, eu achava que se devia dar todo o apoio a eles, que eles deveriam até ter escritório lá, e o Itamaraty era um pouco arredio à idéia. Em geral, resistia fazendo corpo mole, mas no caso das ONGs, da Anistia Internacional etc., a resistência era um pouco mais aguerrida. Mas nós íamos quebrando as resistências, aos poucos. Como eu disse, era embaixador, mas era considerado representante do presidente da República, e isso me ajudava. Enfim, Chico Mendes acabou levando, realmente, à reviravolta e ao oferecimento do Brasil de sediar a Eco-92, o que foi uma coisa muito sagaz da política brasileira. O oferecimento ainda foi feito no governo Sarney, mas foi implementado no governo Collor. A Eco-92 foi uma bela manobra, no bom sentido da palavra, da diplomacia brasileira.

Voltando ao culto ecumênico realizado em Washington em homenagem a Chico Mendes: os jornais comentaram na época que o senhor saiu da igreja "irritado com o que classificava de estapafúrdias manifestações de superioridade moral por parte de alguns grupos estrangeiros".[28] *Que grupos e que manifestações foram essas?*

Acho que aí houve um exagero da imprensa. Não fiquei irritado, o culto ecumênico foi uma manifestação muito bonita. O que acontece é que, como já disse, os Estados

[28] *Jornal do Brasil*, 26 de janeiro de 1989.

Unidos muitas vezes tomam aquele *moral highground*, quer dizer, assumem uma posição superior, condenatória, acham que só eles têm razão. Apresentavam o Brasil como um país pária, e isso era um pouco recorrente: na dívida externa, éramos caloteiros; na área farmacêutica, éramos piratas; no tema mulheres, éramos assassinos; no caso dos índios, éramos genocidas; no das florestas, incendiários... A política externa americana ou o americano típico têm uma atitude um pouco missionária, mas que implica também um outro aspecto, que é a premissa da superioridade do seu modelo, da sua moral, dos seus valores. Eles até têm uma expressão que exprime isso. Você vai falar com uma pessoa, e ela diz: *What can I do for you?* Tem um lado simpático, mas tem um lado meio condescendente, não é? O que me deixava um pouco irritado num caso como o do Chico Mendes, embora não me lembre de ter expressado irritação na ocasião, era eles quererem dizer: "O Brasil errou, o Brasil está errado", quase como se nós tivéssemos assassinado o Chico Mendes. Aí eu dizia: "Não é por aí. Chico Mendes é um brasileiro que foi assassinado, e nós lamentamos isso. Estamos indignados e queremos justiça, tanto quanto vocês ou mais que vocês, já que o objeto do crime foi um brasileiro."

Essas tentativas de tornar complexa a situação eram bem compreendidas? Ou eram vistas como uma tentativa de justificação?

Às vezes eram vistas dessa forma, como tentativas de explicar demais e agir de menos. Mas eu tinha um bom diálogo com o pessoal da Polícia Federal, com o Tuma. Quando havia um conflito rural aqui, por exemplo, eles lá protestavam, e eu transmitia o protesto. Daqui respondiam: "O governo realmente está interessado, mas isso é da esfera estadual, de modo que o ministro da Justiça já passou um telegrama ao governador, cujo texto, anexo, pedimos para traduzir e transmitir." Eu então tinha, ou que negociar lá, ou que brigar com os brasileiros, para que mostrassem mais empenho.

O senhor teve oportunidade de ir a universidades para discutir esses temas?

Muitas oportunidades. A política externa americana era muito feita em universidades e talvez, mais ainda, nos *think tanks*, de modo que eu consegui ter nos *think tanks*, pelo menos nos de Washington, uma presença não digo constante, mas bastante freqüente. Eram o Brookings Institution, o Interamerican Dialogue, que não é tão institucionalizado, o Institute for International Economics, com o Fred Bergsten, o Carnegie Endowment for International Peace... O Brookings Institution é considerado o mais conceituado, realmente um *think tank* de alta excelência. Eu também participava muito do SAIS, School of Advanced International Studies, da Johns Hopkins, que fica em frente ao Brookings. Eles sempre convidavam, mas eram poucos os embaixadores que iam. Havia ainda o Woodrow Wilson Center, a que eu ia muito. Até me lembro, quando houve a despedida lá, que o diretor Joseph Tulchin disse: "O senhor não é um embaixador, o senhor aqui é um dos nossos." Enfim, havia a Escola Interamericana de Defesa, o Council of Foreign Relations, o Council of the Americas, centros regionais de relações internacionais em Chicago, em Los Angeles, um centro muito bom em Atlanta... Quer dizer, não era só Washington, eu viajava para outras cidades também.

O fato de o senhor comparecer enquanto embaixador era bem-visto?

Funcionava. Eles não esperavam por isso, quer dizer, por um embaixador reflexivo. O tom a que estavam acostumados era o do embaixador que chegava lá e lia um discurso pré-preparado, ou fazia uma defesa do país sem nenhuma qualificação. Eu me portava à maneira americana, que é primeiro descrever as dificuldades, os problemas, e depois falar nos pontos positivos. Eles têm aquele *moral highground*, mas também têm *fair play*, e quando você começa a descrever os problemas, dizem: "Ah, nós também temos isso..." É um recurso retórico, você listar os problemas primeiro e depois as coisas positivas e terminar com aquela frase: *The opportunities will prevail over the caveats...* Funcionava bem. E criava respeito, credibilidade, eu era convidado outra vez. Fui convidado para falar em Berkeley pelo Fishlow, no MIT pelo Dornbush, em Harvard pelo Jeffrey Sachs, e em muitas outras universidades.

Nas suas exposições, como o senhor tratava a relação entre preservação ambiental e soberania nacional?

Partindo-se da premissa que eu defini, de que as florestas eram nossas, e por serem nossas nós éramos os maiores interessados em preservá-las, chegava-se ao raciocínio de que não precisávamos da interferência de ninguém para termos empenho. Precisávamos de recursos, precisávamos de assistência técnica. Isso até me ajudava nas outras negociações. Por exemplo, um outro problema que permeou toda a minha estada lá foi o do acesso às tecnologias de ponta. Eles não só bloqueavam a venda de seus computadores, mas também os do Japão, porque havia um acordo entre Estados

Unidos, Japão e Europa de que ninguém venderia um tipo de computador de última geração que fosse capaz de simular uma explosão atômica. O INPE[29] resolveu comprar um supercomputador da Fujitsu, e eles vetaram. Mas eu fui em cima, na hora: "Precisamos desse computador, porque vocês estão reclamando do meio ambiente, e sem esse computador é impossível fazer o levantamento que tem de ser feito. Esse é um programa, inclusive, ligado à Nasa, que vai utilizar o satélite da Nasa." Depois, quando estavam prestes a liberar, eles disseram: "Bom, mas a Fujitsu não tem tecnologia suficiente..." Levou tempo, mas acabaram liberando e compramos o computador japonês. Sempre que podia, eu registrava com a Carla Hills o fato de que os americanos queriam que nós comprássemos produtos americanos, e quando nós queríamos comprar, eles vetavam. Havia uma contradição. E ela tentava ajudar.

Na verdade, o senhor estava jogando com as diferenças da burocracia americana.

É. Eles chegaram a querer vetar a compra de computadores pelo Itamaraty, nesse caso não por acharem que o Itamaraty ia fazer uma bomba atômica, mas por causa de problemas de criptografia. Eles não gostam de vender computadores que possam fazer programas de criptografia, que parecem ser mais aptos a fazer *unlocking,* ou seja, quebrar códigos. Acabaram vendendo também. Mas cada compra de um supercomputador gerava um problema. Se o comprador fosse do setor privado, queriam uma garantia pública, mas o Brasil não pode dar uma garantia pública do que o comprador privado vai fazer. Eles às vezes exigiam uma auditoria do computador, para saber se tinha ou

[29] Instituto Nacional de Pesquisas Espaciais, órgão ligado ao então Ministério da Aeronáutica.

não ajudado na busca de bombas atômicas ou se tinha sido utilizado para simular uma explosão.

Um outro foco de conflito nas relações Brasil-Estados Unidos na época em que o senhor era embaixador ligava-se ao comércio internacional de armamentos. Como evoluiu esse tema?

Repetidamente eu disse nos Estados Unidos, mesmo no período antes da democratização, que os militares brasileiros, graças a Deus, não tinham a compulsão de comprar armamentos. O orçamento militar, mesmo na época do regime militar, nunca foi grande. Aumentou um pouco, possivelmente, na época do Sarney, até para cooptar os militares. Mas os militares, naquela época, gostavam mesmo era de exportar armas. E as empresas exportadoras exageravam as exportações que realmente ocorriam. Em geral, o fabricante de armas é discreto, mas no Brasil eles resolveram fazer o contrário: falar. Eu me lembro que quando esteve aqui uma missão da Líbia, foi anunciado — e, aliás, o próprio Sodré repetiu isso — que o Brasil estava vendendo à Líbia dois bilhões de dólares em armamentos. Isso, realmente, levava os americanos à loucura: Líbia, Cuba, Irã e Iraque. Os Estados Unidos protestaram, mas eu disse que não tinha havido venda nenhuma de armas.

Isso se passou em fevereiro de 1988: o Brasil anunciou uma venda de armas à Líbia, a embaixada americana emitiu um protesto, o ministro Abreu Sodré disse que os protestos eram inúteis, o Departamento de Estado classificou a declaração de Abreu Sodré de lamentável e, finalmente, temos a informação de que o senhor teria tido uma reunião com o subsecretário de Estado John Whitehead. Qual foi o teor dessa reunião?

John Whitehead estranhou ver o Brasil tomando aquelas iniciativas, mas eu lhe expliquei que o Brasil só tinha vendido uns caminhões que transportavam tropas, extremamente rupestres, e uns Fiat Torino. A venda de armas para a Líbia na verdade nunca ocorreu.

Mas para o Irã e o Iraque o Brasil efetivamente vendeu armas.

Vendeu. Mas no caso da Líbia, o que houve foi vento do nosso lado e, provavelmente, do lado da Líbia também. Badalação. Acho que o Sodré deu aquela declaração por ingenuidade ou má informação. Provavelmente interessava aos empresários, ao ITA,[30] à Engesa,[31] trombetear que estavam fazendo muitas vendas, porque eles de fato estavam olhando para o mercado da Arábia Saudita, querendo vender tanques. Essa venda, sim, teria sido grande, mas também não ocorreu, porque os americanos entraram pesadamente e venderam para a Arábia Saudita os tais Abrahams. Acho que a Inglaterra também vendeu, alegadamente por intermediação do filho da Tatcher. Os Estados Unidos e a Inglaterra venderam, e nós ficamos a ver navios.

Independentemente da disputa que pudesse estar havendo entre o Brasil, os Estados Unidos e a Inglaterra com relação ao mercado da Arábia Saudita, os Estados Unidos estariam interessados em não permitir que o Brasil tivesse um papel de fornecedor de armas porque isso lhe daria mais prestígio, mais poder, em nível internacional?

Acredito que não. Pode ter havido isso, mas nunca foi muito explicitado. E os protestos deles não foram em rela-

[30]Instituto Tecnológico da Aeronáutica.
[31]Empresa privada fabricante de veículos blindados.

ção à Arábia Saudita, foram em relação à Líbia e depois, pesadamente, em relação ao Iraque. Sobretudo durante a Guerra do Golfo, eles queriam conhecer os códigos dos lança-foguetes que o Brasil tinha vendido ao Iraque, porque assim poderiam neutralizá-los. A sua grande objeção também foi ao brigadeiro Piva, recém-reformado, que foi para o Iraque com um grupo para ajudar a fabricação de um míssil ar-a-ar.

Como evoluiu a posição dos ministérios militares diante dessa política de venda de armas para os países do Oriente Médio?

Acho que durante um período os militares apoiaram essa política de exportação, mas depois acabaram compreendendo que era uma fria. O golpe fatal foi dado não pelos Estados Unidos ou por nós mesmos, mas pelo próprio Iraque, que comprou as armas e, já desde o fim da guerra Irã-Iraque, deixou de pagar. A Avibrás[32] e a Engesa faliram por falta de pagamento. Na verdade, foi um péssimo negócio. Vi uns estudos em Brasília que mostravam que as exportações de armamentos nunca chegaram a ultrapassar 200 milhões de dólares por ano, e no entanto falou-se em bilhões. Foi dito que 10% das exportações eram de armas. Isso nunca ocorreu.

O tema da soberania sobre a Amazônia até hoje é altamente sensível para os militares brasileiros. O senhor de alguma forma teve que lidar com isso?

Não. Se pressão havia, não chegava lá. A embaixada tinha três adidos militares, do Exército, da Aeronáutica e da Marinha, e eu tinha muito boas relações com eles. Fazia uma reunião semanal às quartas-feiras, às dez horas, e eles aprecia-

[32]Empresa privada fabricante de lança-foguetes e mísseis.

vam. Cada vez que a Marinha queria importar um navio, havia um veto, às vezes até do Congresso, porque o governo americano, talvez por causa da mesma lei da venda de armas, tinha que comunicar ao Congresso que estava vendendo; se o Congresso não respondesse dentro de um período de 30 ou 60 dias, eles vendiam. Mas às vezes o Congresso se pronunciava, principalmente quando eram navios um pouco mais sofisticados, um pouco mais agressivos, e aí eu tinha que ir lá explicar aos senadores e deputados. O Congresso era bastante engajado em relação a esses temas, sobretudo os globais: meio ambiente, proliferação de armas, direitos humanos, tratamento de menores...

Drogas? Já havia essa preocupação naquela época?

Havia, mas naquela época eles tinham uma grande confiança na Polícia Federal brasileira, e o Tuma fazia um trabalho muito bom lá, de explicitar. Uma vez ele levou um vídeo sobre o santo daime, mostrando que aquela planta, embora parecida com a coca, era muito importante para as tribos da Amazônia, porque era tomando o seu chá que os velhos da tribo se lembravam da sua história, e então toda a tradição oral estava ligada ao chá. Muito inteligente da parte do Tuma. Por outro lado, estava começando a infiltração do pessoal do tráfico da Colômbia, que estava querendo plantar no Brasil. O plantio aqui ainda era muito restrito, mas começava a haver o problema de nós sermos um corredor. Na época, a coisa ainda não era muito forte, só passou a ser quando os Estados Unidos fizeram aquele bloqueio na costa da Colômbia, na época da reunião a que o Bush foi, em Cartagena de Índias. Depois disso, realmente, foi que os traficantes começaram a utilizar muito a Amazônia, e também o Paraguai, a Bolívia, outras rotas alternativas através do Brasil. O Brasil se tornou, coisa que acho que ainda é hoje em dia, o grande escoadouro.

A participação das Forças Armadas no combate ao narcotráfico, que é uma questão que está em debate hoje, já era discutida na época?

Embrionariamente. Inclusive porque lá esse é um grande tema também. Lá, eles têm a Coastal Guard, que é uma unidade meio paramilitar, e por isso fica mais fácil engajá-la no combate ao tráfico. As Forças Armadas propriamente ditas participam apenas em termos de *intelligence.*

Como o senhor se colocava diante da idéia de envolvimento das Forças Armadas latino-americanas no combate ao tráfico de drogas, mesmo que fosse uma idéia incipiente?

Mais uma vez, chamando a atenção para o fato de que a Amazônia era muito grande e nós precisávamos ter equipamentos para podermos fiscalizar e controlar a área. Era o mesmo argumento que eu usava com os ecologistas, os ambientalistas. Eu dizia: "Por exemplo, esse avião que foi outro dia mostrado aqui. Por que vocês, em vez de fazerem essa onda toda, não nos emprestam um avião desses, para fazermos supervisionamento ou para realmente combatermos o fogo?"

Diante do problema da droga, os Estados Unidos parecem estar mais preocupados em inibir a oferta. Como se dissessem: "São os países latino-americanos que produzem, que plantam, portanto a questão é impedir que o façam." Mas diante do tráfico internacional de armas, a lógica muda: "Produzi-

mos armas e as vendemos porque, se não o fizermos, alguém o fará." Não há aí dois pesos e duas medidas?

Há uma ambigüidade moral, certamente. Agora, dentro dos Estados Unidos, isso também é um tema de debate. Há também quem ache que, no caso da droga, o culpado é o consumidor, porque se você cortasse pelo consumo, até o preço cairia, enquanto que se você corta pela oferta, o preço sobe e o intermediário ganha mais ainda.

Essa posição, que é mais recente, não resultou também de uma certa pressão de outros países sobre o governo norte-americano, no sentido de combater o consumo interno?

Também. E a Colômbia, nesse sentido, fez um trabalho de relações públicas extremamente eficaz. Quando cheguei a Washington, a Colômbia era considerada um país conivente com o tráfico. Quando saí, era um país vítima do tráfico, onde policiais e políticos morriam assassinados. Acho que os colombianos trabalharam bem, nesse sentido, chamando a atenção para as dificuldades que enfrentavam e os esforços que empreendiam, inclusive com muitas perdas de vidas humanas.

Agenda positiva

Atribui-se a Paulo Tarso Flecha de Lima, secretário-geral do Itamaraty no governo Sarney, grande empenho na elaboração do que se chamou de agenda positiva nas relações do Brasil com os Estados Unidos. Como o senhor via isso?

Essa idéia da agenda positiva era um tema recorrente na agenda do Paulo Tarso, e ele realmente fez várias viagens a Washington com esse objetivo. Uma, até, seria logo em cima de uma das sanções ou declarações do governo americano — não me lembro exatamente o que era, porque a toda hora nós entrávamos em listas e saíamos de listas —, e o presidente Sarney queria que fosse cancelada. Tive que ligar para o presidente, que estava em Portugal jantando com Mário Soares, tirá-lo do jantar e convencê-lo a suspender o cancelamento, porque aí seria, realmente, uma declaração de guerra. Seria um protesto, mas muito agressivo. Afinal, Paulo Tarso foi a Washington e, lá, protestou.

A construção de uma agenda positiva com os Estados Unidos teria realmente começado no governo Sarney, e não apenas no governo Collor?

Começou com Sarney. Acho também que foi para isso que ele me mandou para lá. Acho que o presidente, como eu disse, ficou impactado por sua visita a Washington. Não chegou a haver um entrevero, mas, enfim, houve uma relação dura com o próprio Reagan na chegada. Ele ficou impressionado com aquilo e, a partir dali, fez uma reflexão. Por outro lado, Sarney era um homem que tinha sensibilidade para as coisas que estavam mudando no mundo, não era um enrustido, não era um Itamar. Da mesma maneira que ele procurou mudar o eixo da relação com a Argentina, acho que também tinha a idéia de que as coisas estavam mudando, e de que os Estados Unidos eram o nosso parceiro mais importante.

Já havia a idéia de que era preciso mudar o tipo de inserção internacional do Brasil, o tipo de desenvolvimento econômico brasileiro?

Já. Inclusive, no BNDES, com Júlio Mourão, já estava sendo desenvolvida a teoria da inserção competitiva do Brasil na economia mundial. Lembro que o próprio Júlio Mourão esteve em Washington e fez uma conferência brilhante na Brookings sobre cenários alternativos e inserção competitiva. Existem alguns artigos, algumas contribuições publicadas acho que pelo Ildes, Instituto Latino-Americano de Desenvolvimento Econômico e Social, sobre as relações Brasil-Estados Unidos, de modo que essas coisas já estavam até documentadas. Já estávamos na crise da dívida, que além de ser um problema era um sintoma claro. Era evidente que havia uma disjunção entre o nosso baixo desenvolvimento — que até então havia sido muito bom — e o vigoroso desenvolvimento mundial na década de1980. O que foi, aliás, uma pena, porque nós ficamos inteiramente excluídos de uma década de grande prosperidade.

Em que outras agências estatais, além do BNDES, o senhor identifica o surgimento desse pensamento, de que a natureza da inserção do Brasil no mundo tinha que mudar, que era necessário promover uma liberalização comercial?

Acho que na Fazenda também, sobretudo no período pós-Funaro. Até o próprio Bresser, de maneira não-articulada, porque ficou pouco tempo, era uma pessoa mais aberta. Maílson, mais ainda. Maílson diminuiu as tarifas, cortou muitos itens do chamado Anexo C da Cacex, que era a lista de produtos cuja importação era proibida. Além de procurar restabelecer as relações financeiras, já caminhou no sentido de uma incipiente abertura comercial. Curiosamente, também havia grupos preocupados com esse assunto na Petrobras e na Eletrobrás. Quando se estava discutindo a Constituição de 1988, o então senador Fernando Henrique me disse que constava do programa do PSDB a idéia da inserção competitiva e soberana do Brasil no mundo.

E onde o senhor identificaria as resistências a essas idéias?

Dentro do próprio Itamaraty, mais uma vez, havia resistências. Nas Forças Armadas também, sobretudo porque, quando houve a chamada democratização, os militares continuaram controlando a informática, a política nuclear etc. Em alguns setores que consideravam estratégicos para o desenvolvimento, eles continuaram a predominar. E aqueles coronéis da SEI eram uma parada. O próprio INPI era um centro de resistência. Mas, além disso, havia também resistências regionais. Como até hoje há, aliás. Ainda hoje, a grande resistência é paulista. Eles têm uma instituição, o IEDI, Instituto de Economia e Desenvolvimento Industrial, que passou a ter um papel muito forte. O Paulo Cunha, o pessoal da indústria pesada, o Eugênio Staub, da Gradiente, formavam um grupo muito ativo a favor da proteção, do subsídio e de uma "política industrial" de vezo intervencionista. Eu me lembro que quando embaixador fiz umas conferências em São Paulo e não era fácil, não.

O Ministério da Ciência e Tecnologia representava outro foco de resistência, não?

Certamente. Sarney criou o ministério e colocou o seu maior adversário político para dirigi-lo...

O ministro era Renato Archer, com quem o senhor sempre teve ótimas relações. Isso facilitava?

Facilitava. Eu tinha até que ir lá com uma certa discrição... Archer era uma das pessoas mais civilizadas que conheci, um verdadeiro *gentleman*. E as posições dele não eram mortíferas não, dava para conversar muito bem. No fim do governo, naquela época da prorrogação do mandato do Sarney, ele achava que seria aprovado o parlamentarismo. Tivemos longas conversas na sua casa, regadas a alguns uísques, e uma vez ele me disse: "Nós vamos precisar muito de você em Washington, se vier o parlamentarismo e o Ulysses for o primeiro-ministro." Nunca houve animosidade entre nós, desde a época em que eu estava na Divisão Econômica do Itamaraty, e a amizade se estreitou no tempo do San Tiago.

É curioso que a busca da "modernidade" econômica, que passava por uma redução do papel do Estado, tenha começado dentro do próprio Estado, no BNDES, e não entre o empresariado...

É verdade. O Estado, no Brasil, acabou sendo o propulsor da idéia de modernidade. O empresariado tentava se beneficiar do Estado e não tinha um porta-voz à altura dos desafios da modernidade, como aliás não tem até hoje. O presidente Sarney um dia tinha um almoço importante, quis convidar um empresário brasileiro, e não foi fácil encontrar um. Houve época em que tínhamos empresários, como Roberto Simonsen, bem mais representativos e articulados mentalmente. A Fiesp, até hoje, é um centro de conservadorismo, quase de reacionarismo empresarial. Se você for lá, vai ouvir queixas contra a abertura, juros altos, câmbio baixo etc. Mas, sobre as coisas realmente essenciais, eles não se pronunciam com a ênfase necessária.

6

Mudança de Posto

Primeiros contatos com Collor

Em janeiro de 1990, o presidente eleito Fernando Collor de Mello fez uma viagem aos Estados Unidos.[1] *O senhor já o conhecia?*

Sim. Conheci-o um pouco antes da campanha, quando ele foi a Washington como governador de Alagoas. Um dia, Pedro Malan, que na época era diretor executivo do Banco Mundial, me chamou por telefone, como fazia normalmente, e disse: "Vem aqui o governador de Alagoas. É jovem, dinâmico, vou oferecer um almoço a ele e gostaria que você também viesse." Fui, e tivemos uma conversa muito boa. Ele estava preocupado com as finanças de Alagoas, do Brasil, falou dos seus projetos, dos marajás etc. Tive uma boa impressão inicial. Depois, durante a campanha, chegou-se até a montar uma agenda provisória para uma visita dele a Washington, mas a viagem foi cancelada. Evidentemente, eu achei um erro o cancelamento.

---

[1]Fernando Collor de Mello foi eleito presidente da República no segundo turno da eleição presidencial de 1989, em 17 de dezembro, e tomou posse em 15 de março de 1990.

Lula foi aos Estados Unidos durante a campanha.

Sim. Lula esteve lá, acompanhado pelo Weffort, teve uma receptividade muito simpática da comunidade acadêmica, naturalmente das *trades unions*, do Partido Democrata, mas o governo americano lhe deu pouca atenção. Marcaram uma reunião no Departamento de Estado que acabou não ocorrendo, porque o seu interlocutor, Zoellick, não apareceu nem se desculpou — Zoellick é hoje o United States Representative, com nível ministerial. Acompanhei praticamente todos os encontros do Lula em Washington, e também participei de um jantar descontraído com ele e Weffort num restaurante. O Lula daquela época era um Lula muito moderado, muito mais aberto do que o Lula de hoje. Até criticou a Luísa Erundina, disse que ela não tinha viajado, não conhecia o mundo, que era preciso conhecer as coisas...

No segundo turno, quando a disputa ficou entre Collor, um desconhecido, e Lula, apoiado por uma coalizão de centro-esquerda, qual foi a reação nos Estados Unidos?

Eu não os vi apostar muito num ou noutro. Na época, a dívida externa era um assunto muito quente, e Lula, quando esteve lá, pouco falou no assunto. Não trombeteou muito, e esse acabou não sendo, que eu saiba, um grande tema. Já a proposta do Collor durante a campanha era ambígua: retirar os avais da dívida e, então, negociar. O governo, que tinha dado o aval, iria retirar o aval... Era uma idéia até muito parecida com a do Funaro, algo inacreditável em termos de respeito aos contratos. *Pacta sunt servanda...* No mercado financeiro, que é baseado em confiança, quebrar um contrato dissolve a relação. As coisas que o Lula dizia naquela ocasião não eram confrontacionistas. Eram do tipo "vamos ver, temos que examinar...". Ele fez um pouco como Goulart naquela mensagem: "Não queremos o veto americano." E de fato não houve. Até porque estávamos às portas da hiperinflação, e isso era considerado realmente um perigo.

Mas o fato é que Collor acabou não indo aos Estados Unidos durante a campanha. Logo depois de eleito, entretanto, anunciou que iria, em fins janeiro de 90. E não foi fácil montar o programa, porque vinham ordens e contraordens através do Itamaraty: "Faz essa reunião, não faz mais, faz essa, faz aquela..." As pessoas da equipe dele tinham opiniões diferentes, não havia harmonia suficiente entre aquele grupo do "Bolo de Noiva". Mas montou-se um programa bom, e depois da chegada, basicamente, a agenda dele não teve problemas. Os problemas eram mais com a agenda da primeira-dama. Às vezes havia um cancelamento na última hora, e criava-se um constrangimento. Isso não só em relação a essa visita, mas a algumas posteriores também.

Que tipo de contatos o presidente Collor teve nos Estados Unidos?

Ele foi com um programa totalmente fechado, que incluía contatos bem diversificados. Esteve não só com o presidente Bush e com Nicholas Brady, então secretário do Tesouro, mas também com Michel Camdessus, diretor-gerente do Fundo Monetário, com Enrique Iglesias, presidente do BID, e com a Carla Hills, do USTR.

A viagem começou por Nova Iorque. Fui ao aeroporto recebê-lo e depois ficamos hospedados no mesmo hotel que ele, o Waldorf Astoria. Naquele mesmo dia, ele recebeu o Bronfman, que era presidente de uma das mais prestigiosas associações judaicas mundiais, e prometeu a mudança do voto do Brasil na ONU, que considerava o sionismo uma forma de racismo.[2] Lembro que o Henry Sobel estava presente. Depois disso, ele foi às Nações Unidas, numa visita ao secretário-geral que eu não acompanhei, pois o nosso embaixador lá explicara que não havia cadeiras suficientes na sala (*sic*), e combinamos nos encontrar no aeroporto para irmos para Washington. E aí aconteceu uma coisa meio anedótica. Estava lá também o cônsul-geral em Nova Iorque, que, de brincadeira, disse: "Como é, Marcílio, vamos de avião? Você gosta mais de trem..." O presidente ouviu aquilo e ficou calado. Fomos para a sala VIP — toda sala VIP é deprimente — e ficamos lá esperando a hora do embarque. Meia hora de atraso, uma hora de atraso, uma hora e meia, até que o presidente virou-se para mim e disse: "Embaixador" — ele é muito formal —, "não é o senhor que gosta de trem?" Eu disse: "Sim, senhor." "Então, vamos de trem." E ele, naquele estilo polido, mas decidido, virou-se e saiu em passo rápido, para horror do serviço secreto, que saiu correndo atrás, em disparada. Nós, Maria Luiza, eu e todos os outros, saímos também, pegamos o carro e fomos para a estação. No trajeto, o serviço secreto alugou um vagão de trem exclusivo. Ficaram horrorizados de nós irmos de trem. Marce-

---

[2]A partir do primeiro choque do petróleo (1973), em grande parte devido à extrema dependência da economia brasileira para com as importações de petróleo, cerca de 70% das quais eram supridas pelos países árabes, a diplomacia brasileira abandonou sua tradicional política de eqüidistância em relação ao conflito árabe-israelense para assumir posições mais abertamente pró-árabes. Nas Nações Unidas, essa mudança de postura traduziu-se em pronunciamentos que apoiavam o direito de autodeterminação do povo palestino e condenavam a ocupação de territórios pela força. Já em 1974, o Brasil votou favoravelmente à resolução 3.237 da Assembléia Geral, que pedia a concessão à Organização para a Libertação da Palestina (OLP) do *status* de observador na mesma Assembléia. O ápice dessa guinada pró-árabe, contudo, ocorria em novembro de 1975, quando o Brasil se juntou ao bloco árabe e aos países do Terceiro Mundo para votar a favor da resolução 3.379 da Assembléia Geral, que definia o sionismo como uma forma de racismo. A promessa feita por Collor nos Estados Unidos de reverter tal voto se concretizou em dezembro de 1991, quando o Brasil apoiou o encerramento da referida resolução. Ver Wayne A . Selcher, *Brazil's Multilateral Relations: between first and third worlds* (Boulder, Westview Press, 1978); e Ademar Seabra de Cruz Junior, Antonio Ricardo F. Cavalcante e Luiz Pedone, "Brazil's foreign policy under Collor", *Journal of Interamerican Studies and World Affairs*, 35 (1), abr. 1993.

lo Jardim ainda conseguiu se deslocar do trajeto, passar no McDonald's e pedir 20 *big macs*, e lá fomos nós. Maria Luiza tinha mandado preparar um jantar em Washington, mas jantar não houve, evidentemente, porque chegamos por volta da meia-noite. O presidente, a primeira-dama e algumas pessoas da comitiva, como Zélia Cardoso de Mello, Gelson Fonseca e Marcos Coimbra, ficaram hospedados lá em casa mesmo, enquanto os outros foram para outro lugar. Entre esses últimos estava o secretário particular do presidente, chamado Chaves, que, sem trocadilho, levou com ele as chaves das malas do presidente! Quando o presidente foi abrir as malas, vocês podem imaginar... Enfim, acabou tudo bem.

Nesse primeiro contato, o senhor teve oportunidade de conversar com o presidente?

Bastante. Foram quatro horas e meia de viagem, deu para conversarmos muito. Ele estava inteiramente convencido da necessidade da reinserção do Brasil, de uma maneira muito mais dinâmica, na economia mundial. Em termos políticos, desse ponto de vista, havia uma grande convergência de opiniões entre nós. Na parte da dívida, ele ainda não tinha clareza do que iria apresentar. Também não havia ainda plano econômico. Ele sabia que tinha o problema da inflação, mas evidentemente não se falou de congelamento. Nas relações Brasil-Estados Unidos, as intenções eram acabar com a confrontação. Tanto que acho que aquele encontro com o Bronfman em Nova Iorque foi muito inteligente, para *defuse* a pressão da enorme comunidade judaica na mídia, no Congresso, nos formadores de opinião. Isso ajudou muitíssimo.

No dia seguinte, o presidente Collor foi visitar o presidente Bush. O Itamaraty tinha marcado uma visita de dona

Rosane a Mrs. Bush, mas ela disse que não queria ir porque estava cansada. Mas o certo é que eu fui com o presidente ao Bush, e a conversa foi muito boa. Os temas foram aqueles que iriam compor a pauta do que seria o discurso de posse: abertura comercial, abertura da economia, negociação da dívida externa. Nesse último ponto, ele não entrou em detalhes. Mas foi uma conversa muito positiva, tão positiva que depois do encontro ele foi falar num almoço no National Press Club e, quando estávamos lá, recebi um telefonema dizendo que o presidente Bush o convidava para uma sessão de cinema e depois um pequeno jantar íntimo na Casa Branca, totalmente fora do protocolo. Era uma coisa inusitada, uma deferência muito especial. A impressão que as pessoas tinham dele era ótima: falava inglês perfeitamente, francês, fazia boa figura.

Antes da audiência com o presidente Bush, houve na embaixada algum tipo de revisão mais formal da pauta das relações bilaterais?

Conversou-se sobre isso antes. O presidente conversava muito, queria ouvir, queria saber. E estava com ele Marcos Coimbra, que era uma pessoa muito ponderada — eu o tinha conhecido ao entrar no Itamaraty, na época ele era secretário do Instituto Rio Branco. Além disso, o Itamaraty tem toda uma tradição de, numa situação dessas, fazer um dossiê escrito para o presidente. Ele já tinha lido o dossiê, sempre lia tudo e depois pedia que se fizesse uma pequena exposição. Sempre que estava com a primeira-dama, viajava só com ela no carro, mas quando estava sem ela viajava comigo e queria conversar.

Em janeiro de 1990, quando dessa visita aos Estados Unidos, já estava mais ou menos solidificado um receituário das agências multilaterais para a América Latina que ficou conhecido como Consenso de Washington. O presidente Collor tinha consciência disso?

Tinha plena consciência disso. O presidente Collor lia muito. Eu tinha estado presente ao seminário em que se cristalizou a idéia do Consenso de Washington. Foi um seminário sobre as reformas econômicas da América Latina, organizado pelo Institute for International Economics em 6 e 7 de novembro de 1989. Tenho o livro com os anais do seminário, publicado em 1990. Quem expôs então os dez pontos do Consenso foi John Williamson,[3] e assisti a essa conferência. Do Brasil, apresentaram *papers* Eliana Cardoso e Daniel Dantas.

Também durante essa visita parece que o presidente deu uma declaração no sentido de que estava disposto a resolver o problema das patentes. Houve isso?

Houve. Organizei um jantar na embaixada em que estavam Camdessus, Iglesias e Carla Hills, e o assunto foi aventado, embora sem detalhes. O jantar foi muito interessante. Na conversa sobre o Fundo Monetário, o presidente falou sobre o problema fiscal. Era muito fiscalista, queria o equilíbrio fiscal, disso não tinha a menor dúvida. Em relação à dívida, tinha havido na campanha aquela idéia de retirar os avais, mas isso afinal nunca foi apresentado. O presidente falava em inserção do Brasil no Primeiro Mundo, em modernidade, temas que retomaria no discurso de posse. Acho

[3]O *paper* de John Williamson intitula-se "What Washington means by policy reform" e foi publicado no livro por ele organizado, *Latin American Adjustment: how much has happened?* (Washington, Institute of International Economics, abr. 1990), p. 7-20.

que saiu de Washington muito satisfeito, até por aquela deferência do Bush. Aquilo deu um caráter especial à visita.

Quando o presidente deixou Washington, sua continuidade na embaixada ficou definida?

Não, ficou indefinida. Resolvi então pedir a cada setor para fazer um relatório sobre minhas atividades na embaixada, com uma espécie de avaliação da situação das relações Brasil-Estados Unidos, reuni tudo e mandei para o Itamaraty. E sei que mandaram o relatório para o presidente. Pouco depois da posse, me telefonou o novo ministro do Exterior, Francisco Rezek, dizendo que o presidente queria que eu ficasse. E ficaram muito poucas pessoas, como é sabido. Do chamado segundo escalão do governo, só ficamos Tuma e eu. Houve uma mudança muito grande, saiu todo mundo, não só todos os ministros, mas todos os secretários executivos, presidentes de autarquias etc. Até nas embaixadas, onde estavam geralmente embaixadores de carreira, o presidente mudou vários. Durante a viagem de janeiro, não gostou de alguns e depois trocou: em Nova Iorque, em Lisboa... Foi uma alteração muito profunda.

Como o senhor avaliava, na época, aquele governo que ia começar?

Acho que havia bastante esperança. Como disse, havia algumas áreas em que ainda não havia clareza, como a da dívida externa, mas em outras, como patentes, abertura, já havia um caminho bem traçado.

Na sua ida para Washington, seu interlocutor direto era o próprio presidente Sarney. Durante o ano e meio em que o senhor continuou na embaixada durante o governo Collor, seu interlocutor também era o presidente?

Sim, mas de uma maneira mais cerimoniosa. Não tínhamos aquela informalidade, mas ele, por exemplo, me telefonava diretamente. Havia também o Marcos Coimbra, que era um dos interlocutores indiretos.

O discurso de posse e o Plano Collor

O discurso de posse do presidente Collor, de conteúdo fortemente modernizador, causou grande impacto. Segundo o ministro Celso Lafer,[4] *esse discurso não foi preparado apenas por Collor, mas foi redigido com a ajuda dos embaixadores José Guilherme Merquior e Gelson Fonseca. O senhor acompanhou isso?*

O principal redator do discurso de posse foi sem dúvida José Guilherme Merquior. Gelson deu mais a forma, e Merquior, a substância. De Washington o presidente foi para o Japão e depois para a Europa, e ali se encontrou longamente em Paris, com Merquior, que era embaixador na Unesco. Depois, Merquior foi chamado ao Brasil. O presidente chamou também Vargas Llosa para conversar, porque ele era candidato no Peru, e até certo ponto os dois comungavam nas mesmas idéias. Merquior participou da conversa. Ele me reportava tudo, sempre, infelizmente até o leito de morte.

Se o presidente Collor representou um ponto de aglutinação para aqueles que apostavam na modernização da economia, por outro lado ele também tinha um handicap, *que era o fato de não ter base política, o que o levava a ter poucos quadros.*

---

[4] Depoimento prestado a Alexandra de Mello e Silva em 3 de setembro de 1998.

Onde ele foi buscar quadros para formar a equipe e elaborar um plano de governo?

Ele tinha realmente muito poucos quadros, tanto que a Zélia, por exemplo, ele a tinha conhecido quando das negociações entre o estado de Alagoas e o Ministério da Fazenda, quando ela era assessora do Funaro para negociações com os estados.

Ou seja, não era uma figura de proa.

Não. Ele mesmo, depois, em mais de uma ocasião, me disse que a sua idéia não era nomear Zélia ministra da Fazenda, e sim José Serra. Mas Serra não aceitou. Não conheço suficientemente a história intelectual do presidente Collor, mas era evidente que ele tinha uma intuição muito grande. Ele intuiu a necessidade do apelo à modernidade, viu o problema das carroças, talvez porque fosse uma pessoa com bom faro, bastante cosmopolita, que viajava, via muito a CNN. Depois das conversas com o Merquior, ouvia muito as pessoas e captava: ouvia o Iglesias, ouvia a mim... Na equipe dele não havia realmente ninguém que fosse grande formulador, o que mostra sua grande capacidade de intuição. É uma pessoa muito inteligente.

Ibrahim Eris, que ocupou um posto importante como a presidência do Banco Central, entrou tarde na equipe e, mesmo assim, no começo ninguém entendeu o que ele estava fazendo ali...

Sim. Tanto que a Zélia contou em seu livro que, quando ele foi convidado, era para ter sido chamado outro Ibrahim. "Telefona para o Ibrahim..." Na verdade, não era o Eris...[5]

---

[5]Fernando Sabino, *Zélia, uma paixão* (Rio de Janeiro, Record, 1991). De acordo com o relato de Sabino, ainda antes da vitória de Collor no segundo turno da eleição presidencial Zélia teria instruído sua secretária a telefonar para Ibrahim Elias, um antigo colega seu, mas esta, por engano, ligou para Ibrahim Eris. Apesar do equívoco, a futura ministra teria marcado um encontro com Eris, ao final do qual este se mostrou inclinado a colaborar com a equipe de Collor. Essa colaboração foi, contudo, retardada pela morte do pai do economista, o que o fez viajar para a Turquia. No seu regresso, com Collor já eleito, o convite de Zélia foi renovado e Eris se integrou definitivamente à pequena equipe inicial, responsável pela elaboração do Plano Collor.

Isso parece até piada... Como foram recebidos, em Washington, o discurso de posse e em seguida o Plano Collor?[6]

O discurso de posse foi muito bem recebido, mas logo em cima veio o espanto do Plano Collor. Evidentemente, o Plano Collor foi recebido com perplexidade. Eu mesmo fui pego de surpresa. Mas, enfim, até certo ponto ele se justificava pela idéia de que a inflação que se anunciava, em março, era de 84% por mês. Isso iria levar à hiperinflação, de modo que era necessário um remédio amargo. Por quê? Porque a moeda tinha se tornado uma moeda indexada, de modo que o problema não era só de fluxo, era também de estoque. Curiosamente, houve o congelamento do estoque, e o programa todo perdeu-se pelo fluxo. Tendo sido demasiado severos com o estoque, eles acabaram sendo muito frouxos nos fluxos. Abriram as chamadas torneiras, os estoques viraram fluxos e acabaram minando o plano muito rapidamente.

Acho que o presidente Collor tinha a clara percepção de que tinha que fazer as mudanças desde o início e começou a fazê-las logo no primeiro dia, mas por uma fórmula tão ousada que acabou sendo a fórmula errada, a do bloqueio dos haveres financeiros. Mas, certamente, ele não esperou para fazer as coisas: fez. Um pouco imprudentemente. Era aquela escola de pensamento de que se deve fazer o mal de uma vez só...

---

[6] O Plano de Estabilização Econômica, ou Plano Brasil Novo, mais conhecido como Plano Collor, foi anunciado em 16 de março de 1990, no dia seguinte ao da posse do novo presidente, e tinha por objetivo combater a inflação, reduzir o déficit público e abrir caminho para a modernização e a liberalização econômica do país. Entre as principais medidas adotadas então estavam a extinção e privatização de empresas estatais; a demissão de funcionários públicos; a elevação de impostos e o fim de subsídios à exportação; a reintrodução do cruzeiro como moeda nacional, em substituição ao cruzado novo; o congelamento de preços e salários e a aceleração da liberalização comercial. A medida mais polêmica, contudo, foi o bloqueio, por 18 meses, dos saldos em conta corrente e caderneta de poupança que excedessem CR$ 50 mil, o que levou o país a uma crise momentânea de liquidez doméstica. Ver *DHBB*.

Como o senhor, pessoalmente, se sentiu quando foi anunciado o Plano Collor?

Eu concordava plenamente com a política econômica enunciada no discurso de posse, que era do Merquior, e que ele depois veio a batizar de social-liberalismo. Agora, o Plano Collor, de certa maneira, um dia depois quebrou aquela promessa, foi uma decisão extremamente intervencionista, que rompeu contratos. Havia uma dicotomia muito grande entre o discurso e a prática, e eu realmente não me sentia confortável com a prática.

Como foi recebido o projeto de modernização do governo Collor dentro do Itamaraty? Ao comentar as mudanças iniciadas no governo Sarney, o senhor mencionou que o Itamaraty ofereceu resistências.

O Itamaraty foi um foco de resistência às mudanças também nesse momento. Por exemplo, na parte de política comercial, argumentavam que a abertura teria de ser mais alongada. O embaixador Samuel Pinheiro Guimarães, que mais tarde viria a chefiar o IPRI,[7] continua defendendo essa tese publicamente até hoje, inclusive em relação às patentes. Outros diplomatas, sobretudo no escalão intermediário, também defendiam o *status quo* ou mudanças muito graduais. O problema não eram as pessoas em si, muitos deles brilhantes diplomatas, era a cultura do Itamaraty, ainda impregnada pela herança dos barbudinhos.

---

[7] Instituto de Pesquisa de Relações Internacionais, órgão da Fundação Alexandre de Gusmão (Funag), que é, por sua vez, subordinada ao Ministério das Relações Exteriores.

O embaixador Celso Amorim, evidentemente do ponto de vista dele, que é diferente do seu, diz algo semelhante. Segundo ele, houve dentro do Itamaraty, primeiro, um certo movimento no sentido de preservar a competência administrativa do Ministério das Relações Exteriores para conduzir a abertura comercial; depois, houve o desejo de que não se fizesse uma abertura unilateral e indiscriminada, de que a coisa fosse negociada.[8]

O ponto de vista de quem queria abrir era: o principal beneficiário da abertura não é o país *x* ou *y*, é o próprio Brasil. Se não se fizesse a abertura daquela maneira, gradual no início, a cada 12 meses, decididamente não se faria. Nesse ponto, a ministra Zélia foi muito determinada em resistir a tentativas de postergação. Na minha gestão, a periodicidade passou para nove meses.

Dois temas principais: dívida e patentes

No início do governo Collor, a negociação da dívida continuava a dominar a cena em Washington?

Naquela época, havia dois temas: dívida e patentes. Para tratar da dívida, houve várias visitas a Washington, da Zélia e do Ibrahim, às vezes juntos, às vezes separados. Ibrahim normalmente viajava com Maria Sílvia Bastos Marques, e Zélia viajava com Clodoaldo Hugueney e, depois, com Jório Dauster. As primeiras negociações foram muito difíceis, porque a proposta feita foi na linha da securitização, mas com um *bullet* de 45 anos. Isso significava que só se pagaria — os juros e o principal — depois de 45 anos. Na chamada matemática financeira, em que os valores, e mesmo as em-

[8] Depoimento prestado a Alexandra de Mello e Silva em 29 de novembro de 1997.

presas, são avaliados segundo o *cash flow* descontado, isso tinha valor perto de zero. O sujeito sabe que daqui a 45 anos o que vão lhe pagar não vale nada. É quase incompreensível propor uma coisa dessas.

A idéia estava de acordo com o bloqueio interno dos ativos financeiros, não?

Sim, alegavam que não se podia pagar só lá fora, já que não se ia pagar aqui dentro. Pode ser também que eles tenham dito isso para assustar, um pouco no estilo "bateu, levou": "Olhem o que nós fizemos com os credores brasileiros, congelamos os ativos deles por 18 meses..." Foi uma negociação muito dura, muito atritosa, a do Ibrahim com o Mulford, que era o principal negociador do Tesouro lá. Estive presente a reuniões dele com o Mulford e com o Camdessus, mas essa era apenas uma parte. A parte mais pão, pão; queijo, queijo era com os credores privados, e a essas reuniões nunca assisti. Num certo momento, eles nomearam Jório Dauster negociador da dívida. Mas aí já foram abrandando. O pessoal dizia: "Vocês precisam começar a pagar, ao menos uma parte dos juros..." Depois de quase um ano, começou-se a negociar a securitização dos juros atrasados, mas já em prazos menores, de oito anos, acho. Esse foi o primeiro passo para se ter menos confronto internacional.

Num certo sentido, então, sua posição como embaixador mudou. Na época do governo Sarney, pelo que o senhor nos contou, a embaixada do Brasil em Washington era muito influente na negociação da dívida...

Embora eu também não participasse das reuniões com credores privados na época do Sarney, evidentemente a minha posição mudou. No início do governo Collor, não cabia ao embaixador em Washington o papel de negociador. Eu tinha esse papel no tempo do Sarney porque ele o delegava a mim. Aos poucos, fui ganhando a confiança do presidente Collor, mas só passei a ter esse papel realmente como ministro da Fazenda.

A nomeação de Jório Dauster como negociador também correspondia a um formato novo, não?

Esse formato surgiu com o próprio Funaro, mas não funcionou. Naquela época, o negociador seria o embaixador Ramiro Saraiva Guerreiro, que chegou a ir a Washington, acho que uma vez, mas não chegou a assumir de fato o papel. Devo dizer também que o pessoal da equipe da Zélia sempre ficava hospedado lá em casa, e isso já era uma maneira de se conversar. Eu sempre os acompanhava nas visitas oficiais, e às vezes nos encontros com os bancos comerciais, com exceção dos realizados no contexto do BAC, o Comitê dos Bancos. Portanto, embora não houvesse no início o mesmo tipo de relacionamento que havia no governo anterior, existia um diálogo. Houve também, nesse período, visitas de autoridades americanas ao Brasil. Primeiro, da Carla Hills, depois do Brady e do Bush, no fim do ano de 1990.[9] O próprio presidente Collor, quando foi a Washington, em junho de 1991, já foi reciprocando a visita do Bush. Enfim, isso fazia com que houvesse uma dinâmica, com que sempre houvesse uma conversa minha com o presidente.

---

[9]A visita de Carla Hills ocorreu em junho de 1990. O presidente George Bush e o secretário do Tesouro dos Estados Unidos, Nicholas Brady, visitaram o país nos dias 3 e 4 de dezembro do mesmo ano.

Ainda antes dessa visita de retribuição o presidente Collor foi a Nova Iorque, em setembro de 1990, não?

Sim, para a abertura da Assembléia Geral das Nações Unidas. Dessa vez ele discursou, e o seu discurso foi muito aberto. Não chegou a ir a Washington, encontrou-se com o Bush em Nova Iorque mesmo, no Waldorf Plaza. O presidente americano tem um apartamento no 32º andar do Plaza Towers, e lá eles tiveram uma conversa. Havia todo aquele problema do meio ambiente, e a idéia era assegurar que o Brasil fosse a sede da Eco-92, como se havia proposto na época do Sarney.

Por falar nisso, em abril de 1990 houve a chamada Conferência sobre Meio Ambiente da Casa Branca. O senhor se lembra disso?

Lembro. Acho que houve mais de uma conferência, uma da Casa Branca e uma do Congresso. Essa da Casa Branca não foi na Casa Branca, foi num daqueles hotéis ali perto. O representante do Brasil foi o Lutzenberger, que era secretário de Meio Ambiente. Fez um discurso que foi ouvido em silêncio total e depois foi aplaudidíssimo. Dizia: "A civilização ocidental, o cristianismo, no fundo são culpados, porque quebraram a simbiose entre natureza e homem, inventaram que o homem dominaria a natureza..." Aquilo foi um sucesso. Ele fala muito bem inglês, francês e alemão e tem uma retórica interessante, que, embora diferente, lembra um pouco a do Aranha. As pessoas, no começo, tinham dificuldade em ouvi-lo, ficavam querendo ouvir, e enquanto isso ele ia subindo o tom. Parecia até, no começo, que não sabia falar bem inglês; de repente, saía com um inglês eloqüente. Acho que para o Brasil funcionou muito bem, porque o

Lutzenberger ia além dos ambientalistas americanos. A Tipper, mulher do Gore, ficou espantada, porque ele batia na civilização ocidental. Foi um momento interessante, com o Brasil assumindo a ofensiva em cima da civilização industrial. Depois dessa reunião, houve uma série de outras, do Comitê Internacional de Mudanças Climáticas, em que, em geral, o delegado brasileiro era o embaixador Macedo Soares. Mas a conferência que realmente teve impacto lá foi essa, de que o Lutzenberger participou.

Já comentamos que em sua viagem aos Estados Unidos antes da posse, em janeiro de 1990, o presidente Collor tinha anunciado a intenção de mudar o Código de Propriedade Industrial de modo a atender às reivindicações norte-americanas relativas a patentes.[10] *Como foi, depois, lidar com a expectativa criada no governo norte-americano, de um lado, e a dificuldade de efetivar essa mudança no Brasil, de outro?*

Acho que aí há dois aspectos. Primeiro, o aspecto formal: era o estilo do presidente Collor anunciar e fazer mudanças de uma maneira, digamos, muito ousada, audaz, imprudente, talvez. Essa atitude, que possibilitou a mudança da agenda brasileira, acabou, por outro lado, prejudicando a trajetória dele, porque muitas vezes criava atritos e afastava alia-

[10]Em visita aos Estados Unidos em janeiro de 1990, Collor anunciara sua disposição de, coerentemente com sua plataforma de liberalização e de reinserção competitiva do Brasil na economia mundial, providenciar uma legislação adequada às reivindicações norte-americanas. Tal disposição teve continuidade com a divulgação, em junho do mesmo ano, de documento do Ministério da Economia intitulado "Diretrizes gerais para a política industrial e de comércio exterior" o qual previa entre outras medidas o envio ao Congresso, até 20 de março de 1991, de projeto de revisão do Código de Propriedade Industrial que deveria incluir o patenteamento de produtos farmacêuticos. Por seu lado, o governo norte-americano anunciou, já em julho de 1990, a suspensão das sanções comerciais contra o Brasil. Contudo, o contencioso na área de patentes só teria um desfecho definitivo em 1995, no governo de Fernando Henrique Cardoso, quando, após longa e complexa tramitação no Congresso Nacional, foi finalmente aprovado o novo Código de Propriedade Intelectual. Ver Maria Helena Tachinardi, *op. cit.*

dos desnecessariamente. O segundo aspecto é o mesmo que aparece quando se discute a abertura comercial. Quem é o grande beneficiário da abertura? É o Brasil, o consumidor brasileiro. Quem é o principal beneficiário da mudança do Código de Propriedade Industrial? É o Brasil, não são os Estados Unidos.

As coisas começaram a andar quando assumiu a Secretaria de Ciência e Tecnologia o Goldemberg, que tinha como assessor o Mônaco, depois presidente da Finep, que foi quem realmente começou a escrever o novo código. Em junho de 1990, quando a Carla Hills esteve no Brasil, ficou acordado que eu entregaria uma carta da Zélia a ela dizendo que a lei iria mudar e que, quando mudasse, seria aplicada imediatamente. Com isso se resolveria o problema das patentes. A partir daí, consegui que as sanções da Super 301 fossem suspensas, e de maneira definitiva. Havia uma dúvida se a suspensão seria temporária, mas a Carla Hills encerrou o processo, não ficou esperando a mudança da lei.

A partir do momento em que o Brasil se comprometeu a enviar ao Congresso uma nova lei, houve alguma influência do governo americano na elaboração desse projeto?

Em função não só das sanções, mas da nossa ameaça de ir ao GATT contra as sanções, houve a criação de uma comissão mista de consultas, de temática comercial, que se reunia de vez em quando. E eles utilizaram um pouco esse veículo para dar palpites. Não interessava ao Brasil fazer um esforço grande para depois, lá, se considerar que aquilo não cobria um mínimo de demandas dos reclamantes. Nós precisávamos fazer a coisa de uma maneira que tivesse um mínimo de aceitação. Essas consultas, em geral, eram feitas no Brasil. Às vezes, quando o Mônaco ia aos Estados Unidos, fazia reuniões lá, mas normalmente elas eram feitas aqui. Há uma associação aqui, dos advogados de propriedade intelectual, que também participava. O INPI certamente participava.

Aliás, uma fonte interessante em termos de patentes é o trabalho feito para o CAE por Maria Stella Pompeu Brasil. No meu tempo, ela era conselheira em Washington, e lá começou a fazer a tese. É interessante porque não foi um trabalho teórico, ela estava no meio da negociação. Evidentemente, o trabalho tem um corte histórico, cronológico, não chega até a aprovação do novo código, que só ocorreu em 15 de maio de 1995.

Temos a informação de que o senhor, já como ministro da Fazenda, contribuiu de forma decisiva para o projeto que alterava o antigo Código de Propriedade Industrial.

O que houve foi que, assim como aconteceu agora, no governo Fernando Henrique Cardoso, em relação à energia elétrica e ao petróleo, o presidente Collor não conseguiu mandar para o Congresso uma regulamentação relativa às patentes que fosse suficientemente moderna e avançada, alcançando as exigências de uma nova realidade mundial. Isto porque o projeto enviado pelo Executivo teve de ceder a resistências burocráticas e ideológicas expressas sobretudo pelas camadas burocráticas intermediárias. Algumas mudanças mais profundas tiveram então que ser introduzidas através do relator do projeto, o deputado Ney Lopes, que aliás fez um trabalho que me surpreendeu, porque era um trabalho de mil páginas, muito articulado. Houve um debate do ministério todo, em que o Ney Lopes se saiu muito bem, e onde a única resistência foi do Jatene, então ministro da Saúde. Ele defendia a teoria da Organização Mundial de Saúde, de que alguns remédios de uso popular ou de grande uso tinham que ser excluídos do patenteamento.

No restante do ministério, havia um consenso com relação à mudança do código?

Pode ter havido opiniões contrárias, mas a única mais consistente, mais enfática, foi a do ministro Jatene. Para minha surpresa.

Mais uma vez surpreende por que foi tão difícil a aprovação...

É que aí já estávamos em meados de 1992, e a capacidade do governo de aprovar suas matérias já era baixa. Depois veio o Itamar, e como aquele era um projeto do governo Collor, foi abandonado. Depois, com Fernando Henrique, o projeto voltou. Foi Fernando Bezerra que restabeleceu a essência do relatório Ney Lopes.

Mesmo estando então fora do governo, o senhor acompanhou o encaminhamento da questão, chegou a ser procurado?

Não fui procurado. Acompanhei pela imprensa.

Diante de uma demora tão grande, houve uma compreensão do governo norte-americano de que não era só uma questão de vontade política do Executivo brasileiro, era um problema também de política doméstica?

Houve. Eles também têm problemas com o Congresso. Esse tipo de problemática eles compreendem.

Houve algum lobby *do governo norte-americano no Congresso brasileiro?*

Do governo, acho que não, mas as empresas farmacêuticas de capital estrangeiro, reunidas na Interfarma, acompanhavam de perto a tramitação do assunto. Era o Francisco Teixeira quem coordenava o esforço, que mobilizou vários escritórios de advocacia especializada. E a Interfarma às vezes me enviava informações sobre o andamento do assunto. Cláudio Sonder, presidente da Hoechst, de cujo conselho consultivo eu participava desde 1993, também me enviou algumas versões do projeto de lei. Mas foi mais por interesse teórico meu. Acho que a aprovação e depois a entrada em vigor do novo código foram um marco para o Brasil. Numa sociedade de conhecimento, reconhecer ao autor a propriedade da criatividade intelectual é uma coisa fundamental.

A Guerra do Golfo

Outro tema importante nos Estados Unidos em 1990-91 foi a Guerra do Golfo.[11] *Em agosto de 1990, quando Saddam Hussein invadiu o Kuwait, o senhor enviou um telegrama ao Itamaraty dizendo que a intenção de Bush era tirá-lo de lá; mas o senhor achava que, embora contasse com o apoio do povo*

---

[11] A chamada segunda Guerra do Golfo (1990-1991) teve início em 2 de agosto de 1990, quando o Iraque, sob a presidência de Saddam Hussein, invadiu militarmente o Kuwait e, no dia 8, declarou-o formalmente anexado ao território iraquiano. Paralelamente, nos meses de agosto a novembro de 1990, o Conselho de Segurança das Nações Unidas votou uma série de resoluções determinando a retirada iraquiana do território invadido (resolução 660); a aplicação de bloqueio econômico e comercial e de embargo aéreo sobre o Iraque (resoluções 661 e 670); e, por fim, a utilização de "todos os meios necessários" – inclusive a força militar – para o cumprimento da resolução 660 (resolução 678). Com base nessa última resolução, foi constituída uma força internacional de imposição da paz, sob a liderança militar dos Estados Unidos. Tendo em vista o não-cumprimento por parte do Iraque do ultimato das Nações Unidas determinando a retirada do Kuwait até 15 de janeiro de 1991, a Força Internacional – que também ficou conhecida como os "Aliados" – iniciou um bombardeio maciço sobre alvos estratégicos e sobre tropas iraquianas, que abriu caminho para o ataque terrestre iniciado em 14 de fevereiro. As tropas da ONU continuaram avançando rumo ao norte do país até a aceitação por Saddam Hussein de um cessar-fogo em 28 de fevereiro de 1991. O Brasil não ocupava um assento não-permanente no Conselho de Segurança durante o biênio 1990-1991 mas, como membro das Nações Unidas, apoiou a aplicação das resoluções votadas pelo Conselho. Ver Eduardo Sussumu Fujita, "O Brasil e o Conselho de Segurança (notas sobre uma década de transição: 1985-1989)", *Parcerias Estratégicas*, Brasília, 1 (2), dez. 1996; e *DTCWH.*

americano, Bush estava correndo um sério risco, tanto interno quanto externo. Como o senhor viu, de Washington, a crise e a Guerra do Golfo, e como transmitiu essa visão para o Brasil?

Cedo formou-se um consenso de que era preciso responder ao Iraque, se possível por meios rápidos, para evitar a síndrome do Vietnã, e por meios que envolvessem o mais possível a força aérea como instrumento dissuasório mas, se preciso, também militar. Havia quem achasse que o Iraque tinha um dos maiores exércitos do mundo, o que logo depois da invasão veio a ser desmentido. Em relação ao petróleo, logo ficou claro que o preço iria subir, mas imediatamente depois cairia. Assisti a um seminário no Institute for International Economics, e um dos grandes especialistas em petróleo analisou a relação oferta e procura, mostrando o que o Iraque produzia e de que maneira aquilo poderia ser suprido por via marítima, contornando a África do Sul. Indicou claramente que não haveria problema.

Para passarmos informações tempestivas ao Itamaraty, nós criamos um *situation room* na embaixada, porque o Itamaraty ainda não tinha acesso à CNN, só veio a ter durante o conflito. Parece que na época só alguns hotéis pegavam a CNN em Brasília, tanto que o Azambuja, que era o secretário executivo de Política Externa, dizia: "Tenho que mandar os meus diplomatas para os motéis para ficar informado!" Enfim, instalamos televisões e rádios nesse *situation room*, que ficava 24 horas por dia em contato com o Itamaraty, para informar e fazer avaliações. Nossa avaliação de início foi realmente de que havia riscos, mas depois viu-se claramente que seria uma guerra curta e que o impacto sobre o petróleo seria pequeno. Mas no Brasil não acreditaram muito nisso. Enquanto os soldados iraquianos estavam se rendendo a fotógrafos, a cinegrafistas — quando via um deles, o sujeito levantava os braços —, aqui no Brasil o chefe do Estado-Maior das Forças Armadas e o próprio ministro do Exterior faziam longas exposições sobre as chances do Iraque, o superexército, que não tinha ainda colocado na frente as tropas de elite, mas quando elas chegassem...

É espantoso que, apesar da relação de proximidade que o Brasil teve, pela venda de armas para o Iraque, os militares brasileiros desconhecessem o potencial bélico iraquiano.

Desconheciam. Achavam que o lança-foguetes da Avibrás era a última palavra em tecnologia de guerra... Em relação às informações sobre o petróleo, acho que o Itamaraty acreditou no que dizíamos. Mas a Petrobras não acreditou, tanto que comprou um estoque grande e chegou a pagar US$ 35 o barril. Tivemos um prejuízo bem acentuado por conta dessa manobra; essas avaliações equivocadas têm um custo alto. E o Brasil perdeu uma grande oportunidade de mostrar mais solidariedade aos Estados Unidos.

Quando começou a guerra, havia operários brasileiros trabalhando no Iraque que foram mantidos como reféns. O embaixador Paulo Tarso Flecha de Lima foi para lá para negociar a libertação dessas pessoas e, segundo a imprensa, teria declarado que Saddam Hussein concordara em libertá-las contra a promessa de que o Brasil não enviaria tropas, apesar de ter apoiado a intervenção do Conselho de Segurança da ONU. Essa promessa existiu?

Não lembro disso em detalhes. Mas embora pudéssemos ter mandado tropas, acho que isso nunca foi pedido. Era mais uma questão de apoio, de solidariedade moral. Na área de armamentos, os americanos tinham uma certa dúvida quanto ao que o Iraque possuía e queriam que lhes fossem revelados os códigos dos *softwares* de direção dos foguetes fabricados pela Avibrás, queriam saber um pouco mais. Queriam também que o brigadeiro Piva, que estaria no Iraque, voltasse imediatamente.

Isso era explicitado ao senhor, pessoalmente?

Era explicitado. E era uma coisa realmente delicada. Quanto aos reféns, houve uma certa demora na libertação, tanto que fui visitar o embaixador do Iraque, que naquela época ainda continuava em Washington — só depois é que as relações foram rompidas. Foi uma coisa estranha. Fui à embaixada, eles me introduziram na sala do embaixador, que tinha saído, e quando ele voltou, a televisão, que estava ligada na CNN, não foi desligada. Mostrei a importância do caso, ele prometeu empenhar-se, mas não deu retorno.

O senhor, então, também estava intermediando a libertação dos reféns.

Sim. Procurei o embaixador do Iraque a pedido do Itamaraty, para explorar desse lado também. Mas não houve grandes conversas ou elucubrações, foi realmente uma *démarche* diplomática para tentar enfatizar junto ao governo iraquiano a importância que o Brasil emprestava à pronta libertação dos reféns. O problema era que nós não tínhamos embaixador no Iraque, o que estava lá aparentemente tinha ido jogar tênis no Brasil.

O Brasil afinal não forneceu os códigos que os americanos queriam.

Não. E o que foi alegado aqui para não se dar os códigos foi a relação de fornecedor e cliente, o que até tem uma certa razão ética. Não se dava a informação por um problema de *trust*, de confiança na relação com o comprador. Quando transmiti isso, evidentemente, eles não gostaram, porque disseram: "Mas estão matando soldados americanos e aliados!" Para mim não foi uma coisa muito fácil. Acho que eles esperavam declarações de solidariedade mais enfáticas. Nós lamentamos a invasão do Kuwait, mas foi uma coisa sempre um pouco chocha. O pessoal aqui estava realmente achando, ainda, que o Iraque podia virar a guerra, não queria se incompatibilizar. Houve uma má avaliação do resultado provável.

O presidente Collor também fazia essa má avaliação?

Que eu saiba, não. Mas ele fazia reuniões em que o ministro do Exterior falava mais de uma hora. Parece que era uma tortura mental bastante grande... Acho que houve um misto de má avaliação e de uma certa simpatia, não pelo regime de Saddam Hussein, mas uma certa solidariedade terceiro-mundista. Aquela coisa: "Os Estados Unidos estão sendo truculentos, se o Kuwait não tivesse petróleo, os Estados Unidos não teriam agido..."

Talvez não tivessem mesmo... Qual era a sua posição pessoal?

Acho que nós não precisávamos ter mandado tropas, ou aqueles destróieres que a Argentina mandou, que deram um trabalho enorme para a Marinha americana, mas podíamos ter mostrado de uma maneira mais incisiva que estávamos repudiando um ato de invasão de território. Nós tínhamos todas as razões éticas, toda a parafernália da nossa retórica não-intervencionista.

Esse episódio é curioso. O governo Collor começou com um discurso que marcou uma ruptura com o padrão de política externa até então vigente, já que almejava o ingresso do Brasil no Primeiro Mundo. O primeiro acontecimento importante do período, em termos internacionais, foi a Guerra do Golfo. Pela primeira vez na era pós-Guerra Fria o Conselho de Segurança da ONU funcionou, porque a União Soviética, que estava em processo de dissolução, não tinha mais capacidade de bloqueio, votou-se uma resolução e constituiu-se uma força internacional de paz. No entanto a posição desse Brasil que queria ser do Primeiro Mundo foi extremamente ambígua: apoiou a resolução, mas recusou-se a enviar tropas. E não houve nesse período nenhum pronunciamento de impacto do presidente Collor, de avaliação da situação internacional, do que aquilo representava, do que estava em jogo.

A Guerra do Golfo foi um problema bastante complexo. Realmente, houve ali uma aliança de todos os países, uma frente avassaladora, e nós ficamos na contramão daquele projeto de integração. Mas houve também uma situação típica dos momentos de transição. Estávamos a meio caminho, tínhamos anunciado uma mudança, mas ainda não a tínhamos implementado inteiramente. Quando você está no meio do caminho, ainda leva consigo os vestígios do pensamento anterior, o que Robert Reich chama de "pensamento vestigial", quer dizer, ainda está preso a vestígios do passado. Outra coisa que pesou foram os reféns. Tínhamos créditos das empreiteiras lá, tínhamos equipamentos, éramos fornecedores de armas... Acho que isso inibiu, de certa maneira, nossa posição. Paulo Tarso foi lá negociar a saída dos reféns porque tinha sido ele quem conduzira no passado as negociações de venda de armas e de serviços de engenharia. Não sei que negociação houve realmente, mas nós devemos ter dito que não iríamos tomar uma posição demasiadamente agressiva. Acho que a herança do passado pesou.

Qual a sua visão sobre as conseqüências da Guerra do Golfo em termos de ordem internacional?

Acho que na época, talvez por instigação, por indução dos próprios americanos, se imaginou que a Guerra do Golfo abriria um capítulo totalmente novo, uma nova era nas relações internacionais pós-Guerra Fria. Isso não aconteceu, mas acho que houve algumas conseqüências, como a de se voltar a dar, não só ao Conselho de Segurança, mas à própria ONU, um papel que ela tinha perdido. A ONU era uma organização à procura de um papel, e realmente, ali, mostrou uma certa capacidade de mobilizar países diferentes para um objetivo comum, com os Estados Unidos entrando com armamentos e homens, e os outros países, como Japão e Alemanha, entrando com financiamento. Começou ali também, acho, a idéia da expansão do número de membros permanentes do Conselho de Segurança, que contribuem financeiramente. Como a Alemanha e o Japão contribuíram na Guerra do Golfo, extrapolou-se daquela experiência para a possibilidade de expansão do Conselho. Isso também ocorreu, *mutatis mutandis*, no Fundo Monetário e no Banco Mundial, quando esses países foram chamados a aumentar sua contribuição ao Fundo, às subsidiárias do Banco Mundial, à Associação Internacional do Desenvolvimento.

O senhor estava otimista, naquele momento, em relação à possibilidade de uma ordem internacional mais cooperativa?

Acho que havia uma expectativa, se não uma esperança, de que isso viesse a acontecer. Mas ocorreram várias mudanças de rumo. Uma delas foi a manutenção de Saddam Hussein, que realmente não se previa. O que se previa era que ele fosse derrotado, que caísse ou saísse. Foi realmente surpreendente a autocontenção dos Estados Unidos, num momento em que eles estavam mostrando uma grande superioridade. A tese é de que a elite do Exército estaria mais ao norte. Não sei se foi isso o que aconteceu.

Talvez os Estados Unidos já estivessem trabalhando com a possibilidade de haver um golpe dentro do Iraque, o que resolveria o problema.

Havia realmente os grupos xiitas e os curdos, mas não houve nada. Por sua vez, Bush, que teve sua popularidade elevada quase aos píncaros, de repente viu aquilo tudo derreter, como por encanto. E Clinton tinha uma outra agenda, ou talvez uma não-agenda.

Como ficou a imagem do Brasil diante do mundo após a ambigüidade demonstrada na Guerra do Golfo? Até a Argentina, naquele momento, foi mais incisiva...

O Brasil ficou de fato com a imagem de um país que não embarcou inteiramente. Mas no fim da guerra eles nunca fizeram nenhuma queixa formal. Apoiamos o que tínhamos que apoiar, e eles também não estavam esperando grandes tropas. O fato de Menem ter enviado homens foi mais um açodamento. Ele tinha que mudar toda uma percepção. A Argentina tinha feito uma guerra contra um país-membro da

Otan apenas oito anos antes, em 1982,[12] a situação era muito diferente da brasileira.

A posição ambígua assumida pelo Brasil teve conseqüências para o país?

Sim. Naquela época, a Marinha brasileira estava querendo comprar navios do estoque estratégico americano, aqueles navios que estavam no *waxball*, que estavam guardados na naftalina, e isso encontrou alguma resistência no Congresso americano, porque o Brasil teve essa posição ambígua. Essa posição ambígua também nos dificultou a compra de armas e de tecnologia avançada. Foi uma época de continuadas negociações de um grupo de trabalho *de facto* — acho que não houve uma nomeação — composto de três pessoas: Azambuja, Goldemberg e Pedro Paulo Leoni Ramos, que era o secretário de Assuntos Estratégicos. Eles foram aos Estados Unidos repetidamente para negociar o desbloqueio do veto americano ao acesso do Brasil à tecnologia de ponta. Havia um interlocutor bastante duro, Reginald Bartholomew, que era o subsecretário de Estado para esses assuntos, que iam desde o meio ambiente até o controle de armas, os chamados novos temas, e nós tínhamos que

---

[12]A Guerra das Malvinas (abril-junho de 1982) teve suas origens na disputa pelas ilhas Malvinas/Falklands, situadas no Atlântico Sul, cuja soberania era reclamada simultaneamente pela Inglaterra e Argentina desde o século XIX. A partir de 1965, as negociações para uma resolução pacífica da disputa foram conduzidas por intermédio da ONU, encaminhando-se para uma solução pela qual a Inglaterra abriria mão da soberania territorial mas conservaria sua autoridade administrativa sobre os ilhéus. Contudo, a recusa destes últimos em abandonar a soberania britânica levou à interrupção das negociações em 1982. Em 2 de abril desse ano a Argentina, sob a presidência do general Leopoldo Galtieri, invadiu as ilhas. Em 5 de abril, a Inglaterra enviou uma força-tarefa à região e, a partir do dia 7, determinou uma zona de exclusão de 200 milhas ao redor do arquipélago. O desembarque de tropas britânicas na Malvina/Falkland Oeste teve início em 14 de maio e, após extensos combates com as tropas argentinas, a Inglaterra finalmente restabeleceu seu controle sobre as ilhas em 14 de junho. Ver *DTCWH*.

procurá-lo, para que os Estados Unidos não vetassem o Rio como sede da Eco-92.

Como evoluíram essas negociações sobre acesso a tecnologia avançada?

Começou uma mudança de posição do Brasil, que acabaria desembocando na assinatura do TNP. Naquela época, ratificamos o Acordo de Tlatelolco, e o presidente Collor fechou o buraco da serra do Cachimbo. Concordamos com as restrições às exportações de armas e depois com o regime dos mísseis.[13] Enfim, fomos acedendo a vários regimes contra a proliferação de armas, sobretudo nucleares, e isso, ligado às negociações sobre patentes, contribuiu para desanuviar o ambiente.

---

[13]Desde o início do governo Collor, o Brasil buscou implementar medidas na área de não-proliferação e desarmamento que visavam construir uma imagem internacional confiável no tocante ao desenvolvimento pacífico da energia nuclear e à utilização de tecnologias sensíveis. Em setembro de 1990, num gesto de caráter simbólico, Collor presidiu pessoalmente o fechamento de um poço profundo na serra do Cachimbo (PA), destinado à realização de testes nucleares. Em agosto do ano seguinte, dando continuidade à cooperação iniciada ainda durante o governo Sarney, Brasil e Argentina firmaram o Acordo para o Uso Exclusivamente Pacífico da Energia Nuclear, que criou a Agência Brasileiro-Argentina de Contabilidade e Controle de Materiais Nucleares (ABACC); em dezembro desse mesmo ano, os dois países, através da ABACC, estabeleceram um acordo com a Agência Internacional de Energia Atômica (AIEA) para a Aplicação de Salvaguardas. Em maio de 1994, o Brasil colocou em vigor o Tratado para a Proibição de Armas Nucleares na América Latina e Caribe – o chamado Tratado de Tlatelolco –, assinado mas não ratificado pelo país desde 1967. Já durante a gestão de Fernando Henrique Cardoso, o governo brasileiro assinou, em setembro de 1996, o Tratado para Proibição Completa de Testes Nucleares (*Comprehensive Test-Ban Treaty* – CTBT). Desde outubro de 1995, o país adotara uma legislação estabelecendo controles abrangentes sobre a exportação de tecnologias sensíveis, o que lhe permitiu, no mesmo mês, o ingresso no Regime de Controle de Tecnologia de Mísseis (*Missile Technology Control Regime* - MTCR). Por fim, em 18 de setembro de 1998, o governo brasileiro depositou seu instrumento de adesão ao Tratado de Não-Proliferação Nuclear (TNP), do qual se recusara a participar em 1968, quando da sua assinatura. Note-se que, na prática, a adoção dos compromissos anteriores já implicava a sujeição a um regime de não-proliferação do tipo previsto pelo TNP, que obriga os Estados signatários a acordos de salvaguardas com a AIEA. Ver Ademar Seabra de Cruz Junior *et al.*, *op. cit.*; e *www.mre.gov* (diversos documentos).

O problema das patentes cruzava com o da tecnologia de ponta?

Sim. Além das preocupações relativas à não-proliferação, um dos problemas que nós tínhamos, em termos de receber tecnologia de ponta, era o não-reconhecimento aqui das patentes de *software* e a pirataria. Foi uma negociação interessante. Foi gradativa, avançou aos poucos. O grupo de negociadores foi ganhando confiança, apesar das negociações difíceis, dos problemas de relacionamento. O Itamaraty estava representado pelo setor mais moderno do seu pensamento, que era o Azambuja, mas ele sofria resistências dentro do ministério, e mesmo dentro da sua equipe havia diferenças de opinião. Estavam lá, também, o atual porta-voz da Presidência, Georges Lamazière, e Roberto Jaguaribe. Curiosamente, o Azambuja, que é uma pessoa extremamente agradável, um *charmeur* por natureza, também teve um problema sério de enfrentamento com a Carla Hills. Quis jogar seu charme natural em cima da negociadora americana, e ela reagiu violentamente, achou que estava sendo discriminada como mulher.

O convite para o ministério

O senhor já comentou aqui que o convite para o Ministério da Economia foi uma surpresa. Ao menos a saída da ministra Zélia, do seu ponto de vista, era esperada?

De fato, embora naquela época eu não tivesse nenhuma perspectiva, ao contrário da época do Sarney, de receber um convite para ser ministro da Economia, fui percebendo que a ministra Zélia, que tinha chegado a atrair um alto grau de simpatia e respeito, foi sofrendo um processo de erosão auto-infligido. Para mostrar isso, seria interessante reportar alguns episódios. O primeiro, que ela mesma registra no livro de Fernando Sabino, é de maio de 1990, quando foi a Washington e Nova Iorque. Em Washington, ela falou a uma platéia de empresários durante uma conferência do Council of the Americas e ainda fez algumas visitas, creio que ao Fundo Monetário, Banco Mundial, BID e Tesouro. Em seguida, teria um programa bem intenso em Nova Iorque, reuniões com gerentes de agências de bancos brasileiros, almoço com Bill Rhodes e executivos de grandes bancos no Intercontinental Hotel, depois uma visita ao *New York Times*, ao Federal Reserve de Nova Iorque e ao *Wall Street Journal*. Quando ela chegou a Washington, acho que logo no primeiro almoço ou jantar, comentei: "Olhe que coisa, ministra. Recebi telefonemas de jornalistas perguntando o que o ministro da Justiça veio fazer nos Estados Unidos. Não sei de nada, embora seja embaixador aqui. Diz a imprensa que ele veio negociar um acordo sobre drogas..." Ela disse: "Que coisa curiosa." E ficou nisso. Quando fomos para Nova Iorque, de manhã ela me avisou: "Tenho que cancelar toda a programação da tarde, porque aquilo que o senhor disse sobre o ministro da Justiça é verdade: ele está no Hotel Regency e vou precisar encontrá-lo para tratar de um assunto muito importante." Perguntei: "Mas a senhora vai cancelar uma reunião com o Federal Reserve?" O Federal Reserve em Nova Iorque, com o Jerry Corrigan, muito mais que o Federal Reserve Board de Washington, era na época uma espécie de *honest broker* nas negociações com os bancos comerciais sobre a dívida do Brasil. Ela acabou concordando em ir ao Fed de Nova Iorque, mas confirmou que não poderia ir ao *Wall Street*. A mim, só restou dizer: "Bom, é uma pena..." Ainda perguntei: "Quer que a apanhe para levá-la ao aeroporto?" Ela disse que não precisava, pois já tinha condução. Quando cheguei ao aeroporto, estavam o ministro da Justiça, ela e o empresário Nelson Tanure.

Em setembro, ela foi para a reunião do Fundo Monetário em Washington, mas eu fui para Nova Iorque encontrar o presidente, que ia falar nas Nações Unidas. Quando cheguei a Nova Iorque, os jornalistas brasileiros me contaram aquela história do *Besame mucho*, que tinha ocorrido no aniversário dela, no fim de semana anterior. Pedro Collor teria comentado com eles: "Essa menina não vai demorar muito, porque isso é uma coisa que não se admite..." Pouco depois, ela também foi para Nova Iorque e protagonizou outro episódio. Chegou a um jantar com o presidente, me parece que no restaurante Le Cirque, numa daquelas carruagens todas brancas do Central Park. Curioso é que quando chegou alguns jornalistas presenciaram a cena, mas não os fotógrafos, que tinham ido jantar. Para não perder a cena insólita, os fotógrafos foram ao Central Park, alugaram outra charrete branca e, na saída do jantar, pediram à Zélia para subir e deixar-se fotografar, no que ela acedeu. A foto que viria a ser publicada no dia seguinte foi portanto montada, para parecer que ela estaria chegando.

Depois, ela voltou em abril de 1991 para uma reunião do Interim Comittee do Fundo Monetário, já em brigas homéricas pela imprensa com Egberto Batista, secretário do Desenvolvimento Regional. Escreveu uma carta, me mostrou e pediu para enviar por fax para o Brasil, para ser publicada. Mais tarde, o presidente me diria: "Tive que dispensá-la porque esse assunto de Manaus não é apenas do Egberto com ela. Ela está brigando com o Egberto porque há dois grupos: o grupo do Egberto e o grupo do Bernardo Cabral."[14]

---

[14] A briga em questão dizia respeito à autorização, pelo secretário, de quotas de importação para a Zona Franca de Manaus que o Ministério da Economia julgou serem ilegais. Ver Sabino, *op. cit.*

Além desses problemas decorrentes da ligação com o ministro da Justiça, não houve também uma deterioração das condições econômicas, uma incapacidade de lidar com a situação?

Também. Houve ainda um outro episódio, mas a este eu não assisti, me foi contado pelos presentes. Em fins de março, a ministra esteve em Nagoya, na reunião do BID. Como a negociação da dívida estava muito atritosa, Iglesias promoveu um jantar, aliás referido no livro do Sabino, em que a colocou na mesa entre o ministro das Finanças do Japão, que era o *host*, e David Mulford, para tentar quebrar o gelo. Aparentemente, foi um desastre. O Mulford, que é uma pessoa um pouco vaidosa, gosta de se vestir bem, é meio *dandy*, virou-se para ela e, para ter uma *piece of conversation*, disse: "Está vendo esta gravata? É brasileira." Ela respondeu: "Ah, não, essa gravata é de tão mau gosto que deve ser de Miami..." O ministro das Finanças do Japão quis conversar com ela, mas parece que ou ela se ensimesmava entretida com as unhas, ou se levantava da mesa de vez em quando e depois voltava. Parece que foi penoso e não se avançou nem mesmo na conversa, quanto mais na negociação. Depois disso, foram marcadas três missões ao Japão, uma com ela, outra com o Eris e outra com o Kandir, e os três cancelaram na última hora. Os japoneses estavam subindo a ladeira! Os empresários brasileiros também estavam muito irritados.

Como o senhor resumiria a situação econômica às vésperas do convite para assumir o ministério?

Na época, externamente, a negociação da dívida se arrastava, e mal, num clima de atrito. Internamente, tinha sido recém-baixado o Plano Collor II,[15] porque o Plano Collor I não tinha dado certo, tinha-se esvaído pelas chamadas torneirinhas. A inflação tinha voltado, e com alguns elementos diferentes. Fizeram o congelamento de preços, acabaram com a indexação, criaram a TR e os fundões etc. Havia uma insegurança muito grande, porque, enfim, já se estava num segundo plano, num segundo "vetor".[16] Eu achava que realmente estava muito difícil a situação. Depois, fui encontrar outras dificuldades, exatamente porque o congelamento cria, até mais do que uma inflação em curso, condições propícias, se não à explosão, ao menos a um grande pulo de preços, como uma mola que você põe numa caixa e, quando abre, pula um boneco para assustá-lo.

Como foram as circunstâncias do convite? Qual foi sua reação?

No dia 7 de maio de 1991, por volta de 11h45, eu estava recebendo um jornalista do *Estadão*, Pedro Cafardo, quando chegou meu assistente, que me assessorava diretamente como chefe de gabinete, José Carlos Fonseca, depois deputado federal e secretário de Finanças do Espírito Santo, e me passou um bilhete dizendo que o ministro Passarinho estava ao telefone. Na embaixada em Washington existe uma salinha para se receber telefonemas discretamente. Eu disse ao Cafardo: "Desculpe, mas tenho de atender um telefone-

---

[15]O Plano Collor II foi decretado em 31 de janeiro de 1991, introduzindo, entre outras medidas, a extinção do *overnight* e a criação do Fundo de Aplicações Financeiras (FAF); a substituição do Bônus do Tesouro Nacional (BTN) pela Taxa Referencial Diária (TRD) como indexador de preços com juros prefixados; novo congelamento de preços e salários e a criação de um deflator para a desindexação de contratos. Ver *DHBB*.

[16] Vetor era a fórmula pela qual a correção monetária não era paga plenamente, com o argumento (que tem sua lógica) de que, se o período de correção ainda estava em curso, deveria ser calculada uma média entre correção passada e correção futura. Recentemente, ao julgar o contencioso sobre o FGTS, o Supremo Tribunal Federal entendeu que, para alguns dos planos, esse vetor não poderia ter sido aplicado.

ma. Tenho uma viagem marcada para Chicago e devo partir pela American Airlines às quatro horas, pois amanhã faço uma conferência na Escola Kellog de Administração da North Western University. Deve ser alguma coisa ligada a isso. Um minutinho." Do outro lado da linha, o Passarinho, já então ministro da Justiça, disse: "Estou lhe telefonando porque há uma crise. A ministra Zélia vai deixar o ministério, nós estivemos conversando, e há uma grande convergência em torno do seu nome. O presidente tem toda a confiança no senhor, o empresariado de São Paulo também já se manifestou..." Enfim, mostrou a crise, uma situação muito difícil, disse que eu poderia incutir confiança tanto no empresariado brasileiro quanto no exterior... Eu disse: "Vou ter que pensar, tenho que falar com minha mulher. Quanto tempo eu tenho?" Ele respondeu: "Uma hora. O presidente saiu agora para a embaixada da Espanha, porque ele vai embarcar para lá dentro de alguns dias e o embaixador está oferecendo um almoço. Ao voltar, quer uma solução."

Fui conversar com Maria Luiza, que ficou assustadíssima, e com minha filha Rosa Amélia também, e cheguei à conclusão de que ou eu pedia demissão de Washington ou tinha que aceitar, porque não fazia sentido servir na embaixada e recusar outra função no governo. Falei também com minha mãe, que estava então com 95 anos, e ela disse: "Um convite desses não se recusa..." Telefonei para o ministro: "Aceito conversar. Antes de aceitar o convite, preciso ter uma conversa mais detida com o presidente para discutir princípios, condicionantes e expectativas." Ele respondeu: "Claro, não tem problema. O general Agenor já tem um esquema e vai lhe telefonar." Telefonou o general Agenor, chefe do Gabinete Militar: "Hoje é terça-feira, e nós gostaríamos que o senhor embarcasse hoje mesmo para o Brasil, incógnito." Para fingir diante dos jornalistas em Washington, eu tinha a perfeita desculpa de que ia embarcar na American Airlines às quatro horas. Consegui trocar o vôo para Miami no mesmo horário, para depois pegar o vôo da Varig para o Rio, e avisei à Varig que não queria ficar na sala VIP, pedi que me arranjassem um outro salão. Telefonou novamente o general Agenor e disse: "O senhor vai chegar amanhã ao Rio, e o presidente vai estar lá, voltando para Brasília. De modo que o senhor tem que estar às tantas horas na Base Aérea do Galeão" — acho que 10h30 —, "porque o presidente vai embarcar mais ou menos 45 minutos depois. O senhor tem que chegar antes dele e de toda a comitiva, entrar no avião e, dentro do avião, entrar no compartimento presidencial." O compartimento era fechado e ele nunca deixava ninguém entrar ali. Fiz como combinado, fiquei meia hora esperando no compartimento presidencial vazio e vi pela janela do avião quando todo mundo entrou.

Eu tinha preparado, na viagem de Miami ao Rio, um roteiro de conversa, porque havia pontos importantes a enfatizar. Tenho essas notas aqui. Mais ou menos, disse que estava satisfeito com o convite, mas que era uma transição difícil para mim e para a minha família. Estávamos, também, na véspera da visita do presidente a Washington, não dava tempo de nomear um outro embaixador e pedir o *agrément*, de modo que, pelo menos até a viagem dele, eu queria ser mantido à frente da embaixada. Em termos internos, eu não poderia ocupar os dois postos ao mesmo tempo, mas em termos externos poderia continuar acreditado como embaixador, embora sendo ministro. Enfim, disse que eu não trazia nenhum patrimônio político para ele, a não ser uma vida honrada e dedicada ao país e experiência nas funções diplomáticas, empresariais e acadêmicas.

Declarei que era muito importante manter a consistência da política econômica, não provocar sustos — disse isso logo para que ele não esperasse que eu viesse para fazer um Plano Collor III. Era preciso, insisti, "resgatar a esperança sem semear ilusões". Eu não podia prometer popularidade nem resultados imediatos, mas prometia franqueza e gostaria de combinar com ele um antídoto contra intrigas, porque eu tinha visto que, além dos equívocos de política econômica e circunstâncias pessoais da ministra Zélia, havia muita intriga. Disse também que era preciso haver correções de rumo, às vezes até de maneira cirúrgica, e que eu precisava, para isso, de autoridade para participar e decidir na escolha dos ocupantes de todas as posições-chave da equipe, inclusive o embaixador em Washington. Sugeri logo o embaixador Rubens Ricúpero falei sobre o negociador da dívida, e disse que talvez fosse requisitar funcionários dele mesmo, presidente. Nesse ponto, ele me respondeu que, para evitar problemas de comunicação, eu teria um gabinete no próprio Planalto no andar acima do seu, e que, em relação à equipe, evidentemente decidiríamos juntos, mas eu teria toda a liberdade de escolha. E me disse ainda uma coisa que à história, depois, soa quase paradoxal, mas que a bem da verdade tem de ser registrada. Quando falei de intrigas e nomeações, ele me disse: "Nunca aceite, ministro, nenhum recado meu, em relação a nomeações, a empréstimos, ou a qualquer outra concessão, de ninguém, nem de amigos meus, nem mesmo dos meus irmãos. Se eu quiser indicar uma pessoa ou pedir uma providência, o farei pessoalmente e, se o senhor estiver de acordo, tomarei a decisão." Ele aliás manteve rigorosamente, até o fim, essa atitude.

Isso expressaria uma certa desconfiança em relação à assessoria mais próxima?

Acho que expressava o início de um processo de afastamento das pessoas que o cercavam. Depois, ele iria continuar a fazer isso, aos poucos, mas aí, muitas vezes, já me consultando. Discuti ainda as negociações com o Fundo Monetário, com o Banco Mundial, com o BID, com os bancos comerciais e com o Clube de Paris, comentei a visita dele a Washington, política monetária, política cambial, reformas estruturais — era preciso acabar com os resquícios do modelo importador fechado —, e falamos um pouco da conjuntura internacional. Era 1991, estávamos com dez meses de recessão nos Estados Unidos, os juros lá tinham caído de 9,5% para 6%, e eu achava que podíamos pegar o gancho da virada da conjuntura internacional, que eu via estar chegando. Voltei a reafirmar meu credo liberal, disse que não acreditava em soluções definitivas, que se tinha que ter firmeza nos atos, mas esperar um certo gradualismo nos resultados. Falei, também, em reforma tributária, disse que era necessária. Ele topou tudo.

Um vôo do Rio a Brasília leva uma hora e 20 minutos, e conversamos todo o tempo. Quando chegamos, ele saiu do avião com toda a comitiva e, dez minutos depois, veio um capitão ou major e disse: "Tenho instruções para levá-lo para almoçar numa churrascaria no setor gráfico de Brasília."

Isso parece coisa de filme...

Era um almoço para desaparecer comigo... Lá fui eu. Ótima churrascaria, aliás, no setor gráfico de Brasília. O presidente tinha dito: "Depois do almoço, o senhor me procure." O chefe da assessoria econômica dele era o Celso Marcos Vieira de Souza, que tinha sido meu ministro conselheiro em Washington.

Fui para a sala do Celso Marcos, avisei que estava lá, e o presidente me chamou. Quando cheguei ao gabinete, ele já estava com o ministro Rezek, que não sabia que eu tinha vindo a Brasília. A primeira coisa que o presidente fez foi chamá-lo: "Chamei o ministro Rezek para comunicar a ele que tinha convocado o senhor para convidá-lo a ser ministro da Fazenda."

O ministro Rezek aceitou que o senhor indicasse o novo embaixador em Washington? Isso não era da competência dele?

Mas o presidente disse: "Eu estava dizendo ao Rezek que o convidei, que o senhor aceitou, e que isso nos deixa vaga a embaixada em Washington. E até, conversando aqui, me lembrei do nome do embaixador Rubens Ricúpero. Ele achou muito boa idéia..." Ou seja, contornou o problema. E continuou: "Bom, agora eu preciso falar por telefone com a ministra Zélia, para comunicar a ela que ela vai sair."

Mas ela não tinha pedido demissão? Não foi isso o que lhe disse o ministro Passarinho?

Não ficou muito claro. Depois, fui ler na imprensa do dia 10 que ela aparentemente tinha pedido demissão, com a esperança, talvez, de que o presidente não aceitasse. Ela estava no Rio, e o presidente perguntou: "A que horas a senhora volta?" Ela respondeu que chegaria às dez, e ele retrucou: "Não, preciso da senhora antes disso." Mais ou menos às 19h30 ela estava chegando, e eu estava com o presidente. Ela relata isso no seu livro: "Quando vi o embaixador, vi que os defensores dos credores tinham vencido..."[17] Aliás, como se pode ver na

[17] Segundo o livro de Sabino, Zélia pediu demissão em caráter irrevogável no dia 6 de maio mas, a pedido do presidente, permaneceu provisoriamente no cargo até que este escolhesse seu substituto. A ministra ainda alimentava esperanças de que Collor escolhesse alguém afinado com a equipe econômica demissionária, mas essa expectativa se desfez quando, no dia 8, foi despachar com o presidente e encontrou o ministro Passarinho e o embaixador Marcílio Marques Moreira em seu gabinete: "Sua esperança morria ali: e a dívida externa, onde ficava? Collor estaria lavando as mãos? — Pois também lavo as minhas — decidiu." *Op. cit.*, p. 241-242.

imprensa da época, vários observadores, sobretudo os críticos, também acharam que a mudança no ministério tinha sido feita em função do problema da dívida, disseram que tinha entrado um "amigo dos credores" etc. Embora "os amigos dos credores" fossem aquelas pessoas que queriam negociar para encontrar uma solução para a dívida e assim poder ter renovado acesso ao crédito internacional.

O fato é que a ministra Zélia levou um susto. Conversamos uma meia hora, ela saiu, e o presidente disse: "Sua posse vai ser sexta-feira, 10. O senhor sabe que o Roberto gosta muito de dar furo nos outros jornalistas."

Roberto...?

Marinho. "De modo que vou ter que telefonar para ele." Telefonou: "Convidei o embaixador Marcílio para ser ministro." Aí saiu um daqueles *flashes* na TV Globo, não sei se ainda pegou o *Jornal Nacional* ou se foi logo depois. Mas eles não queriam que eu falasse com a imprensa. Um dos auxiliares do presidente disse: "O único hotel em Brasília que tem entrada pelo subsolo é o Carlton, de modo que reservei uma suíte nele para o senhor." Fui eu para o Hotel Carlton e fiquei trancado, jantei lá. Enquanto isso, como se sabe, é público, a ministra Zélia foi para o ministério e passou a noite toda combinando com a equipe que todos iriam deixar os cargos, o que esvaziou quase inteiramente o ministério. Quase todos pediram demissão: além do secretário executivo, evidentemente, secretários nacionais, alguns do segundo escalão, pouco depois o presidente do Banco Central... Saiu inclusive o ministro da Infra-Estrutura, Eduardo Teixeira.[18]

---

[18]As secretarias eram ocupadas por João Maia (Secretaria Executiva), Antônio Kandir (Secretaria Nacional de Política Econômica), Marcos Giannetti da Fonseca (Secretaria Nacional de Planejamento), Luís Fernando Wellisch (Secretaria Nacional da Fazenda) e Edgard Pereira (Secretaria Nacional de Economia). Também pertenciam à equipe da ministra Zélia: Ibrahim Eris (presidente do Banco Central), Eduardo Modiano (presidente do BNDES) e Romeu Tuma (Departamento da Receita Federal).

Essa idéia de uma demissão conjunta seria uma demonstração de solidariedade a ela?

Seria. Ela passou a noite convencendo, queria que o Modiano pedisse demissão, o Tuma, todos. Grande parte pediu, embora alguns elementos preciosos tenham ficado. E aí fui eu que levei um susto, porque o presidente tinha me dito que boa parte da equipe ficaria. Fiquei meio amuado, mas depois vi que foi um *blessing in disguise.* Realmente, ter ficado com grande parte da equipe teria criado problemas para a implementação da política que eu visualizava...

Como foi o day after *da conversa com o presidente e com a ministra?*

Naquele encontro no gabinete do presidente, no dia 8, combinei com a ministra de ir ao ministério no dia seguinte, e ela me disse: "Vou preparar a transmissão." Estava presente, ou ela chamou entrementes, o Kandir, que era o secretário de Política Econômica, e disse que ele ficaria responsável pela transição. Disse também que me dariam uma pasta com todos os dados básicos da economia, dos problemas etc. Não trouxeram isso, mas apenas um dossiê com coisas inteiramente formais. Não houve nenhum esforço, nem houve tempo, aliás, porque eles passaram a noite lá comemorando, houve choro...

Guardei alguns documentos, como por exemplo uma "agenda da conversa com a Dra. Zélia no dia 9". "Questões relevantes: situação fiscal, monetária, descongelamento, reservas, dívida externa, evitar demissões coletivas." Ela fez exatamente o contrário. Eu tinha pedido para conhecer o montante dos ativos congelados e o *fact book*, o que não foi feito. Praticamente, essas informações não chegaram. "Macrometas: reforma tributária, sistema financeiro, desestatização, credibilidade, inflação, devolução dos cruzados e descongelamento." Foi essa a conversa com a ministra Zélia.

Como foi resolvido o problema da sua permanência como embaixador em Washington, sendo ao mesmo tempo ministro de Estado?

Acumulei os dois cargos. Não os proventos, evidentemente. Fui nomeado ministro, tomei posse e tudo, mas não comuniquei ao Departamento de Estado americano que estava deixando a embaixada. Como disse, o presidente estava para ir aos Estados Unidos numa visita de Estado, para a negociação da dívida, e era fundamental que essa viagem desse certo. Se outro embaixador chegasse na véspera da viagem, não daria. Assumi em 10 de maio de 1991, a visita estava marcada para a semana que começava em 17 de junho, portanto o período era muito curto. Deixei para me despedir depois, logo na semana seguinte à estada do presidente. Aí fiz a despedida oficial, fui ao vice-presidente — o presidente geralmente não recebe para despedidas —, ao secretário de Estado, ao secretário do Tesouro etc. Maria Luiza organizou as recepções, aquelas coisas todas, e ainda a mudança. Uma maçada!

Em seu discurso de posse no ministério o senhor citou Santo Antonino de Florença. Por quê?

Porque é o santo do dia 10 de maio. E quem me lembrou isso foi o embaixador Dário Castro Alves, que mandou um fax de Lisboa me cumprimentando e dizendo: "Você vai tomar posse no dia de Santo Antonino de Florença, que foi um dos primeiros teóricos da ciência econômica." Santo

Antonino já tinha inclusive uma idéia da inflação, da moeda que perde o peso para se pagarem menores salários reais, embora mantidos os salários nominais, coisa que rechaçava com veemência. Santo Antonino foi prior do famoso mosteiro dominicano de São Marcos, em Florença, e depois arcebispo da cidade.[19]

Um superministério?

O formato do Ministério da Economia, Fazenda e Planejamento, criado no governo Collor, foi muito condenado. Dizia-se que implicava excesso de poder e nada mais era do que uma fusão dos ministérios da área econômica.[20] Qual foi a sua impressão? A gestão ficava mais difícil pelo fato de se ter burocracias diferentes amarradas meio à força? O senhor chegou a pensar em dividir novamente o ministério naquele período?

Não. Não pensei em dividir e acho que foi um grande erro se ter dividido depois. A divisão torna a administração muito mais difícil. Hoje em dia talvez haja menos dificuldade, porque os ministros são bastante harmônicos. Aliás, na primeira conversa que tive com o presidente, eu disse que era muito importante que houvesse total harmonia na equipe. Foi por isso também que fiz indagações cruzadas para aprovar todo mundo, porque às vezes o indicado podia ser um sujeito bom, mas que tivesse uma inimizade pessoal, e

---

[19]Ver Bede Jarret O. P., *St. Antonino and medieval economics* (St. Louis, Mo., B. Herder, 1914) e Raymond de Roover, *San Bernardino of Siena and Santo Antonino of Florence: the two great economic thinkers of the Middle Age* (Cambridge, Harvard University, 1967).

[20]O novo Ministério da Economia, Fazenda e Planejamento, que fundiu os antigos ministérios da Fazenda, Planejamento e Indústria e Comércio, foi criado em 15 de março de 1990. Passou a abranger quatro secretarias nacionais, nove departamentos, cinco conselhos, sete bancos e 13 institutos, fundações, superintendências e organismos diversos.

uma coisa assim iria estragar todo o meio de campo. Mais tarde, quando Itamar dividiu o ministério, Planejamento e Fazenda tinham que se entender muito bem. Mas os problemas já começavam com as secretárias, porque uma telefonava para a outra e dizia: "O ministro quer falar." A outra respondia: "Põe ele na linha"... Ou: "Vamos ter uma reunião." "Onde?" Na minha época, a equipe foi extremamente harmônica. E eu tinha secretários nacionais em nível de ministro: Dorotéia Werneck já tinha sido ministra do Trabalho e depois veio a ser ministra de novo, da Indústria e Comércio.[21]

Mas a quantidade de atribuições e tarefas concentradas em um só ministério não se traduzia em um excessivo acúmulo de trabalho para o ministro da Economia? Ao mesmo tempo, o contato de secretários que tinham status *de ministro com os ministros de outras pastas não ficava prejudicado por diferenças hierárquicas?*

Em primeiro lugar, por causa da quantidade de atribuições, o ministro tinha que delegar muito. Quanto às relações dos secretários, é preciso lembrar que outros ministérios também tinham sido fundidos. O de Infra-Estrutura, por exemplo, reuniu Comunicações, Transportes e Energia. Acho que o comando único de áreas afins só ajudou. Os outros ministros podiam ter uma ou outra queixa, mas nada grave. Isso depende um pouco, também, do estilo do ministro. Meu estilo não é afrontar as pessoas, portanto as pessoas não se sentiram afrontadas. O fato de realmente reunir um poder muito grande acabou me servindo, e acho que ao Bra-

[21] Dorotéia Werneck ocupou a pasta do Trabalho no final do governo Sarney, de janeiro de 1989 a março de 1990, e a da Indústria, Comércio e Turismo, já na primeira gestão de Fernando Henrique Cardoso, de janeiro de 1995 a abril de 1996.

sil, no momento em que o presidente deixou um vácuo político. Pude, então, ajudar a ocupar esse vácuo. Por exemplo, em relação aos aumentos dos militares, o presidente disse: "Você resolve." Se eu não tivesse todas as rédeas na mão, ficaria muito difícil conversar com os ministros militares.

Na reforma do ministério, em abril de 1992, o presidente não só me consultou para as posições-chave da Justiça, Ciência e Tecnologia, e Exterior, para onde foram três pessoas da minha total confiança, como conversou sobre os outros ministérios também. Isso evidentemente ajudou a manter a coesão, porque poucos meses depois, quando saiu o Goldemberg, eu vi que se tinha que fazer alguma coisa para evitar uma debandada geral, o que poderia levar a um risco institucional. Por que eu podia fazer isso? Exatamente por ter um ministério forte e coeso. Poderia também haver problemas, caso os secretários não se entendessem. Mas havia uma grande harmonia, tanto que a equipe continua aí até hoje.

Na época, para quem estava de fora, a fusão de ministérios, dando origem a um superministério, parecia um artificialismo administrativo. Mas o senhor acha que foi um erro ter-se desfeito esse formato do Ministério da Economia em vez de aperfeiçoá-lo.

Sim. Conversei muito sobre esse assunto, sobretudo com Domingo Cavallo, da Argentina, e com Pedro Aspe, do México, que foram as duas experiências mais exitosas na América Latina, e ambos me disseram que encontraram uma situação de divisão de tarefas e tiveram que reunir tudo num ministério só. Pedro Aspe foi à Alemanha com o então ministro do Planejamento, que era quem liberava as verbas, enquanto ele arrecadava as receitas. E para explicar para os alemães? Um arrecada, o outro gasta, como é isso? Ele voltou para o México e unificou. E Domingo Cavallo, como se sabe, fez muito mais. Na Argentina, ele reuniu, num ministério só, Fazenda, Planejamento, Indústria e Comércio, Agricultura e Obras Públicas. Esse, realmente, é um superministério, reunindo poupadores e gastadores.

De toda forma, no Brasil, o poder que só a ministra Zélia e o senhor tiveram foi muito grande.

Mas ninguém nunca me chamou de superministro. A partir de junho, julho de 1992, alguns me chamaram de primeiro-ministro. Não havia a idéia de superministro porque havia um presidente muito forte.

7

Ministro da Economia, Fazenda e Planejamento

A formação da equipe

Como o senhor formou sua equipe no Ministério da Economia?

Após o primeiro susto, de ver praticamente toda a equipe anterior sair, acho que, se houve uma coisa bem-feita, foi a formação da nova equipe. Tanto que, dez anos depois, cinco são ministros de Estado: Pedro Malan, Pedro Parente, Martus Tavares, Alcides Tápias e José Gregori. Outros já foram ministros, como Cláudia Costin e Sérgio Cutolo. Um é presidente do Banco Central — Armínio Fraga —, outro é presidente do BNDES — Francisco Gros. Isto, além do atual ministro das Relações Exteriores, Celso Lafer, que, sem ser da equipe, era um dos nossos mais próximos colaboradores.[1]

[1] Pedro Sampaio Malan foi negociador-chefe para a dívida externa (julho 1991-agosto 1993), presidente do Banco Central (setembro 1993-dezembro 1994) e é ministro da Fazenda desde o início do primeiro governo de Fernando Henrique Cardoso, em janeiro de 1995. Pedro Pullen Parente foi ministro do Orçamento e Gestão de maio a julho de 1999, quando deixou o cargo para se tornar chefe do Gabinete Civil; foi substituído por Martus Tavares no que a partir de então passou a se chamar Ministério do Planejamento, Orçamento e Gestão. Alcides Tápias ocupa a Pasta do Desenvolvimento, Indústria e Comércio Exterior desde setembro de 1999. Sérgio Cutolo e Cláudia Costin foram, respectivamente, ministros da Previdência Social (dezembro 1993-dezembro 1994) e da Administração Federal e Reforma do Estado (junho-outubro 1998). Armínio Fraga Neto é presidente do Banco Central desde março de 1999, Francisco Gros está à frente do BNDES desde fevereiro de 2000 e Celso Lafer assumiu o Ministério das Relações Exteriores, em substituição a Luiz Felipe Lampreia, em janeiro de 2001.

O que fiz foi o seguinte, sem nenhum mérito pessoal. A primeira pessoa que convidei foi Francisco Gros, que eu conhecia do Unibanco, onde trabalhamos juntos, e que depois voltei a encontrar, eu como embaixador, e ele como presidente do Banco Central, num momento extremamente dramático, logo antes e logo depois da declaração da moratória. Indiquei-o mais uma vez para o Banco Central, o presidente concordou e já na quinta-feira mandou o nome dele para o Senado. Liguei então para uma série de pessoas em quem tinha toda a confiança e pedi que viessem a Brasília, dizendo: "Ou vocês participam da minha equipe, ou me ajudam a formá-la." E me surpreendi muito positivamente de todos terem aceitado vir. É uma coisa chata à beça passar o fim de semana em Brasília, mas todos vieram: além de Francisco Gros, vieram Pedro Malan, de Washington, Edmar Bacha e Winston Fritsch, do Rio, e Celso Lafer, de São Paulo. Celso Marcos Vieira de Souza, que estava no gabinete do presidente, também concordou em trabalhar comigo. Já no sábado tive o primeiro despacho com o presidente, e ele pediu que eu fechasse a equipe na terça-feira. Foram momentos de tensão, porque era muito pouco tempo. À medida que alguém aceitava participar da equipe, passava a participar também daquele esforço conjunto para fechá-la.

Eu tinha pedido um organograma do ministério, lembrando-me de que Kennedy, quando escolheu o dele, fez uma espécie de matriz: ia pondo os nomes e, ao lado, uma pontuação. Eu tinha pensado no Pedro Malan, primeiro, para secretário nacional de Política Econômica. Na primeira lista que fiz, estavam os nomes do Malan ou do Kandir, pois eu ainda levava em conta a hipótese de o Kandir ficar. Mas Kandir não ficou, e Malan disse que não tinha condições de sair de Washington, mas que, de qualquer maneira, iria colaborar. Resolvi então que ele seria o negociador da dívida externa. O negociador anterior era o embaixador Jório Dauster, mas, sendo tão atritada a situação, tive que substituí-lo. Não logo, porque ele estava fechando a negociação dos IDUs, Interest Due Unpaid, ou seja, os primeiros títulos emitidos para o Brasil pagar os juros atrasados, e deixei-o terminar. E ele realmente foi muito elegante. Chegou a ir na primeira viagem com o Pedro Malan, para apresentá-lo. Foi de uma extrema correção e profissionalismo.

Queria que os outros que chamei a Brasília também ficassem no governo, mas Edmar Bacha estava recém-casado, a mulher do Winston estava esperando criança, Celso Lafer tinha a empresa dele... Eu queria Celso Lafer como secretário executivo, e cheguei a pensar também no Carlos Antônio Rocca e no Paulo Cunha, cheguei a sondá-los por telefone, mas todos tinham obrigações empresariais. Lembrei-me então de pegar o telefone e chamar o Maílson, que antes de ser ministro tinha sido secretário-geral do Bresser. Disse a ele que eu achava que o fundamental para um ministro da Fazenda era ter como secretário executivo alguém que conhecesse a máquina. Eu sabia, por exemplo, que Mário Henrique Simonsen tinha sido um fantástico ministro, mas tinha tido alguns problemas na interlocução com a burocracia do ministério. Perguntei: "Quando você foi ministro, quem foi o seu Maílson?" Ele disse: "Luís Antônio Gonçalves." Procurei o Luís Antônio Gonçalves, perguntei suas opiniões e o convidei.

Na Secretaria Nacional de Política Econômica, Malan não podendo ficar, e Kandir tendo saído, cheguei a pensar no Pérsio Arida, mas no próprio sábado ou domingo me telefonou o governador de São Paulo, André Franco Montoro, e disse: "Sei que você está montando a equipe e eu só queria lembrar que o Roberto Macedo está disponível. Se você convidar, ele aceita." Mandei chamá-lo, e ele aliás foi o único que hesitou um pouco, por restrições ao governo: "Há muito boato de corrupção..." Eu disse: "Mas aqui no ministério não há e nem haverá isso." E ele aceitou.

Na Secretaria Nacional de Fazenda, Luís Fernando Wellisch aceitou ficar. Na Secretaria de Planejamento, tinha saído o secretário, estava o Raul Veloso como interino, e pensei no Pedro Parente e no Eduardo Augusto Guimarães. Acabamos escolhendo Pedro Parente, que estava dirigindo o Serpro. Para a Secretaria Nacional de Economia, convidei João Batista de Abreu. João Batista não quis porque tinha acabado de ir para o BMG, onde está até hoje, disse que precisava constituir o seu patrimônio, mas indicou Dorotéia Werneck, que aceitou. Na Procuradoria Geral da Fazenda, acho que por sugestão do Celso Lafer, coloquei Tércio Sampaio Ferraz, que curiosamente tinha sido secretário executivo do Bernardo Cabral e era uma flor de pessoa, um dos advogados mais competentes e mais íntegros que conheço.

As únicas sugestões do presidente foram Lafaiete Coutinho, para o Banco do Brasil, e Álvaro Mendonça, para a Caixa Econômica, que depois deram um certo trabalho, mas confesso que o presidente não fez nenhuma imposição a respeito. Eu também não conhecia pessoas para convidar que eu achasse que iriam aceitar. Dei alguns telefonemas, e Roberto Konder Bornhausen e Roberto Campos disseram que Lafaiete Coutinho tinha boa reputação no mercado, tinha feito um bom trabalho no Banco Econômico. Eu então disse ao presidente que estava de acordo, chamei-os, conversei com eles e os convidei.

Em seguida, fomos preenchendo o segundo escalão do ministério, terceiro do governo. Ary Oswaldo estava na CVM, e pedimos para ele continuar. Conversei longamente com Modiano e, tendo ouvido algumas pessoas, inclusive José

Serra, sugeri-lhe ficar na privatização e deixar o BNDES. As pessoas diziam que o BNDES não estava sendo bem tocado porque ele se dedicava totalmente à privatização. Mas ele, acho que com razão, disse que não concordava em separar as duas coisas, porque isso prejudicaria a privatização, já que era o BNDES que tinha a faca e o queijo na mão.

Enfim, conversando com o presidente, fomos fechando a equipe. Na quinta-feira, ainda tivemos que pedir para algumas pessoas saírem, o que é chato. Uma delas foi o Tuma. Não havia nenhuma sintonia entre ele e o pessoal da Receita, e o presidente tinha pedido para liberá-lo, para ele se concentrar na Polícia Federal. Realmente, não dá para tocar as duas coisas ao mesmo tempo. Essa foi uma conversa difícil. Mas foram poucas as pessoas que tivemos que induzir a sair, e só do terceiro escalão. Posso dizer que a escolha da equipe foi feita com base em critérios estritamente profissionais e foi extremamente feliz.

O senhor relatou telefonemas, do governador Franco Montoro e do então senador José Serra. Não seriam exemplos de interferência política?

Não. Além daquelas pessoas que estavam à minha volta dando opiniões, falei com outras cuja opinião queria saber também: telefonei para Roberto Bornhausen, Roberto Campos me telefonou, acho que outros também devem ter telefonado. Mas não se tratava de opiniões políticas ou de partidos. Naquela época, não havia quotas partidárias no ministério. Tanto que, embora estivéssemos no governo Collor, me telefonaram José Serra e Franco Montoro, que eram do PSDB. A própria Dorotéia Werneck era do PSDB; Roberto Macedo era do PSDB; Celso Lafer também, e depois viria a ser ministro.

Pelo seu relato, o próprio presidente teve uma posição bastante discreta na formação da equipe, de acordo com o que havia sido combinado.

Sim. Ele apenas fez uma ponderação, que foi o único problema que eu tive na formação da equipe, mas que veio a revelar-se uma ponderação sábia. Foi em relação ao Celso Marcos. Como o Celso Marcos foi tão solícito naquele momento, eu tinha pensado no seu nome até para secretário executivo. Havia também o nome do Luís Antônio Gonçalves, e o presidente disse: "Deve ser o Luís Antônio, porque o Celso Marcos é apenas ministro, não é embaixador. Como o secretário executivo fica como ministro interino, quando isso acontecer terá que falar com o ministro do Exército, e os ministros militares não gostam de falar com pessoas que não sejam do mesmo escalão hierárquico." Luís Antônio era dos quadros do Banco Central, tinha sido secretário do Tesouro, tinha trabalhado com Marco Maciel no Ministério da Educação, estava como diretor financeiro do Banco do Brasil, de modo que conhecia como funcionava toda a máquina federal. Celso Marcos ficou então como meu chefe de gabinete.

Quando foi feita a primeira reunião da equipe econômica?

Na terça-feira, dia 14, levei os nomes ao presidente, ele os aprovou, os atos foram publicados na quarta, e na quinta, dia 16 de maio, tive a primeira reunião da equipe do ministério. Não se fez nenhum ato público, foi uma posse em torno da mesa de trabalho. Tenho guardadas as notas da reunião, em que eu disse que me orgulhava da equipe, que tinha procurado a prata da casa e havia encontrado ouro. Consegui, e acho importante dizer isso, reunir pessoas da área acadêmica, como Roberto Macedo; da área financeira, como Francisco Gros; e da máquina do Estado, servidores públicos como Luís Antônio Gonçalves, Pedro Parente e Luís Fernando Wellisch. Ia esquecendo de mencionar a escolha dos membros do Banco Central, que também formaram uma equipe extraordinária. Convidamos Pedro Bodin, da área acadêmica, professor de política monetária na PUC; Armínio Fraga, que além do lastro acadêmico tinha familiaridade com o mercado; Nelson Carvalho, duríssimo, para diretor de fiscalização; mantivemos Gustavo Loyola, que já estava lá, como diretor de normas, e Cincinato Rodrigues de Campos como diretor administrativo. Era uma equipe muito boa, também totalmente integrada.

A divisão de tarefas foi até um pouco diferente do que eu tinha imaginado originalmente. Normalmente, a Secretaria de Política Econômica deveria ser a encarregada da formulação de políticas, mas Roberto Macedo, além de realizar cuidadoso acompanhamento conjuntural, revelou-se um excelente administrador do que naquela época era chamado de Projetão, uma série de projetos que tinham sido apresentados ao Congresso. Com o auxílio do Martus Tavares, que ficou como secretário adjunto de Política Econômica, Roberto fez uma matriz, que atualizava regularmente, do andamento de cada projeto: transformado em projeto de lei, em tramitação em tal comissão, aprovado na comissão, aprovado na Câmara, aprovado no Senado... Ele tinha todos os elementos do Projetão, sabia onde estavam, o que tinham gerado etc. E, além disso, revelou-se um excelente negociador com o Congresso. Conseguiu inclusive, em abril, maio de 1992, já num momento muito conturbado, uma excelente lei salarial. As leis salariais eram sempre de indexação, mas na lei que conseguimos aprovar os reajustes seriam na base da inflação futura, coisa que fazia muito sentido. Ele tinha paciência, é brincalhão, as pessoas gostavam dele, e passou a ser muito respeitado. Mas, com isso, a formulação teórica foi feita pela equipe do Banco Central: Gros, Bodin e Armínio. Como eles participavam de todas as reuniões, correu tudo bem.

Toda terça-feira, às 10h, a equipe ia ao ministério para uma reunião naquela sala que eu conhecia do tempo do San Tiago Dantas: todos os secretários, o secretário executivo, todos os diretores do Banco Central, o presidente do BNDES, o presidente da CVM, muitas vezes os presidentes do Banco do Brasil e da Caixa Econômica. Isso ajuda muito. Na minha experiência, ter reuniões regulares é extremamente importante. No atual governo, me preocupa, por exemplo, o presidente apenas de vez em quando ter uma reunião no Torto, e raramente fazer reuniões normais do ministério. Talvez isso aconteça em função do grande número de ministros: hoje são 27, em vez de 12. Acho que as reuniões de equipes, inclusive a ministerial, são muito importantes para se dar o tom e sentir o clima. Na reunião normal é que assuntos subjacentes, muitas vezes importantes, vêm à tona.

E quanto ao Conselho Monetário? Como foi composto? Como eram as reuniões?

Também renovei o Conselho Monetário e incluí pessoas de alta capacidade: Alcides Tápias, depois ministro, Artur Sendas, Roberto Rodrigues, que é uma das pessoas que mais entendem de agricultura, Paulo Cunha e Carlos Antônio Rocca, ambos de São Paulo, um da área de comércio e o outro da área industrial. E passamos a discutir os problemas dentro do Conselho Monetário. Foi uma pena terem acabado depois com essa visão do Conselho. Talvez não devesse chamar-se Conselho Monetário, e sim Conselho de Política

Econômica. Mas acho que o governo perdeu ao ter essas pessoas fora, criticando, em vez de tê-las dentro, discutindo. O Conselho, no meu tempo, era um centro de discussão muito útil.

Mas há quem diga que os antigos Conselhos Monetários eram muito dóceis diante do governo. Isso é verdade?

Podem ter sido na época do regime autoritário, mas não na minha experiência, porque escolhi pessoas independentes. Nenhum dos que mencionei precisava ser submisso. Levantavam os problemas, e eu sempre me encontrava com eles antes das reuniões — ou no café da manhã ou no almoço — para discutir, para explicar. Eles às vezes me ajudavam, quando havia pressão gastadora. Eram muito úteis. O Conselho Monetário era um foro interessante que o governo perdeu.

Enfim, o que importa é que contei com uma excelente equipe, grande parte da qual está aí até hoje, trabalhando junta, em cargos de muito maior responsabilidade. Expliquei os critérios de escolha, mas também devo ter tido sorte para poder juntar pessoas dessa qualidade.

O senhor contou aqui que o presidente Collor, desde a primeira conversa que tiveram, lhe prometeu um gabinete próximo do seu, ou seja, acesso direto. No governo anterior, o senhor também tinha acesso direto ao presidente Sarney. Ao trabalhar para o Estado, o senhor sempre preferiu que não houvesse intermediações?

Ah, sim. Em todos os lugares em que atuei, no Estado e fora dele, essa sempre foi uma circunstância que me pareceu importante. No Unibanco, ao tornar-me vice-presidente do Banco de Investimento do Brasil, solicitei ter acesso direto ao Dr. Walther, sempre que necessário. Mesmo ao San Tiago, eu dizia: "O senhor me atenda, por favor, quando eu telefonar. Não vou telefonar para coisas inúteis."

Devolução dos cruzados e descongelamento de preços

Ao assumir o Ministério da Economia, o senhor teve alguma surpresa em relação à situação econômica?

As coisas eram mais ou menos conhecidas. Era conhecido que havia tabelamento, que os preços estavam reprimidos... Depois, algumas coisas surpreenderam, no curso dos acontecimentos, mas não imediatamente. A política monetária estava bem, os números fiscais e monetários do mês de abril foram bastante razoáveis, dentro, é claro, do clima de congelamento... Não encontrei nenhum *smoking gun.*

Mas os desafios eram formidáveis: devolver os cruzados, sair do congelamento...

Os desafios, sim. Houve, evidentemente, na quinta e na sexta-feira, dia da minha posse, um certo ataque especulativo, tanto que o Eris e o Gustavo Loyola, que depois ficou como presidente interino do Banco Central, me telefonaram. Naquela época se vendia ouro para evitar a especulação, mas a situação ficou bem controlada. As reservas pareciam confortáveis. Depois, também, vi que as coisas não eram bem assim...

Quais foram os primeiros temas tratados na sua gestão?

Na primeira reunião, no dia 16 de maio, anunciei à equipe que o presidente tinha marcado para o dia 20, segunda-feira, um almoço no Alvorada com as lideranças parlamentares. Ia ser discutida — e ali ficou claro que esse era o tema mais premente — a devolução dos cruzados novos, que já seria feita em cruzeiros. Eu tinha tomado conhecimento de que nós tínhamos que devolver, em 12 meses a partir de setembro, o correspondente a 27 bilhões de dólares. Isso significava que tínhamos que devolver a cada três meses uma base monetária; em 12 meses, seriam quatro bases monetárias. Portanto, tínhamos também de enxugar a liquidez, que poderia tornar-se explosiva. Eram 7% do PIB! Naquela época, o Fundo Monetário dizia que era impossível termos equilíbrio fiscal, já que considerava a devolução um gasto fiscal. Mas nós mostramos que não era um gasto fiscal: aquilo tinha sido depositado, tinha dono, era um estoque de poupança.

A primeira discussão interna foi portanto: devolver ou não devolver? Prorrogar o prazo? Havia também, naquele momento, um movimento grande para antecipar a devolução — aquela coisa de que o brasileiro gosta: antecipar para usar em construção civil, para isso e para aquilo, liberar para investir. Nós estávamos em maio e teríamos de começar a devolver em 15 de setembro, quando se completavam os 18 meses previstos. Discutimos muito e chegamos à conclusão de que o dinheiro tinha que ser devolvido logo, porque o principal, se não o principal, o primeiro item da política econômica tinha que ser a reconstrução do crédito público, e isso seria impossível, domesticamente, sem a devolução dos cruzados retidos e, externamente, sem a negociação realista da dívida externa. Resolvemos então antecipar em um mês a devolução das contas pequenas, de até 200 mil cruzeiros, e devolver o restante rigorosamente dentro dos prazos legais. Não estou me lembrando exatamente a quanto isso correspondia, mas todas as contas pequenas foram devolvidas um mês antes e de uma só vez, porque seria ridículo, além de dar um trabalho muito grande, parcelar em 12 meses quantias correspondentes a 10, 20 ou 50 dólares. O custo seria muito maior. E agir assim era um gesto simpático.

A devolução representou uma grande injeção, de mais ou menos dois bilhões de dólares por mês, na base monetária, o que é muito dinheiro. A partir de dezembro de 1991, a esses dois bilhões se juntou um acúmulo mensal de reservas de mais dois bilhões. Eram quatro bilhões, 1% do PIB por mês que nós estávamos injetando, e que portanto tínhamos de enxugar, o que criava um problema de política monetária complexo. Para amenizar um pouco, fizemos o seguinte: aqueles dinheiros todos, fossem da fonte que fossem, eram devolvidos em uma conta do Banco Central, distribuída pelos bancos comerciais, mas que pagava 8% de juros, ou seja, um pouco acima da remuneração da poupança, que era de 6%. A idéia era induzir as pessoas a manterem os seus recursos aplicados. Isso teve grande sucesso. Depois a taxa foi diminuindo, em seis meses passou para 7,5%, depois para 7%, 6,5% e 6%, mas o esquema funcionou muito bem, diminuiu o impacto da injeção de dinheiro na economia.

Cronologicamente, o segundo assunto que surgiu na nossa agenda foi o Mercosul. Mais até Argentina do que Mercosul. Marcos Azambuja me procurou, pois os argentinos estavam muito preocupados com a política cambial, a política monetária etc. A equipe assumiu no dia 16, e no dia 18 tivemos uma reunião com Domingo Cavallo no Rio. Passamos um dia no Copacabana Palace, fechados lá, para não haver desaguisados. Desde então, mantive uma relação muito estreita com Domingo Cavallo, até hoje. Era muito importante que os dois ministros se entendessem, e foi muito bom isso ter acontecido, pois desde o início houve uma total harmonia com a Argentina. Era muito importante também procurar identificar os futuros problemas que poderiam surgir no nosso relacionamento.

O terceiro problema era o descongelamento de preços. Esse era um grande desafio. Estava tudo congelado, preços privados e públicos — petróleo, energia elétrica etc. —, havia uma pressão enorme para descongelar, e isso iria criar uma grande pressão fiscal. Portanto, tinha-se que fazer um descongelamento gradual e sob certa direção. Estabeleceu-se então um esquema que previa três etapas: preços controlados, que continuavam controlados; preços monitorados, em que, ao se fazer um aumento, era preciso apenas comunicar; e preços liberados. A idéia era ir caminhando do controlado para o monitorado e depois para o liberado sem que ocorresse uma explosão. E se conseguiu isso. Quando saí, em outubro de 1992, todos os preços privados estavam liberados e a dispersão de preços se havia estreitado significativamente. Foi muito rápido. Essa decisão também foi tomada em não mais que duas semanas, e quem se revelou muito eficaz foi Dorotéia Werneck, que recriou, regenerou, revitalizou as câmaras setoriais, onde ela ia maneirando para que não houvesse pulos desmesurados. Na área de remédios, por exemplo, tinha que haver certo cuidado, na área de cigarros e de bebidas também.

Acho que foi aí que a formação da equipe mostrou ser um ponto alto da gestão. O congelamento, o controle de preços, era uma coisa que existia no Brasil havia muitíssimo tempo. Sair disso é dificílimo. Acho que o México, por exemplo, ainda não saiu totalmente do controle de preços. Só há pouco eles liberaram uma parte do preço da *tortilla*, que é um prato muito importante da dieta deles, um bem essencial. Foi uma coisa muito, muito importante termos conseguido sair do congelamento no Brasil. Depois começamos a fazer o descongelamento dos preços públicos, que também tinha de ser feito aos poucos: gasolina, diesel, derivados do petróleo, energia elétrica, telecomunicações.

Havia ainda um preço público muito importante, que era o câmbio, que ficou realmente atrasado. Com isso, começamos a perder reservas. E aí tivemos um outro problema. Voltando ao que eu tinha dito antes, descobrimos que reservas havia, mas de qualidade duvidosa. Existem dois conceitos de reservas: reservas líquidas e reservas em caixa. Mas o mais curioso é que as reservas líquidas não eram líquidas, porque parte importante delas não tinha liquidez. Por exemplo, parte estava depositada em agências de bancos brasileiros no exterior, e se fosse tirado o dinheiro dessas agências, elas faliriam e haveria o problema de cobrir depois; parte estava no Banco do Brasil, que depositava no Banco Central; parte estava na Petrobras; parte, como me lembrou há poucos dias Armínio Fraga, estava em *polonetas*;[2] parte estava em ouro, que também não é tão fácil de vender... Não havia, portanto, liquidez efetiva. Por volta de setembro, novembro, as reservas realmente disponíveis, em um total de cinco ou seis bilhões de dólares, chegaram a menos de um bilhão de dólares. É muito pouco. Tanto que, depois de começarem a entrar recursos, as reservas não responderam imediatamente. Enquanto isso, os bancos com que estávamos renegociando a dívida achavam que não precisávamos renegociar, porque tínhamos dinheiro para pagar. Não podíamos explicar a eles que estávamos melhorando a qualidade das reservas...

---

[2]Nome com que se designavam os títulos da dívida que a Polônia mantinha com o Brasil. O chamado escândalo das *polonetas* veio à baila em agosto de 1983, durante a gestão de Delfim Netto na então Secretaria de Planejamento (1979-1985), e envolveu uma série de denúncias sobre a administração desastrosa da dívida da Polônia. Ver *DHBB*.

O senhor considera que lhe esconderam o jogo, em relação à qualidade das reservas?

Eu não diria que tenha sido deliberado. Acho que houve uma certa falta de rigor, uma certa condescendência. Mas houve um pouco, também, de pressão da realidade. E a realidade era que os bancos brasileiros no exterior precisavam de ajuda, a Petrobras precisava importar petróleo, o Banespa tinha lá os seus problemas... As reservas também têm o efeito de, numa crise de liquidez, as pessoas saberem que você tem esse dinheiro. Às vezes, o *windowdressing* se torna a única opção disponível para não escancarar sua fragilidade!

É preciso lembrar que ainda tivemos de enfrentar vários problemas novos. Poucos dias ou poucas semanas depois de eu assumir, o Supremo considerou que a TR não podia ser um indexador das receitas. Pode-se imaginar o que isso significou. Depois, em junho, o Congresso votou a famosa Lei 8.200,[3] um desastre que só agora está deixando de vigorar. Everardo Maciel deu uma entrevista outro dia dizendo que isso correspondeu a uma perda do Tesouro de no mínimo 12 bilhões de dólares. Essa lei foi uma iniciativa da ministra Zélia, mas houve uma emenda na Câmara alargando extremamente o critério e o período em que podia ser feita a compensação. O estranho é que a lei foi aprovada na Câmara por voto simbólico, na manhã seguinte foi aprovada no Senado e no mesmo dia foi sancionada pelo presidente sem ter voltado ao ministério, quando todas as leis voltavam para receber o parecer do Ministério da Economia, se deveria ou

[3]A Lei 8.200, sancionada pelo presidente da República em 28 de junho de 1991, dispunha sobre a correção monetária das demonstrações financeiras para efeitos fiscais e societários. Entre outras medidas, estabelecia que, para efeito de determinação do lucro real das empresas – base de cálculo do imposto de renda das pessoas jurídicas –, a correção monetária das demonstrações financeiras anuais, a partir de fevereiro de 1991, deveria ser realizada com base na variação mensal do Índice Nacional de Preços ao Consumidor (INPC). Ver *Diário Oficial*, Brasília, CXXIX (123-A), 29 de junho de 1991.

não ser sancionada, se havia algum veto etc. Nós tentamos de tudo, pensamos em argüir a inconstitucionalidade da lei, mas, como o presidente a tinha sancionado, ficava muito difícil, *post factum*, termos algum êxito. Foi uma lei devastadora quanto às receitas esperadas.

A que se pode atribuir essa rapidez na aprovação da Lei 8.200?

A interesses embutidos dentro do Congresso, de empresas tanto públicas quanto privadas. As públicas eram em parte estaduais. Incluíam empresas geradoras e distribuidoras de energia elétrica, por exemplo, nas quais a correção monetária dos ativos era muito alta, porque os ativos são muito grandes. Mas as empresas privadas também tinham seus interesses. Tivemos vários rombos sérios como esse no meio do caminho. Além de termos que devolver os cruzados e liberar os preços, tínhamos uma receita menor por causa da decisão do Supremo e, depois, da Lei 8.200... Foi realmente uma política econômica difícil de manejar. Esses acidentes de percurso tornavam mais urgente a reforma tributária, que restabeleceria, por exemplo, a indexação das receitas. Enfim, defrontávamos uma economia politraumatizada.

Quando, afinal, se mexeu no câmbio?

A certa altura, tive que advertir o presidente de que iríamos ter que fazer uma desvalorização, embora não tivéssemos ainda certeza sobre quando nem de quanto. No dia 29 de setembro, um domingo, vim para o Rio de Janeiro, e houve uma reunião na minha casa com os principais membros da equipe econômica. Resolvemos fazer a desvalorização no dia seguinte de manhã, mas não determinamos o percentual exato, pensamos em uns 20%. Essa era a maneira de não haver nenhum vazamento possível, porque era domingo à noite, não havia nenhuma decisão anterior, a decisão fora tomada ali e no dia seguinte seria implementada. Isso me criou um pequeno problema, porque eu tinha que ficar no Rio para uma reunião da Comissão de Desestatização na segunda-feira, às 9h, no BNDES. Mas Armínio voltou para Brasília e deslanchou o processo. Não tive ocasião de falar com o presidente, pois não quis fazê-lo por telefone, e de manhã, ao chegar ao Planalto, quando os jornalistas lhe perguntaram se ia haver uma desvalorização, ele respondeu que não. Estava havendo, naquele momento... Mais tarde expliquei a ele: "Presidente, o senhor me desculpe, eu não queria incomodá-lo, nós terminamos a reunião tarde da noite, e eu queria lhe falar pessoalmente..." A desvalorização acabou em torno de 14,5%. Ao contrário do que a Míriam Leitão disse quando o Armínio foi nomeado presidente do Banco Central, que nós queríamos 5% e a coisa saiu do controle, tínhamos pensado até em um pouco mais que 14,5%. Mas aí, talvez até em função de eu não o ter avisado, o presidente disse: "Vamos maneirar um pouco, vamos fazer a coisa um pouco mais gradual." E se fez mais gradual, mais ou menos até fevereiro de 1992.

Em outubro — de 1991, ainda —, quando houve a primeira tentativa de privatizar a Usiminas, eu tinha ido para Bangcoc para a reunião do FMI, e houve muitos boatos de que o ministro da Economia ia sair. O *Estadão* publicou que eu estava saindo, notícia atribuída a considerações de José Serra e até a informações privilegiadas de Fernando Henrique Cardoso. Houve o adiamento da privatização e ocorreu um ataque especulativo. E aí, por sugestão do Gros e do Armínio, o que nós fizemos? Botamos os juros lá em cima e ao mesmo tempo anunciamos que íamos deixar de vender ouro no mercado livre. Eu me lembro que disse: "Há muita especulação, e nós vamos parar de vender ouro para os bandidos..." Nós nos retiramos do mercado de ouro, o ágio chegou a mais de 100%, mas em uma semana estava em torno de 2%, chegamos mesmo a registrar um ágio negativo. Foi aí, aliás, que a equipe econômica ganhou de fato credibilidade. Ela não piscou, e o mercado compreendeu. O que também teve um grande efeito em termos de inflação. Acredito que em outubro, com o descongelamento, tenhamos chegado a 27% ao mês. Depois disso, a inflação chegou a cair, em fevereiro do ano seguinte, para 17%. Isso tendo que manter o câmbio real, tendo que aumentar as reservas, tendo que devolver, durante esse período todo, os cruzados...

Quanto tempo levou a balança comercial para reagir? Pouco tempo, não?

Foi rápido. E a entrada de capital também foi muito rápida. Paulo Rabello de Castro, da Fundação Getulio Vargas, hoje na SR Rating, chegou a me encaminhar um estudo mostrando que grande parte do dinheiro que voltou logo era dos próprios brasileiros. Sempre o primeiro dinheiro que sai e o primeiro dinheiro que volta é dos próprios nacionais, que conhecem bem o país. Eu só sei que entrou muito dinheiro, a situação se reverteu, e houve uma acumulação de reservas de dois bilhões por mês. Quando saímos, deixamos mais de 20 bilhões de reservas de boa qualidade, o que não estava muito longe do nível chão das reservas depois das crises de 1998/99.

O Projeto de Reconstrução Nacional

O senhor mencionou o Projetão. *Era o Projeto de Reconstrução Nacional, que depois virou* Projetão, *depois* Emendão... *Como foi esse processo?*

O furacão Collor

O ministro e o presidente conversam informalmente na casa de Marcos Coimbra. Brasília, 1991.

Durante a visita do presidente Bush ao Brasil, o presidente Collor, ao lado do embaixador Marcílio Marques Moreira e da ministra Zélia Cardoso de Mello, cumprimenta o embaixador Richard Melton. Brasília, dezembro de 1990.

Reunião da equipe econômica com lideranças políticas para discutir a reforma tributária. A partir da esquerda, Roberto Guimarães (secretário do Tesouro), Luiz Fernando Wellisch (secretário da Fazenda), Roberto Macedo (secretário de Política Econômica), Pedro Paulo Leoni Ramos (secretário de Assuntos Estratégicos), o senador Albano Franco, Marcos Coimbra (secretário-geral da Presidência), o deputado Humberto Souto, o ministro Jarbas Passarinho, o presidente Collor, o ministro Marcílio, o senador Marco Maciel, o deputado Ricardo Fiúza e Célio Souza Silva (consultor geral da República). De terno cáqui, Carlos Garcia (secretário de Administração). Brasília, 1991.

O ministro Marcílio sendo recebido pelo primeiro-ministro, depois ministro da Fazenda do Japão, Kiichi Miazawa. No canto esquerdo, o embaixador Perez, do Brasil. Tóquio, 14 de abril de 1992.

Na inauguração da Linha Vermelha, o prefeito Marcello Allencar, o ministro Marcílio, o presidente Collor e o governador Leonel Brizola. Rio de Janeiro, 30 de abril de 1992.

Passeio ao Parque Nacional de Canaima, durante reunião dos ministros da Fazenda da América Latina: Rudolf Hommes (Colômbia), Marcílio Marques Moreira, Enrique Iglesias (presidente do BID), Domingo Cavallo (Argentina), Ricardo Haussman (Venezuela), Pedro Aspe (México) e Alejandro Foxley (Chile). Venezuela, 21 de junho de 1992.

Descendo a rampa do Palácio do Planalto na companhia dos ministros Alceni Guerra, da Saúde, e Jarbas Passarinho, da Justiça. Brasília, 1991.

Visita ao presidente do Senado, senador Mauro Benevides. Brasília, 1992.

A família e as novas gerações

A partir da esquerda, no sentido do relógio: o neto Luís Moreira da Costa, Patrick Paiva Trazzi, a mulher Maria Luiza, a filha Rosa Amélia, Michael Paiva Trazzi, Marcílio, a amiga da família Ana Lúcia Paiva Trazzi, a filha Maria Teresa e o neto Rafael Moreira da Costa. Itaipava, 2000.

Casamento de Maria Luiza de Oliveira Penna com Marcílio Marques Moreira no Mosteiro de São Bento, em cerimônia oficiada por D. Marcos Barbosa. À direita, o tio e padrinho de Maria Luiza, o historiador João Camillo de Oliveira Torres. Rio de Janeiro, 11 de dezembro de 1956.

Com as filhas Maria Teresa, Ana Luiza e Rosa Amélia no Teatro Municipal. Rio de Janeiro, 1979.

Almoçando com as filhas Maria Teresa, Ana Luiza e Rosa Amélia e a mulher Maria Luiza. Nova Iorque, 12 de novembro de 1995.

Amigos e viagens

Com Celso Furtado e Maria Luiza. 1980.

Com Roberto Campos, então embaixador em Londres. 1981.

Durante reunião da Atlantic Conference, o casal Marques Moreira com Javier Solana e Zbigniew Brzezinski. Marbella, Espanha, 12 de novembro de 1992.

Carlos Drummond de Andrade, Maria Julieta, Marcílio e Maria Luiza. Década de 1980.

Recebendo a comunhão do papa João Paulo II. Rio de Janeiro, outubro de 1997.

Na mesma reunião da Atlantic Conference, a caminho de Granada, o casal Marques Moreira ladeado pelo atual presidente da Argentina, Fernando de la Rua, e a então vice-primeira-ministra do Canadá. Novembro de 1992.

O Projeto de Reconstrução Nacional tem duas vertentes. A primeira é o próprio discurso de posse do presidente, que ele chamou de Projeto de Reconstrução Nacional e publicou. Mas um ano depois, em 14 de abril de 1991, Jarbas Passarinho, ministro da Justiça, foi ao Congresso e levou a mensagem que rebatizava de Projeto de Reconstrução Nacional — ou *Projetão* — uma série de providências a serem tomadas, desde providências regimentais, portarias, até emendas constitucionais. Uma parte do *Projetão*, referente à desregulamentação, foi implementada. Mas outra parte continha medidas, que são, prestando atenção, muito parecidas com aquelas que vêm sendo aprovadas desde 1995 e com outras que até agora estão sendo discutidas.

Quando o senhor assumiu o ministério, esse conjunto de projetos já tinha ido para o Congresso. Quem tinha sido responsável pela montagem do Projetão?

Essa montagem foi feita basicamente pelo Kandir e pelo Murilo Portugal, contando com a colaboração de Jarbas Passarinho. Tanto que, ainda antes de eu chegar, houve uma missão chamada Jarbas-Kandir que visitou as principais capitais, os governadores, as associações comerciais, para explicar do que se tratava. Foi o Kandir quem apresentou os projetos, mas Murilo Portugal trabalhou muito na costura do conjunto. Como havia algumas emendas constitucionais, nós fizemos depois um estudo mais amplo sobre elas, e essas emendas passaram a formar o *Emendão*. Em 3 de outubro de 1991, Jarbas Passarinho, eu, o ministro interino da Infra-Estrutura e o secretário de Administração Federal, Carlos Garcia, levamos uma exposição de motivos conjunta ao presidente em que apresentamos esse *Emendão*. Tenho comigo esse documento.[4]

[4] Ver "Exposição de Motivos Interministerial nº14, em 3 de outubro de 1991", Arquivo Marcílio Marques Moreira, FGV/CPDOC.

Propunha-se, por exemplo, a mudança do artigo 21 da Constituição, "dando competência exclusiva à União para a emissão de títulos da dívida pública". Isso era muito importante, porque os estados emitiam títulos da dívida pública, pagavam só alguns e depois iam para a União pedindo uma reestruturação. No fim do ano de 1990, ou no começo de 1991, tinha havido uma famosa troca de títulos da dívida pública paulista correspondentes a 700 milhões de dólares, que o Banco Central financiou (dizia o presidente que sem o seu conhecimento; nunca pude verificar), e esse foi um dos grandes problemas que nós tivemos, e o que acabou levando o Banespa à derrocada. Com a mudança seria possível, também, uma renegociação do estoque histórico de dívidas.

Mencionava-se, a seguir, a necessidade de "rever as disposições constitucionais referentes à definição dos setores que constituem monopólio da União, à concessão de serviços públicos e ao tratamento conferido ao capital estrangeiro". As propostas encaminhadas, "no sentido de abrir espaço para a iniciativa privada e reduzir as restrições ao capital estrangeiro", previam também mecanismos de proteção da sociedade, "de modo a impedir que monopólios públicos fossem substituídos por monopólios privados" — já se previa a privatização, mas não se queria transferir os problemas advindos de situações de competição assimétrica.

Buscava-se "diferenciar a situação dos servidores integrantes das carreiras típicas de Estado" — isso continua em discussão hoje — "e valorizá-los, estipulando para os demais servidores concursados prazo maior de efetivo exercício para a aquisição de estabilidade". Previa-se "a instituição de plano de seguridade social para o servidor público, vinculando o custeio dos benefícios às contribuições dos servidores e do poder público, na forma da lei" — quer dizer, reforma da

Previdência do setor público. Atribuía-se "competência ao Supremo Tribunal Federal para, mediante avocatória, suspender os efeitos de decisão de instância inferior e julgar causas processadas quando decorresse imediato perigo de grave lesão à ordem, à saúde, à segurança ou às finanças públicas".

Depois, vinham as questões de natureza tributária. Uma inovação era "a garantia de acesso da fiscalização às informações necessárias para identificar contribuintes e sua situação perante a administração tributária" — flexibilização do sigilo bancário. Autonomia universitária: "Serão destinadas às universidades públicas, para o financiamento de suas despesas, parcelas fixas dos recursos da União destinados à educação. Eventuais gastos adicionais correrão à conta de fontes alternativas de financiamento obtidas pelas universidades através da necessária interação com a comunidade" — quer dizer, dava-se autonomia, e depois elas que se virassem, inclusive estava implícito que podiam cobrar ou não anuidades.

O interessante é que todo mundo viu quando o presidente, naquela letrinha dele, escreveu assim sobre o documento:

"1. De acordo.

"2. Incluam-se propostas destinadas a: proibir que os proventos da inatividade sejam superiores à remuneração percebida na atividade" — lembrem-se que os funcionários públicos recebiam 20% a mais quando aposentados —; "estender aos servidores militares o plano de seguridade e sua forma de custeio, prevista para os servidores civis" — agora estão pensando nisso —; "permitir que as universidades e entidades públicas de pesquisa e desenvolvimento científico, cultural ou tecnológico contratem professores estrangeiros nas mesmas condições que os brasileiros" — também só foi feito bastante depois —; "tornar expresso que as entidades referidas no § 1 do art. 173 da Constituição estão sujeitas a falência e concordata (fixar um ano para a aplicação da norma)" — ele queria sujeitar as empresas públicas a falência e concordata, coisa que mesmo agora parece longínqua —; "no § 4 do art. 199 da Constituição excluir 'processamento' [de sangue] e 'seus derivados'; suspender até 31/12/93 a aplicação dos critérios de repartição das receitas tributárias e da destinação dos fundos públicos" — quer dizer, FEF — "sobre a receita proveniente do crescimento da arrecadação tributária federal, destinando o acréscimo ao pagamento do serviço da dívida decorrente das operações de crédito de responsabilidade da União" — era fórmula muito interessante: se houvesse um aumento da arrecadação por causa da reforma tributária, o acréscimo não seria repartido, e sim abatido da dívida.

"3. Providencie-se o processamento da remessa da proposta de emenda à Constituição ao Poder Legislativo.

"Em 03/10/91

"F. Collor"

No dia seguinte, 4 de outubro, o *Emendão* foi enviado ao Congresso. No dia 21, o presidente mandou para o Cláudio Humberto, com cópia para mim, um bilhete dizendo o seguinte:

"A sociedade brasileira deve estar corretamente informada para ter cuidado:

"1. com os que atrapalham anunciando que ajudam;

"2. com os que anunciam a falência para conseguir a advocacia do espólio;

"3. com os que inventam notícias na sexta-feira para colher lucros na segunda;

"4. com os que prestam consultoria do pessimismo para escamotear incapacidades;

"5. com os que se lamuriam porque desejam manter seus 'casamentos' com o Estado no regime de comunhão de bens.

"Este último item, aliás, segundo Humberto de Campos, parafraseando-o.

"F. Collor

"21/10/91."[5]

Quer dizer, tinha uma cabeça organizada.

As propostas do Projetão *e do* Emendão *eram todas articuladas entre si?*

Eram. O Projeto de Reconstrução, assim como o *Emendão*, eram estruturados de forma sistemática. O próprio presidente era sistemático, reunia a equipe e queria que a coisa fosse apresentada de maneira articulada. Foi um trabalho muito consistente. O Projeto de Reconstrução Nacional realmente mudou a agenda nacional. Eu me lembro do Jorge Johannpeter Gerdau dizendo, em 1992: "Esse projeto mudou não só a agenda nacional, mas a minha agenda também. A minha agenda de dois anos atrás tinha anotado: viagem a Brasília para discutir com o CIP, viagem a Brasília para discutir com o Departamento de Comércio Exterior... Agora, eu viajo para Brasília para discutir produtividade, qualidade. Antigamente era para discutir uma licença de importação, um aumento de preços, uma autorização para fazer uma fábrica..." Era realmente um programa muito moderno e muito coerente.

Esse programa foi abertamente combatido pelas forças políticas representadas no Congresso?

Curiosamente, eu não diria que houve abertamente uma contestação. A resistência não era organizada, nem ha-

---

[5]Arquivo Marcílio Marques Moreira, FGV/CPDOC.

via uma proposta alternativa. Nesse sentido, as oposições foram ineficazes. No nível dos meus contatos, não senti nenhuma resistência agressiva. Mas, daí à aprovação... É fácil imaginar que esse conjunto de propostas do governo mexeu muito. E, como acontece em todo processo de reforma, os aliados de antes foram sendo alienados. Primeiro, tinham sido alienados pelo confisco ou congelamento dos haveres financeiros. Depois, foram sendo alienados porque acabou o protecionismo, acabaram os incentivos fiscais, os juros subsidiados, a possibilidade de dar aumentos de preços como um privilégio, a facilidade de conceder licenças de importações. Não havia mais nenhum mês com déficit de caixa, porque, como em qualquer casa de família, acabando-se os recursos, acabavam-se os gastos. Isso realmente afastou os aliados, que se consideraram alijados, ou até traídos, e foi difícil construir novas alianças para apoiar as mudanças. Além disso, o presidente não tinha gosto para negociar. Não era, como o atual presidente Fernando Henrique, um construtor de consenso ou um costurador de alianças. Ele queria realmente as mudanças, e com todo o gás. Muito de peito aberto. Tudo isso deteriorou as chances de aprovação das propostas, embora o conjunto, em termos de agenda nacional, fosse corajoso.

Ainda assim, como se pode perceber ao se examinarem as propostas do Projeto de Reconstrução Nacional, muita coisa foi aprovada por decreto ou resolução e, em alguns casos, até em termos de legislação. Foram implementados os temas que estavam mais diretamente sob a competência do Executivo, assim como aqueles em que foi possível construir algum tipo de consenso. Algumas coisas foram introduzidas e tornaram-se irreversíveis: a abertura comercial, a liberalização da legislação cambial, a liberação de preços. Todo o plano de ação no setor de seguros, por exemplo, também foi feito nessa época. Em muitas áreas houve mudanças bastante significativas.

Que destino teve o Emendão no governo Itamar Franco?

Acho que aí o *Emendão* morreu, de morte morrida. Mesmo quando houve aquela ampla possibilidade de se fazer uma revisão constitucional, em 1993,[6] a idéia não foi aproveitada. Já no governo Fernando Henrique, Nelson Jobim apresentou muitas coisas do *Emendão*, mas também encontrou muitas resistências e, a não ser em momentos de crise, que normalmente aguçam a "vontade política", as reformas vêm sendo aprovadas a conta-gotas.

O acordo com o FMI

Como se desenrolaram as negociações com o FMI depois que o senhor assumiu o ministério? Em que ponto o senhor pegou isso?

Peguei quase no ponto zero. Na negociação com os credores, tinha havido no início aquelas propostas pouco razoáveis, mas as coisas estavam evoluindo, e havia um esquema de pagamento dos juros atrasados em que uma parte pequena seria paga em dinheiro e a outra pela emissão dos famosos IDUs. Quando cheguei, essa fase estava sendo concluída pelo embaixador Jório Dauster. Em 8 de abril de 1991, tinha sido rubricado um *term sheet*, um acordo preliminar, que veio a ser aprovado pelo Senado em 21 de junho.

---

[6]A Constituição promulgada em 1988 estabeleceu, no artigo 2º de suas Disposições Transitórias, a convocação de um plebiscito popular em 7 de setembro de 1993 para escolher a forma – república ou monarquia constitucional – e o sistema – presidencialismo ou parlamentarismo – de governo a serem implantados em 1º de janeiro de 1995. Em abril de 1992, a Câmara dos Deputados aprovou projeto de lei antecipando o plebiscito para 21 de abril de 1993. A consulta popular deu ampla vitória à república presidencialista, tendo o índice de votos brancos, nulos e de abstenções chegado a cerca de 40%. Por sua vez, o artigo 3º das Disposições Provisórias previa uma revisão constitucional a ser realizada após cinco anos de promulgação da Constituição, pelo voto da maioria absoluta dos membros do Congresso Nacional reunidos em sessão unicameral. Ver *DHBB*.

Em relação ao Fundo, o que havia era o seguinte. Quando o presidente esteve em Washington, no fim de janeiro de 1990, houve um jantar a que já me referi, com Michel Camdessus, Iglesias e Carla Hills, e já se conversou sobre o assunto. Depois, na época da ministra Zélia, pode-se dizer que as negociações não progrediram. Mas o presidente visitou os Estados Unidos em junho de 1991, pouco depois de eu assumir o ministério, e voltou a conversar com o Camdessus. O primeiro passo foi aceitar a vinda de uma missão do Fundo ao Brasil. Os estatutos do Fundo determinam, em seu artigo 4º, que se um país não tiver total liberdade cambial, tem que receber a cada 12 meses uma missão de consulta, mas ainda assim pode vetar a visita. Por bastante tempo não houve aqui uma consulta do artigo 4º. O pessoal acabou vindo em agosto/setembro, e no início houve até um incidente, porque o funcionário do Fundo que chefiaria a missão, Sr. Fajgenbaum, argentino, fez umas declarações sobre a necessidade de mudanças na Constituição para permitir o ajuste fiscal. O presidente ficou uma arara, evidentemente. Estava-se pensando nisso, mas não se aceitava que o Fundo fosse anunciar uma coisa dessas. Começaram os jornais a estampar: "Fundo exige mudanças constitucionais", o que evidentemente era um despropósito e ia contra toda estratégia de convencimento. Acabou-se conseguindo um conto a mais, como se diz, ou seja, que o Beza, que era o chefe do Departamento Latino-Americano, viesse pessoalmente nos momentos relevantes das negociações, para não ficar o Fajgenbaum como responsável.

Já durante a consulta do artigo 4º, começou-se a conversar sobre um *stand-by arrangement* de 18 ou 21 meses, num montante em torno de dois bilhões, ou de dólares ou de direitos especiais de saque. A consulta terminou em setembro e foi reportada ao *board* do Fundo em 4 de outubro de 1991. Na ata da diretoria — tenho aqui os documentos — eles relatam a consulta, comentam as várias medidas tomadas para liberalizar o sistema de comércio e o sistema cambial, mencionam o que eles chamam de *multiyear tariff reform*, que é a diminuição gradual das tarifas, o fim de todas as barreiras quantitativas. Assinalam que "houve progresso nas recentes discussões entre o *staff*"— do Fundo — "e as autoridades brasileiras sobre os elementos fundamentais de seu programa econômico, capaz de assegurar o apoio da comunidade internacional, inclusive do Fundo", e acabam dizendo esperar "que a próxima consulta do artigo 4º seja realizada no ciclo normal de 12 meses".[7]

A partir daí, começou-se a pensar em um acordo *stand-by*. Logo em cima da finalização da consulta houve a reunião do Fundo Monetário em Bangcoc, a que já me referi, e nessa reunião, já que estavam lá o Camdessus e todos os outros atores envolvidos, aproveitamos para avançar as negociações. Cheguei a Bangcoc em 10 de outubro, e, no dia 11, como sempre fazia no começo das reuniões anuais do Fundo, Camdessus deu uma entrevista à imprensa. Respondendo a uma pergunta do Paulo Sotero, do *Estadão*, disse o seguinte: "É verdade que a missão do Fundo que visitou recentemente o Brasil concluiu um entendimento com as autoridades brasileiras sobre os elementos principais, não só os técnicos, para uma estratégia de estabilização econômica e recuperação em 1992 e 93. Os trabalhos continuam na sede do FMI, depois dessa missão ao Brasil, e as autoridades brasileiras estão planejando visitar Washington no fim de outubro para completar a redação de uma carta de intenção para um programa por um período de 20 meses."[8] Portanto, a coisa estava bem adiantada.

---

[7] Arquivo Marcílio Marques Moreira, FGV/CPDOC.

[8] Ver *O Estado de S. Paulo*, 11 de outubro de 1991.

Essa missão a Washington, chefiada pelo Pedro Parente, viajou em meados de novembro e visitou o Fundo e o Tesouro americano. Tenho aqui um telegrama do embaixador Ricúpero, de 16 de novembro de 1991, dizendo que acompanhou Pedro Parente, Armínio Fraga, Pedro Bodin e Pedro Malan numa conversa com o pessoal do Tesouro. É bom lembrar que entrementes, no final de setembro, nós tínhamos feito aquela desvalorização de 14,5% e depois, em meados de outubro, tínhamos saído do mercado de ouro, o que fez disparar o paralelo a mais de 100% por alguns dias, mas em poucas semanas resultou em um deságio. Por outro lado, Bangcoc tinha sido um momento tenso, porque o *Estadão* tinha publicado aquela notícia de que eu estava saindo.

Depois dessa visita da missão brasileira a Washington, as negociações continuaram. No dia 21 de novembro, Camdessus, que às vezes é um pouco dramático, me telefonou dizendo que estava em *agony*, que admirava muito o que estávamos fazendo, mas que havia grandes problemas. O curioso é que ele se queixava dos juros reais muito altos, dizia que não era possível mantê-los. Disse ainda que o presidente estava claramente *backing me*, mas que o grande problema era o Congresso. Conversei com o presidente, poucos dias depois telefonei para o Camdessus de volta, e aí nós conseguimos uma coisa importante, que foi trazê-lo ao Brasil. Quer dizer, em vez de irmos a Washington entregar a carta de intenções, ele viria recebê-la aqui.

Tenho comigo cópia desse documento. Lendo-o, pode-se ver que era um programa de estabilização ortodoxo no bom sentido da palavra, que explicitamente abria mão de qualquer tentação de pajelança e mostrava um caminho de austeridade fiscal, aperto monetário e sobretudo consistência macroeconômica. Camdessus recebeu isso no dia 2 de dezembro de 1991, em Brasília.[9] O presidente estava fora, de modo que ele visitou o vice-presidente, Itamar Franco. Combinei um jantar para ele numa churrascaria, com alguns líderes parlamentares, inclusive do PMDB; acho que havia alguém do PT também. Depois parti com ele num avião da Força Aérea para Cartagena de Índias, onde estava sendo realizada uma reunião de presidentes latino-americanos. Além dos presidentes da Colômbia, país anfitrião, e do Brasil, estavam lá os presidentes do México, Salinas; da Argentina, Menem; do Peru, Fujimori; da Venezuela, Perez; do Uruguai, Lacalle, e de mais seis países. Tivemos um encontro com o presidente Collor, e Camdessus perguntou se ele estava realmente determinado a dar prosseguimento ao ajuste fiscal. O presidente respondeu: "O ajuste fiscal, para mim, Sr. Camdessus, não é uma determinação, é uma obsessão." O Camdessus saiu em estado de graça.

A que o senhor atribui essa "obsessão", à equipe que cercava o presidente ou a uma determinação pessoal?

Acho que havia muito de pessoal. Tanto que isso já está no discurso de posse, é uma coisa que vem dos primórdios. O primeiro objetivo apontado no discurso era a consolidação da democracia, e o segundo era a estabilização macroeconômica. Está dito lá: "Farei da estabilização monetária e financeira a prioridade absoluta de todos os primeiros passos deste governo."

Além da carta de intenções, tem-se que apresentar ao Fundo um memorando técnico, que não é necessariamente contemporâneo, pode vir logo depois. Como a carta foi en-

---

[9] "Carta de intenções ao FMI de 2 de dezembro de 1991", Arquivo Marcílio Marques Moreira, FGV/CPDOC.

tregue em 2 de dezembro, e algumas das leis que nós tínhamos proposto ao Congresso para o ajuste fiscal foram aprovadas ao longo do mês, e outras não, no dia 21 de janeiro de 1992 fiz uma segunda carta, uma espécie de adição.[10]

Para que o FMI aprovasse a carta de intenções, era necessário que o Congresso aprovasse determinadas medidas?

Não. Nós apresentamos um programa *front loaded*, em que não se pressupunha nenhuma condição precedente, do tipo "quando o Congresso aprovar tal coisa, tal parte será liberada". Mas, para não haver condicionantes nos saques, havia certas medidas legislativas que poderiam ser consideradas um pressuposto, e por isso eu tive que mudar um pouco a carta de intenções. O Congresso, embora tenha aprovado a maior parte das propostas, não aprovou todas, de modo que tivemos que tomar algumas medidas administrativas para assegurar o ajuste fiscal.

Quais foram as leis aprovadas pelo Congresso entre a entrega da primeira e da segunda carta de intenções?

Além da lei fiscal que restabeleceu a indexação das receitas pela Ufir, também foi aprovada uma lei muito importante, de renegociação das dívidas dos estados. Esses princípios agora adotados já estavam todos incluídos: os estados não poderiam emitir títulos novos, não poderiam se endividar, teriam de pagar até tantos por cento da sua renda para servir a dívida... Isso não foi totalmente cumprido, e depois teve que haver uma segunda onda de acordos.

---

[10] "Carta aditiva de 21 de janeiro de 1992", Arquivo Marcílio Marques Moreira, FGV/CPDOC.

O senhor se lembra de alguma medida particularmente nevrálgica que o Congresso não tenha aprovado?

A maior diferença entre o *tax package* aprovado pelo Congresso e o descrito na carta de 2 de dezembro se referia à taxação do imposto de renda. Eles não aprovaram, por exemplo, o aumento do imposto de pessoa física, que batia exatamente nos proventos dos deputados. Talvez isso não tenha tido grande impacto monetário, financeiro, mas a decisão que foi tomada em relação ao imposto de renda de pessoa jurídica teve. Nós tínhamos sugerido, pela primeira vez, o chamado pagamento em bases correntes, ou seja, que em vez de as empresas pagarem no fim do ano, pagassem mês a mês. Eles concordaram, mas decidiram que, em vez de isso ser introduzido em janeiro, começaria em julho de 1992. Isso resultou numa perda líquida de 0,4% do PIB. Outras decisões foram relativas ao pagamento do Finsocial pelas instituições financeiras, que eram isentas — aí houve um ajuste —, e do IPI pela Zona Franca de Manaus — eles mantiveram a isenção. Para compensar, nós resolvemos aumentar os preços públicos reais em 17% durante o ano, o que significaria 0,2% do PIB; aumentar o imposto de importação do petróleo, o que significaria 0,1%; diminuir o aumento de transferências para os Estados e modificar o imposto sobre cigarros — uma parte desse imposto passaria a ser no selo, porque o selo não era distribuído entre os estados.

Como eram suas relações, e da sua equipe, com o Congresso?

As relações com o Congresso eram feitas em três frentes. Desde maio, quando assumi o ministério, eu comparecia ao plenário, às vezes ia às comissões, visitava os presidentes das duas Casas, tinha reuniões muito longas, com muitas perguntas. Essa era uma forma direta de relacionamento. A segunda forma eram as reuniões semanais que o ministro da Justiça, que era então o coordenador político, mantinha com os líderes dos partidos que apoiavam o governo: PFL, PRN, PTB. Em geral, essas reuniões eram feitas às segundas-feiras, no fim da tarde, no próprio Ministério da Justiça. Às vezes eu comparecia, mas quem comparecia sempre era Roberto Macedo, que, como eu disse, ficou sendo nossa principal ligação com o Congresso. E a terceira forma de comunicação, sobretudo no tocante à área externa, eram reuniões mais ou menos mensais promovidas pelo Marco Maciel, então líder do governo no Senado, com os principais líderes dos partidos na Casa, em que se discutia o problema da dívida e as relações com o Fundo Monetário. Marco Maciel organizava almoços na casa dele, muito gostosos aliás, de comida pernambucana, a que sempre compareciam Fernando Henrique Cardoso, Suplicy, Jorge Bornhausen, Élcio Tavares, Raimundo Lira, José Fogaça, às vezes Covas, entre seis e 12 senadores.

Qual era o objetivo dessas discussões?

O acompanhamento das negociações. Em relação à dívida, o Senado tinha que se pronunciar mais formalmente e, antes mesmo de eu chegar, tinha dado umas *guidelines*, como por exemplo a de que as reservas não podiam cair abaixo do valor de quatro meses de importação.[11] Mas, em relação ao

[11]Em 1989 o Congresso formou uma comissão mista com o objetivo de analisar os fatores geradores do endividamento externo e formular parâmetros para o futuro tratamento da dívida. Algumas das propostas resultantes dos trabalhos da comissão foram posteriormente incorporadas à resolução 82 do Senado Federal, que entrou em vigor a partir de 18 de dezembro de 1990 e fixou uma série de diretrizes sobre as negociações e os pagamentos da dívida. Além do já mencionado limite mínimo de reservas, outras condições foram estabelecidas, como a de que os acordos não podiam incluir o pagamento de despesas de viagem, hospedagem e serviços técnicos e jurídicos do exclusivo interesse dos credores. Ver Marcos Caramuru de Paiva, "A dívida externa e as questões financeiras internacionais", *in Sessenta anos de política externa brasileira*, vol. 2.

Fundo, nós sempre defendemos, como aliás era a tradição — e até tenho um longo parecer do Tércio Sampaio Ferraz a respeito —, que os acordos não são sujeitos à aprovação do Congresso. Em primeiro lugar, porque o Brasil é membro fundador do Fundo Monetário, e no momento da fundação já foram estabelecidas as condições. Segundo, porque tecnicamente o Fundo não é uma instituição financeira. Os *stand-by arrangements* não são contratos de financiamento. Você troca a sua moeda por outras moedas e não assina nenhum contrato, nenhuma obrigação. O *stand-by arrangement* é precedido por uma carta de intenção que realmente expressa apenas uma intenção política, tanto que não há nenhuma sanção, a não ser a interrupção de novos desembolsos, se não forem cumpridas as *targets*. O Fundo Monetário é uma espécie de cooperativa de política econômica: o dinheiro que se saca nele não entra no balanço de pagamentos como financiamento, entra abaixo da linha, como compensação.[12] O Senado realmente endossou o nosso ponto de vista e não criou nenhum problema nas negociações.

Quando, afinal, foi aprovado o acordo pelo FMI?

O acordo foi aprovado pelo *board* do Fundo em 29 de janeiro de 1992. Nós sempre tivemos muito apoio dentro do Fundo. Os alemães sempre foram recalcitrantes, mas tínhamos grandes aliados nos Estados Unidos e na França. Logo depois, o presidente escreveu cartas ao Bush, ao Mulford, ao Brady e ao Camdessus agradecendo a aprovação. Ele fazia, como se vê, uma política muito clara de apoio à equipe econômica.

---

[12] Os chamados *stand-by arrangements* (acordos de crédito contingente) permitem a um país membro do FMI sacar uma parte de sua quota junto ao Fundo, sob a forma de troca de divisas em moeda nacional por divisas em moedas fortes (dólares e outras). Tais acordos incluem uma obrigação de recompra, isto é, de que as divisas em moeda nacional que passaram ao controle do Fundo sejam recompradas num prazo determinado.

O curioso em relação ao memorando técnico que entregamos ao Fundo em 1992 é que os objetivos, e até mesmo os números, são muito parecidos com os de agora: obtenção de um superávit primário de 3% do PIB e déficit operacional não superior aos mesmos 3%. Não há hoje nenhuma novidade, da mesma forma que todas as reformas constitucionais que agora estão sendo introduzidas já estavam praticamente previstas no Projeto de Reconstrução Nacional. O que mostra que os processos políticos no Brasil não são rápidos. A lentidão faz parte, eu acho, da nossa cultura e do nosso tipo de instituição política.

A semelhança dos objetivos de hoje e de oito anos atrás significa que os problemas estruturais continuam os mesmos? Ou que o receituário do FMI não mudou? Ou as duas coisas?

Acho que as duas coisas. De fato, muitos problemas de então ainda existem hoje. Havia um desequilíbrio fiscal estrutural naquela época que só após setembro de 1998 começou a ser enfrentado. Evidentemente, também houve muitos avanços que foram sendo incorporados, na parte, por exemplo, da liberalização da política cambial, da própria liberalização comercial, que continuou, do ordenamento das contas públicas. Não é dizer que não houve progressos — houve sim. Mas num ritmo às vezes incompatível com a dimensão dos desafios com que nos confrontamos.

A que se deve exatamente a permanência até hoje, como objetivo, de um superávit primário de 3% do PIB? Isso está relacionado a parâmetros da economia brasileira, ou a uma inércia por parte do Fundo Monetário, ou seria um parâmetro que o Fundo recomendaria a qualquer país?

Acho que desde o tempo do Lord Keynes isso foi sendo destilado, e permaneceu a convicção de que não se deve ter um déficit operacional maior do que 3% do PIB. Pode-se ver mesmo que isto está inscrito nos parâmetros de Maastricht.[13] É até interessante saber em que medida o número é paradigmático. Lembro que, discutindo com Domingo Cavallo, ele me disse que era o mesmo número que se percebia na Argentina. Naquela época, nós falamos em harmonização de políticas macroeconômicas, e isso ficou claro. Ele disse, aliás, que os objetivos eram os mesmos, os resultados é que ainda não o eram.

Era muito freqüente na América Latina, no começo da década de 1990, a discussão sobre a necessidade de políticas harmonizadas, monetárias e fiscais. Isso caiu um pouco em desuso depois de 1992, mas atualmente está voltando com força, não?

É verdade. Acho que a experiência européia pesou bastante. A experiência de Maastricht é muito parecida com o chamado Consenso de Washington. Naquela conferência de 1989, de que já falei aqui, John Williamson listou dez pontos, entre os quais se incluíam ajuste fiscal, liberalização comercial, reformas estruturais. E Maastricht, de certa ma-

---

[13]O Tratado da União Européia, firmado em fevereiro de 1992 e também conhecido como Tratado de Maastricht, estabeleceu uma nova etapa no aprofundamento do processo de integração européia através da definição de seus três principais pilares: o fortalecimento da já existente Comunidade Européia, a adoção de uma política externa e de segurança comum e a cooperação em assuntos internos e de justiça. Também foram estabelecidos um calendário para a adoção de uma moeda única européia (o euro) a partir de janeiro de 1999 e os critérios de convergência macroeconômica a serem atingidos pelos países membros da União Européia que desejassem participar da união monetária. Estes incluíam déficit público de até 3% do PIB; dívida pública de até 60% do PIB; taxa de inflação até 1,5% superior à média dos países com as três menores taxas; e taxa de juros até 2% superior à média dos países com as três menores taxas. Ver John McCormick, *Understanding the European Union: a concise introduction.* (Nova Iorque, St. Martin's Press, 1999).

neira, tem muitos desses parâmetros. Ou seja, de que a dívida pública não deve ser superior a 60% do PIB, o déficit público não deve ser superior a 3%, os juros não devem ter um desvio entre um e outro país acima de 2%, como as próprias taxas de câmbio e a inflação. Acho que há aí toda uma busca comum de convergência macroeconômica, que talvez seja ditada pelo fato de que hoje as economias são mais abertas. Sendo elas mais abertas, isso passa a ser mais importante do que em economias muito fechadas.

O acordo da dívida

Fechado o acordo com o FMI em 29 de janeiro de 1992, como se desenvolveram as negociações para a reestruturação da dívida?

Um mês depois, no dia 26 de fevereiro, fizemos o acordo de reestruturação dos débitos com o Clube de Paris. A negociação aí, embora mais simples, é mais dura. É uma negociação *sui generis*, porque ela se passa num só dia, até fechar. É a regra: pode-se varar a madrugada, ir até o sol raiar. O fato de se passar a noite em claro, comendo sanduíches, deixa o clima meio tenso. O problema, também, é que são vários países com que se tem de lidar, mas não há uma negociação direta, frente a frente. Os negociadores conversam de um lado e apresentam a proposta ao outro — no caso, nós —, e o mesmo fazem os do outro lado. Naquela época, quem estava negociando pelo Clube de Paris era Jean Claude Trichet, do Tesouro francês, depois presidente da Banque de France e futuro presidente do Banco Central Europeu. Foram daqui Gros, Armínio e Parente. Eu não estava lá, mas recebia telefonemas constantes. Foi uma negociação bastante tensa. Menos, é claro, que a da época do Funaro, quando ele ameaçou fazer a moratória caso não se chegasse a um acordo, e mesmo assim a fez pouco depois, o que tornou as relações com Baker muito difíceis.

Esses dois acordos, com o Fundo e com o Clube de Paris, eram as chamadas condições precedentes para o acordo da dívida privada, cuja negociação se intensificou a partir daí, comandada pelo Malan com o apoio direto mais constante do Armínio. Essa foi uma negociação mais detalhada. Por quê? Porque nós estávamos no início da década de 1990, quando o sistema financeiro internacional estava passando de uma situação típica da década de 1970 e início da década de 1980, que foi uma época que se pode chamar de *bancarização*, em que os bancos eram os atores principais nas relações financeiras internacionais, para uma situação nova, de securitização. Ainda não estava totalmente implantada a securitização, mas os bancos estavam começando a vender seus créditos para terceiros.

Quando se comparam as listas de credores da negociação de 1982 com as da negociação de 1992, vê-se que eles se multiplicaram. No começo eram 600, depois chegaram a mais de 1.800. Isso aconteceu, primeiro, porque na origem dos próprios empréstimos fora freqüente a sindicalização, isto é, a distribuição entre vários credores do montante a ser emprestado — era já o primeiro passo para a securitização, pois o líder ou líderes da operação de empréstimo eram bancos que desde o início recolocavam os créditos. Mas também havia bancos que passaram a vender os créditos próprios mais tarde. Com isso, surgiram novos atores sem a mesma experiência e sem o mesmo interesse dos bancos. O banco se interessa em ajudar o seu devedor porque o quer reter como cliente amanhã, enquanto aquele que compra um crédito do banco quer ser reembolsado ou então vender o crédito. O exemplo paradigmático disso é o Grupo Dart, um conglomerado industrial que comprou mais de um bilhão da dívida brasileira e durante anos criou os maiores problemas. Não assinou o acordo da dívida e depois entrou com uma ação contra o governo brasileiro, porque queria receber o valor de face. Esses credores são o que, na teoria das negociações dos acordos da dívida, nós chamamos de *free riders*,[14] aqueles que não têm nenhum compromisso de continuidade de operações bancárias e financeiras e querem apenas tirar o máximo proveito, sem arcar com nenhum ônus. Querem que os outros entrem com o dinheiro, como na época do Baker, ou façam abatimentos na dívida, como na era Brady, enquanto eles ficam de fora, só se beneficiando.

Outro elemento que atrasou muito a negociação foram alguns bancos, não tão poucos no começo, que aproveitaram a negociação para resolver problemas muito pontuais. Um grande banco alemão, por exemplo, ainda na época do governo Sarney, tinha-se proposto fazer uma operação de conversão de dívida em investimento num banco brasileiro e, na mudança de governo, essa operação estava executada apenas pela metade. Eles tinham feito um empréstimo a curto prazo para depois trocar por investimento, ficou o empréstimo e não foi feita a outra operação. Queriam receber, mas, se recebessem, os outros bancos iriam querer também. Todos esses acordos têm cláusulas *pari passu*, que visam justamente diminuir o risco dos *free riders*, equalizando as obrigações ou os direitos de cada um.

---

[14]Conceito oriundo da aplicação de modelos de escolha racional a problemas de ação coletiva e de provisão de bens públicos. Um bem público é definido pelo fato de que, uma vez que dois ou mais atores reúnam esforços para produzi-lo, seus benefícios se estenderão a todos os membros de um determinado grupo, inclusive àqueles que não incorreram no custo da provisão do bem. Daí o estímulo a comportamentos "caronas" (*free riders*) da parte de atores que, embora não participem da produção do bem, se beneficiam dos seus resultados. Desse ponto de vista, a ação dos caronas deve ser mitigada por meio do oferecimento de incentivos seletivos (adicionais aos benefícios do bem em si) ou da aplicação de sanções. Ver Iain McLean, *op. cit.*

De maneira geral, quem eram os novos detentores de créditos brasileiros?

Eram fundos de investimentos, companhias de seguro, corporações e instituições não-financeiras. Ademais, os credores estavam situados em países diversos, que tinham normas bancárias e fiscais totalmente diferenciadas. Por exemplo, alguns países obrigavam os bancos a abater a dívida de devedores duvidosos ou inadimplentes em proporção diversa. Nos Estados Unidos havia uma comissão intergovernamental chamada Icoerc — Interagency Country Exposure Risk Committee —, constituída do Tesouro, do *comptroller of the currency* e do Federal Reserve, que foi estabelecendo em relação ao Brasil crescentes proporções do que os bancos tinham que abater do valor da dívida. Começou em 10% e passou para 20%, 30%, 40%, 50%, 60%. Já no Japão era diferente, na Alemanha era diferente, cada país tinha uma proporção diferente, do ponto de vista da supervisão bancária. Além do mais, o fisco de cada país dava a esses abatimentos um tratamento diferenciado. Uns permitiam que aquilo fosse abatido do imposto de renda, outros não. Nas negociações, isso era um complicador muito grande.

A partir de 1992, as negociações foram conduzidas num contexto que nós realmente poderíamos descrever como de complexidade crescente. Olhando um pouco mais atrás, nas décadas de 1940 e 1950 e na maior parte da década de 1960, o grande financiador dos países em desenvolvimento eram as agências oficiais, os governos. Recebíamos fluxos oficiais de crédito. Na década de 1970, esse papel passou para os financiadores privados, ou seja, bancos comerciais. No fim da década de 1980, os bancos começaram a se desfazer dos seus créditos, securitizando-os ou vendendo-os para terceiros. Chegamos à década de 1990 não só com uma multiplicidade de atores — os bancos, hoje em dia, controlam menos de 20% dos ativos financeiros — como com uma enorme diversificação de instrumentos: em vez de créditos bancários, há bônus, notas, notas estruturadas, derivativos, enfim uma panóplia extremamente ampla que torna cada vez mais complexo qualquer esforço de reestruturação.

Em 1992, nós estávamos no meio do caminho, já com algumas dificuldades e ainda sem visualizar o quadro geral. O que ajudou foi que havia alguns centros de articulação. Um era o Fundo Monetário, e o outro eram os Brazilian Advisory Committees, forma um pouco curiosa porque eles se chamavam assim, mas realmente davam conselho para os bancos. E eram uma forma de cartelização. Cheguei a pensar, e acho que juridicamente teria respaldo para fazê-lo, em entrar com uma ação antitruste. Por quê? Porque nesses comitês eles determinavam taxas de juros, prazos etc. Mas formalmente eles podiam alegar que aquilo não era cartelização, era uma substituição, na prática, do que, internamente, se fazia sob o respaldo do famoso capítulo 11 da legislação americana pertinente, que definia a concordata. Como é sabido, a concordata americana é um instrumento muito mais ágil, muito mais pró-continuação do que a concordata brasileira, que é muito formalista e muitas vezes leva à falência. Lá realmente é uma forma de você reestruturar dívidas para salvar uma companhia, não apenas para defender os direitos dos credores.

O interessante também, naquela época, era a seqüência das negociações. Uma vez feito o acordo com o Fundo, uma vez feito o acordo com o Clube de Paris, podia-se partir para um acordo da dívida. Na seqüência anterior, para se ter um acordo com o Fundo ou com o Clube de Paris, era preciso já ter pago aos credores privados ou, ao menos, acordado um esquema para fazê-lo. E isso não ocorreu. É interessante ainda que as negociações tenham prosseguido a despeito de, infelizmente, desde o primeiro trimestre de 1992, não termos conseguido alcançar as metas do Fundo. Isso ocorreu por uma razão muito simples: porque as metas do Fundo eram metas nominais de déficit público — nisso o Fundo mudou muito; embora ainda use metas nominais, pode-se ver que elas são pouco citadas. Num contexto inflacionário, o crédito líquido fica inteiramente imprevisível, tanto quanto as metas nominais serem atingidas. Embora a inflação, que em outubro de 1991 beirou os 27%, tenha baixado em fevereiro seguinte para 17%, ela se manteve dali em diante em torno de 18%, 20%, 18%, 21%. Aconteceu uma coisa que se dizia que não era possível, ou seja, manter-se uma inflação alta, embora estável. Durante 12 meses ela se manteve em torno de 20%, com uma variação apenas de 10%, o que significa mais ou menos dois pontos percentuais para cima ou para baixo. Isso evidentemente estourou todas as metas nominais, porque no acordo com o Fundo havia, baseado num modelo de consistência macroeconômica, um pressuposto de que a inflação cairia gradualmente. Eles até exageraram, acharam que dos 27% de outubro ela subiria para 28%, 29%, mas depois cairia para 2% em dezembro do ano seguinte, o que era muito otimista.

As metas estouraram, mas também aconteceu o seguinte: nós nunca pedimos um *waiver*, porque a partir de dezembro de 1991, com a entrega da carta de intenções ao Fundo, que era uma entrega pública, voltou a confiança e começaram a entrar capitais. Primeiro, os capitais nacionais. Em dez meses, em termos líquidos, entraram no mínimo 20 bilhões de dólares — no mínimo, talvez mais. Houve um acréscimo de reservas de uns 16 bilhões e uma melhora muito grande na qualidade das reservas. Nós não tínhamos problema de balanço de pagamentos, não tínhamos necessidade de recursos do Fundo. E o fato importante foi que, em todos os estágios da negociação com os bancos privados, o Fundo, na pessoa do Camdessus, nunca se negou a entregar uma espécie de carta de conforto, dizendo que o Brasil, embora não tivesse atingido as metas, estava caminhando dentro do espírito do acordo. Camdessus fez isso consistentemente até que, em 9 de julho de 1992, Pedro Malan rubricou um acordo com os bancos.

Quais eram os termos do acordo?

O acordo previa sete diferentes instrumentos e um abatimento da dívida de cerca de 30% — podendo ser do principal ou dos juros durante a vida da dívida. Era previsto um prazo de 30 anos, e os papéis securitizados teriam garantias, no seu principal, de títulos do Tesouro americano.[15]

---

[15]O acordo de reestruturação da dívida de médio e longo prazo com os credores privados envolveu um débito total de US$ 49 bilhões, produzindo uma redução imediata da dívida de US$ 4 bilhões e uma redução esperada ao longo de 30 anos de US$ 4 bilhões adicionais. Sua implementação só se efetivou a partir de 15 de abril de 1994, quando os títulos da dívida antiga foram trocados pelos novos bônus. Os sete novos instrumentos oferecidos pelo governo brasileiro aos credores foram:
- bônus ao par — título de 30 anos com taxas de juros fixas e crescentes do primeiro ao sétimo ano;
- bônus de desconto — título de três anos com desconto imediato de dívida de 35% e taxas de juros anuais variáveis;
- bônus de redução de juros — título com taxas de juros fixas e crescentes nos primeiros seis anos;
- bônus de conversão de dívida — título de 18 anos de prazo com 10 de carência, que envolvia a obrigação do credor de emprestar dinheiro novo ao Brasil proporcionalmente à dívida convertida;
- bônus de dinheiro novo — título de 15 anos com sete de carência e taxa de juros variável;
- bônus de capitalização — título com prazo de 20 anos e 10 de carência, com taxas fixas nos primeiros seis anos;
- atrasados de 1991 e 1992 — o Brasil pagou, em 1992, 50% dos juros devidos, sendo que a parcela restante, bem como os 70% não pagos em 1991, foram transformados em bônus com 12 anos de prazo, três de carência e taxa de juros de mercado. Ver Marcos Caramuru de Paiva, *op. cit.*

Existiu nessas negociações algum modelo, algum paradigma, ou tudo foi feito de forma improvisada, ao sabor das reações dos credores?

Ao longo da negociação da dívida houve vários paradigmas. Houve o paradigma inicial de 1982, depois da primeira inadimplência, em que os bancos davam mais dinheiro e cobravam uma taxa de reestruturação alta e juros mais altos porque o país estava inadimplente. Era muito pesado, pois em vez de pagar-se menos pagava-se mais, como é típico dos bancos: "É um devedor relapso, portanto tem que pagar mais." Esse paradigma não funcionou, e os países voltaram a não pagar. Houve, depois, o Plano Baker, em que não se pagava mais, mas também não se pagava menos. Havia uma obrigação, não só dos bancos comerciais, como do Banco Mundial e do Fundo, de dar dinheiro suficiente para os países pagarem o que deviam, mas sem custo adicional. Os *spreads* caíram para 13/16, 14/16, quando antes tinham chegado a 3% ou mais, e não havia mais aquela taxa de reestruturação. Mas também não funcionou. Veio então o Plano Brady, em grande parte montado pelo David Mulford, que pela primeira vez introduziu formalmente a idéia da securitização com garantias e do desconto da dívida. Nós tínhamos portanto um paradigma, que lá eles chamam de *template*, que era o modelo Brady.

O primeiro país que fez um acordo nesse modelo foi o México; depois, dos que interessavam para nós, Venezuela e Argentina. A cada acordo, as condições melhoravam um pouco: melhorava o *spread*, aumentava o abatimento... Como fomos mais ou menos o último dos grandes países devedores, tivemos as melhores condições. E houve também um trabalho muito intenso do Malan e do Armínio. Fomos sofisticando. Tanto que tivemos esse leque de sete diferentes instrumentos, um pouco para levar em conta o problema fiscal dos bancos nos diferentes países. Por exemplo, para certos bancos interessava manter o valor de face, senão eles teriam que fazer os tais 30% de abatimento na conta de lucros e perdas. Interessava a eles o chamado *par bond*, o bônus de par, que mantinha o valor de face mas que iria ter rendimento entre 4% e 6% na vida do instrumento, pois com isso diluíam-se as perdas. Já para outros países, que pela legislação já tinham abatido mais de 30%, às vezes até 100%, ou até para bancos que tinham feito isso espontaneamente — por exemplo, o Banco Morgan já tinha abatido 100%, o Crédit Suisse também —, era melhor aceitar logo os 30% porque os 70% restantes, havendo garantias, entravam como lucro. Quer dizer, a mesma negociação podia entrar num banco como prejuízo e em outro como lucro, porque ele já tinha abatido 100% e passaria a valer 70 ou 50. Abrir esse leque era muito interessante, porque se acomodavam situações diferenciadas, fiscais e regulamentares, de cada grupo de bancos.

Respondendo à pergunta, portanto, nós tínhamos um paradigma e o fomos adaptando à situação dos bancos e à nossa própria situação, sempre insistindo no tema — que para nós era crescentemente importante — de que estávamos vivendo uma situação de restrição e constrangimento fiscal. Insistíamos nisso por duas razões. Primeiro, porque estávamos acumulando reservas rapidamente. Eles diziam: "Vocês não têm problemas para pagar, estão acumulando dois bilhões de reservas por mês!" Segundo, porque de fato o constrangimento principal era a parte fiscal, era a dívida pública. Tanto que, no curso das negociações, nós liberamos os devedores privados para pagar, eles podiam pagar. Incluímos aí, por exemplo, a Vale do Rio Doce, a Petrobras. Mas a grande dívida naquela época era pública. De certa maneira, a dívida, que no início ainda era em parte privada, estava socializada, nacionalizada, estatizada.

Os bancos detentores da nossa dívida, ao se livrarem dela, passando-a para outros atores, foram aceitando algum deságio. O senhor e os nossos negociadores tinham conhecimento desses valores desagiados pelos quais a dívida trocou de mãos? Isso podia ser até um parâmetro para a negociação.

Nas negociações privadas, evidentemente, não podíamos identificar os descontos dados, os deságios. Mas foi-se formando um mercado, e passou a haver, digamos, um valor de mercado. E o grande exercício do Pedro Malan foi, em se tendo sete instrumentos, equalizar os valores presentes. É uma coisa muito complexa, que exige sofisticada matemática financeira, mas a equipe era muito boa.

Tendo sido rubricado o acordo com os credores privados, quais foram os passos seguintes?

Em setembro, recebemos o *nihil obstat* do Fundo, e no dia 21, apenas oito dias antes do afastamento do presidente Collor aqui, se concluiu a negociação preliminar, o *term sheet*, em Toronto. Ainda no mesmo mês, houve a emissão dos IDUs, que era sujeita à conclusão do *term sheet*. Agora, o *closing* acabou ocorrendo só em 15 de março de 1994, muito depois do fim da minha gestão. Fernando Henrique era o ministro da Fazenda, mas Pedro Malan continuava como negociador.

Houve diferenças entre o acordo negociado na sua época, em 1992, e o acordo concretizado em 1994?

Houve duas grandes diferenças, que refletiam o mesmo problema. A data da concretização do acordo, como acabei de dizer, foi 15 de março. Essa data é muito importante, porque no dia 1º de março tinha sido lançado o Plano Real, com a URV etc.[16] Paradoxalmente, o Fundo Monetário recusou-se a concluir um entendimento com o Brasil porque achava que o Plano Real não iria funcionar. Não só o Fundo não foi partícipe, como não o foi o próprio Tesouro americano, que deveria entrar, não dando luz verde, mas fazendo uma emissão especial de títulos. Essa emissão não foi feita. Mas houve um trabalho muito bem-feito pelo Pedro Malan e pelo Banco Central, que, na moita, na moita mesmo, foram comprando bônus do Tesouro pelo prazo mais longo que encontravam, 29 anos, 28 etc., para oferecer como colateral. Quando chegou perto da finalização, ninguém sabia disso, e o Malan disse: "Eu tenho os bônus do Tesouro." Dizia-se que seria impossível concluir um acordo porque no caso da Argentina, do México e de outros países, o Tesouro tinha feito uma emissão especial para disponibilizar a garantia. O Brasil deu a garantia comprando-a no mercado, mas numa operação não-detectada, o que é muito difícil, porque os agentes financeiros costumam ser muito bem-informados. Malan conseguiu dos bancos, então, um *waiver* para abrir mão da condição precedente, que era um acordo com o Fundo Monetário. Por isso é que ele diz que o nosso acordo foi o único acordo Brady não-Brady, porque foi feito sem o respaldo do Fundo Monetário e sem uma emissão especial de bônus pelo Tesouro americano.

---

[16] O Plano de Estabilização Econômica, ou Plano Real, iniciou-se em 1º de março de 1994 com a implantação da Unidade Real de Valor (URV), que passou a funcionar como indexador único da economia e se destinava a alinhar preços e salários com vistas à adoção de uma nova moeda, o real. Esta moeda entrou em vigor em 1º de julho do mesmo ano, levando de imediato a uma queda vertiginosa da inflação. Ver *DHBB*.

É curioso e paradoxal nós termos conseguido em 1992, numa situação muito mais frágil, um acordo com o Fundo, enquanto Fernando Henrique lançou o Real e não conseguiu. O que nós queríamos em 1994 era um crédito *stand-by*, nem se chama crédito, era um arranjo *stand-by*. Não estávamos nem querendo dinheiro naquela época, mas realmente uma luz verde do Fundo. Nem isso ele deu. O governo não precisava de dinheiro em 1994, porque tinha amplas reservas, mas o Fundo não deu essa chancela. Aliás, eu já tinha me referido anteriormente a esse tipo de paradoxo das relações financeiras internacionais, quando falei de Gudin e Lucas Lopes sendo maltratados pelo Fundo Monetário e pelos credores. Curiosamente, os credores tendem a ser mais duros com aqueles que têm as políticas mais austeras. Embora tenha recebido todo o apoio, também me lembro do telefonema, que recebi no fim de 1991, em que o Camdessus se dizia *agony*: "Temo apoiá-lo e depois acontecer a mesma coisa que já aconteceu antes..." Havia a síndrome das sete cartas de intenções não preenchidas, mas o não-preenchimento também decorria, como já expliquei, do problema das metas nominais. As metas nominais levavam quase que infalivelmente à necessidade de não se ter uma só carta, mas de haver *updates* seguidos.

Na negociação de 1992 houve momentos de maior dureza, de grande tensão?

Eu diria apenas que as negociações com os bancos foram mais difíceis do que as negociações com o Fundo, o que, como vimos, foi diferente do que ocorreu em 1994. Eu me lembro que foi uma negociação difícil, me lembro do Pedro muito angustiado, telefonando repetidas vezes, conversando longamente comigo, com Francisco Gros e com

Armínio, a quem ele reportava diretamente. Muito angustiado. Eram muitos bancos, de muitos países, com legislações diferentes, situações diferenciadas, os bancos querendo utilizar aquilo para resolver problemas que iam desde a abertura de agências até a conciliação de créditos, as coisas mais diversas. No início — isso já havia mudado acho que no tempo da própria ministra Zélia —, o Brasil pagava as despesas diretas do Brazilian Advisory Committee, chegou a pagar as viagens dos europeus aos Estados Unidos, hotéis de primeira, enquanto a delegação brasileira ficava em hotéis de duas, três estrelas em Nova Iorque. Depois, isso foi cortado, e só pagávamos realmente o trabalho dos advogados, das reuniões, mas não as despesas dos participantes europeus ou americanos. Foi uma negociação desgastante, mas não houve crises dramáticas.

A partir sobretudo de maio de 1992, a negociação tanto com o FMI quanto com os bancos privados se fez paralelamente à evolução da crise política do governo Collor. Isso prejudicou as negociações?

Não. Houve mesmo um efeito inverso. Acho que aumentou o apoio à política econômica. Nos últimos dias de setembro, uma semana antes da votação da licença para o processo de *impeachment*, fui a Washington para uma reunião do Fundo Monetário, estive com Camdessus, conversei sobre o acordo e fui muito bem recebido, tanto por ele quanto pelo Tesouro. Ao contrário, acho até que eles queriam respaldar a nossa política econômica para ajudar a insulá-la da intranqüilidade política. Acho também que tinham o desejo de que eu permanecesse, o que foi expresso por dois editoriais, um do *New York Times* e outro do *Financial Times*, o que é muito raro acontecer. É claro que não se manifestaram institucionalmente. Não conversávamos sobre a crise, e as poucas perguntas que houve foram por nós consideradas impertinentes.

Por outro lado, acho que essa credibilidade externa me ajudou internamente naquilo que me propus, que foi fazer um esforço para que o cenário político interno, em deterioração gritante, não viesse a prejudicar a tranqüilidade do cenário econômico, para que não houvesse corrida a bancos, disparada do dólar, colapso da bolsa. Nada disso, graças a Deus, ocorreu. Ao contrário, pude usar a credibilidade conquistada no campo econômico para atuar na área política.

O ministério de notáveis

Em abril de 1992 houve uma reforma ministerial, na qual o senhor foi muito atuante, destinada claramente a reduzir o desgaste que o governo vinha sofrendo em função de acusações de corrupção, tráfico de influência etc. Já haviam circulado acusações de irregularidades dirigidas aos ministros Alceni Guerra, da Saúde, e Antônio Rogério Magri, do Trabalho, ambos substituídos;[17] *Pedro Paulo Leoni Ramos, secretário de Assuntos Estratégicos, naquele momento estava sendo alvo de suspeitas de corrupção... Como foi feita a reforma ministerial?*

[17] O ministro Antônio Rogério Magri foi substituído no Ministério do Trabalho e Previdência Social por Reinhold Stephanes (20/1/1992). Com o desdobramento dessa pasta, Reinhold Stephanes ficaria apenas com o Ministério da Previdência Social, enquanto o Ministério do Trabalho e Administração seria entregue a João Mellão Neto (13/4/1992). O ministro Alceni Guerra foi substituído interinamente no Ministério da Saúde por José Goldemberg (24/1/1992), que já tinha deixado a Secretaria de Ciência e Tecnologia e assumido o Ministério da Educação (22/8/1991). Goldemberg passou o Ministério da Saúde para Adib Jatene (13/2/1992) e, com a saída de José Lutzenberger da Secretaria de Meio Ambiente, voltou a acumular cargos, respondendo temporariamente por essa secretaria (23/3 a 14/7/1992).

Houve realmente uma parte da reforma que foi feita antes. Eu diria que a reforma começou com a minha nomeação. Depois, quando aumentaram as acusações ao Ministério da Saúde — aliás, Alceni Guerra foi inocentado naquele caso da compra de bicicletas — e também ao Ministério do Trabalho e Previdência Social, o presidente convidou Adib Jatene para a Saúde, que foi uma grande nomeação, e Reinhold Stephanes para o Trabalho — mais tarde Stephanes iria ficar só com a Previdência, que era a parte mais sensível. Quando da nomeação do Stephanes, eu estava em Minas Gerais, e o presidente até me chamou, dizendo: "Estou fazendo o convite e queria que o senhor soubesse antes."

Isso deve ter sido no fim de janeiro. Pouco antes, o presidente me tinha dito: "Li nos jornais umas críticas do seu amigo Hélio Jaguaribe ao governo e gostaria que o senhor o convidasse para um almoço." Isso era uma coisa que ele fazia rarissimamente, porque não gostava de almoçar com ninguém, costumava almoçar sozinho na sala dele. Esse almoço foi no dia 15 de janeiro. O Hélio, com aquela coisa muito organizada dele, levou um documento em que falava de credibilidade, governabilidade, estrutura de governo. Tenho cópia desse documento,[18] onde se lê: "Crise brasileira. Aspecto adjetivo e aspecto substantivo. Aspecto adjetivo: crise de credibilidade do governo e crise de legitimidade. Crise de credibilidade do governo: imenso intervalo entre os excelentes discursos e as pertinentes propostas do presidente e os modestos resultados práticos obtidos. Causas: elevado déficit de competência no primeiro e segundo escalões do Executivo. Áreas particularmente mal servidas: relações públi-

[18] "Notas para a superação da crise brasileira (janeiro de 1992)", Arquivo Marcílio Marques Moreira, FGV/CPDOC.

cas da Presidência, área social, área médica, área de infra-estrutura, área trabalhista e previdenciária, área de desenvolvimento regional, área de reforma administrativa."

Nesse documento, o Hélio não falava em nomes, mas verbalmente fez algumas observações sobre pessoas que achava que deveriam ser substituídas: o porta-voz, o secretário particular, vários ministros. Enfim, disse que todos os assessores diretos, do grupo original, deveriam ser afastados imediatamente. É claro que apresentou isso naquele estilo barroco que lhe é próprio. O presidente ouviu e, não sei se na própria tarde ou na manhã seguinte, comentou comigo: "Esse seu amigo quer cada coisa! Imagine se eu posso fazer isso, mandar embora todos os meus assessores mais diretos, ministros..." Dois meses depois, porém, ele me telefonou e disse: "Vou fazer uma reforma do ministério e vou precisar do senhor para convidar algumas pessoas. Quero que Célio Borja, seu amigo, seja ministro da Justiça; preciso dele por causa da reforma constitucional." Estava difícil a aprovação do *Emendão*, e ele se lembrou que, na reforma constitucional, marcada para cinco anos após a promulgação da Constituição, ou seja, 1993, precisava ter só 50% da votação, não precisava de 60%. Queria se preparar, inclusive, para o parlamentarismo. E continuou: "Quero também convidar aquele seu outro amigo, e ele não pode recusar, porque eu demiti todos os que estavam na lista dele. Fiz tudo o que ele queria, de modo que agora ele não pode se negar."

O presidente fez mesmo o que Hélio Jaguaribe sugeriu?

Fez: afastou o Cláudio Humberto, demitiu o Cláudio Vieira, demitiu o Leoni. E o fez até de uma maneira elegante, dizendo que tinha que renovar, trazer pessoas novas; não entrou em culpas, mas tirou as pessoas que estavam desgastadas na opinião pública, sem credibilidade. Estava muito consciente de que tinha de se afastar delas e talvez o tenha feito até com um certo atraso. Entrementes, o meu chefe de gabinete tinha saído por um problema pessoal, e eu tinha convidado para o lugar José Gregori, que foi utilíssimo nessa hora da reforma ministerial, assim como em outros momentos cruciais. Eu disse a ele: "As coisas estão mudando, vai começar uma nova fase, e vou ter que assumir uma atuação mais política" — porque vi que o presidente estava começando a conversar sobre reforma constitucional e parlamentarismo. Acho, aliás, que a grande confusão que houve com o *impeachment* talvez pudesse ter sido equacionada pela adoção do parlamentarismo. O presidente não tinha muito jeito para negociar, nem os outros tinham muita vontade, mas se poderia ter antecipado o plebiscito. O presidente era parlamentarista e por isso começou a conversar com Célio Borja, ainda ministro do Supremo. Pediu-me que o convidasse exatamente para conduzir o processo de reformas que teria lugar em 1993, em pleno governo dele.

Enfim, o presidente fez essa ligação para a minha casa num domingo à noite, e na manhã seguinte fui para a casa do Célio, que passou o dia inteiro resistindo, mas acabou aceitando. Pedi ao Hélio para vir conversar, e o presidente repetiu para ele o que tinha dito a mim: "O senhor não pode me deixar na mão, porque tudo aquilo que o senhor me disse, eu fiz!" Hélio aceitou ser secretário de Ciência e Tecnologia. Àquela altura, o Goldemberg, que foi o primeiro a ocupar a secretaria, já tinha sido nomeado ministro da Educação — aliás, também por minha recomendação, porque tinha ameaçado sair. Nessa hora, o presidente me pediu: "Converse com seu amigo Goldemberg e veja o que ele quer." Conversei, e ele disse: "Acho que a Secretaria de Ciência e Tecnologia e o Ministério da Educação deveriam ser um ministério só, se não tratando de toda a educação, ao menos da educação superior." Foi nomeado ministro da Educação, e acho até que acumulou durante certo tempo com a Saúde e, depois, com o Meio Ambiente.

Célio Borja e Hélio Jaguaribe tomaram posse nos primeiros dias de abril.[19] Foi importante tê-los, como uma espécie de parâmetro das pessoas que se queria no ministério. A negociação mais complexa deu-se em torno dos outros ministérios, para os quais se procuraram ou pessoas de notável capacidade, como Eliezer Batista, que foi para a Secretaria de Assuntos Estratégicos, ou representantes de partidos, de modo a se manter um equilíbrio. Não deixou de ser um ensaio de parlamentarismo, característica que se acentuaria nos meses subseqüentes e que Amaury de Souza viria a chamar de "parlamentarismo informal".[20]

Lance dos mais interessantes na reforma foi o convite ao atual presidente da República, então senador Fernando Henrique Cardoso, para o Ministério do Exterior. Ele estava na Itália quando Jorge Bornhausen[21] o convidou por telefone, voltou para Brasília, me telefonou e foi lá para casa — morava no prédio junto ao meu, só precisava sair da garagem dele e entrar na minha — para conversar.

---

[19]Célio Borja substituiu Jarbas Passarinho no Ministério da Justiça e Hélio Jaguaribe substituiu Edson Machado de Sousa na Secretaria de Ciência e Tecnologia, respectivamente, nos dias 2 e 3 de abril de 1992.

[20]Ver, sobre o tema, Amaury de Souza, "O *impeachment* de Collor e a reforma institucional do Brasil", *in* Keith S. Rosenn e Richard Downes (orgs.), *Corrupção e reforma política no Brasil: o impacto do* impeachmment *de Collor* (Rio de Janeiro, Editora da FGV, 2000).

[21]Também em 2 de abril de 1992 Jorge Bornhausen foi nomeado ministro-chefe da Secretaria de Governo.

Por que para a sua casa?

Eu e José Gregori, que partilhava o apartamento comigo, servíamos como ponte, éramos as pessoas no governo em que ele tinha mais confiança, além do Bornhausen, que era o negociador oficial. Era natural que considerasse o risco envolvido. Ao chegar, disse: "Para o PSDB entrar no governo, nós temos que preparar um documento definindo as premissas cruciais de tal colaboração, explicitando condições, prioridades e objetivos comuns." Fizemos a várias mãos essa proposta de documento, chamada "O PSDB e a proposta do governo", da qual tenho cópia. Após parágrafos em que o PSDB declararia "valorizar a reforma ministerial em curso" e "estar disposto a dialogar com o governo", seguir-se-ia o seguinte: "Nesse diálogo com o governo, as condições mínimas a serem estabelecidas devem estar baseadas nos princípios da moralidade, eficiência e justiça social. O PSDB parte de um pressuposto ético — a luta contra a corrupção — e um pressuposto doutrinário — a adoção do parlamentarismo e a reforma política."[22]

Mas, afinal, Covas vetou publicamente a entrada do PSDB no governo, e continuou vago o cargo de chanceler.

O senador Mário Covas vetou, mesmo com a aceitação pelo governo desse compromisso?

Covas vetou apesar desse documento em elaboração, que se tornaria um compromisso comum. Fernando Henrique parecia inclinado a aceitar, tanto que discutiu o documento, discutiu nomes para a Secretaria Geral. Em recente depoimento sobre o episódio, ele próprio relata sua disposição

[22]"O PSDB e a proposta do governo", Arquivo Marcílio Marques Moreira, FGV/CPDOC.

para o diálogo com o governo e sua conversa com o presidente Collor, mas minimiza o veto de Covas e atribui a recusa a uma decisão coletiva, após uma reunião muito tensa na casa do Sérgio Machado.[23] É impossível avaliar se a decisão influiu decisivamente na trajetória dos acontecimentos políticos que se seguiram. Mas, em termos da trajetória política de Fernando Henrique Cardoso, o veto de Covas veio a ser providencial. Se Fernando Henrique tivesse ocupado o cargo de chanceler naquele momento, dificilmente teria tido a oportunidade de tornar-se, nos dois governos seguintes, chanceler, ministro da Fazenda e presidente da República.

O fato é que o Ministério das Relações Exteriores foi então oferecido ao PPB, com a idéia de que o indicado poderia ser Roberto Campos. Mas, pelo que sei, o PPB preferiu indicar Pratini de Morais, para o Ministério das Minas e Energia. Em *A lanterna na popa*, Roberto Campos diz que eu vetei o nome dele para não haver uma outra luz que pudesse concorrer comigo no ministério. Não vetei o nome dele. O próprio presidente não favorecia a escolha, não estava entusiasmado, achava que era um nome desgastado, mas o aceitaria. Quando o PPB indicou o Pratini, o presidente me chamou e disse: "Não vai ser o Roberto. Sinto-me aliviado. Temos que pensar num outro nome para as Relações Exteriores." Sugeri: "Eu consideraria o professor Celso Lafer." Levei um trabalho do Celso sobre liberalismo social, o presidente achou bom e pediu-me para telefonar para Nova Iorque, onde o Celso estava num seminário da ONU, e dizer-lhe que voltasse para o Brasil. Depois, telefonou-me de volta dizendo para não chamar mais, porque tinha havido uma

[23]Ver Alberto Dines, Florestan Fernandes Jr. e Nelma Salomão (orgs,), *Histórias do poder: 100 anos de política no Brasil* (São Paulo, Editora 34, 2000), vol. 3, *Visões do Executivo.*

mudança — nas reformas ministeriais, essas coisas acontecem. Depois telefonou de novo: "Chama sim..."

Assim, Célio Borja foi para a Justiça, Hélio Jaguaribe para Ciência e Tecnologia, Eliezer Batista para Assuntos Estratégicos, Celso Lafer para o Exterior, Pratini de Morais para Minas e Energia, Ângelo Calmon de Sá para Desenvolvimento Regional e Marchezan para Comunicações.[24] Realmente foi um ministério bom.

Na época falou-se em "ministério de notáveis".

Chamou-se assim porque realmente muitos o eram. Rouanet continuou na Secretaria de Cultura, foi um dos poucos que continuaram.[25] O presidente tinha me avisado: "Vou fazer mudanças, mas, ao anunciar isso, vou dizer que você e os ministros militares continuam." Foi realmente um tremor. E foi um pouco difícil, porque ele anunciou a reforma sem ter ainda os nomes dos substitutos. Alguns ministros queriam ficar. Rezek ficou surpreso por ter sido substituído e negociou a volta para o Supremo no lugar do Célio Borja. Também o ministro da Infra-Estrutura, João Santana, ficou surpreso. Foi convidado para ser diretor no BID, o que acabou não ocorrendo. Por outro lado, como já disse, outros assessores muito próximos do presidente foram substituídos. O secretário de Imprensa passou a ser Pedro Luís

---

[24]Eliezer Batista substituiu Pedro Paulo Leoni Ramos na Secretaria de Assuntos Estratégicos em 6 de abril, e Celso Lafer foi para o lugar de Francisco Rezek em 13 de abril. Nesse mesmo dia, com o desmembramento do Ministério da Infra-Estrutura e a demissão de João Santana, tomaram posse Pratini de Morais, no Ministério das Minas e Energia, e Affonso Camargo, no Ministério dos Transportes e das Comunicações. Ângelo Calmon de Sá foi para a Secretaria do Desenvolvimento Regional no lugar de Egberto Batista, e Nelson Marchezan para a Secretaria de Comunicações.

[25] Sérgio Paulo Rouanet estava à frente da Secretaria de Cultura desde 11 de março de 1991, quando substituiu Ipojuca Pontes.

Rodrigues, que era meu secretário de Imprensa, e mudou também o secretário particular. Acho que houve uma tentativa de recomposição, de reconstrução do ministério, uma tentativa de virar a página.

Também a partir da reforma ministerial, o presidente me incluiu no chamado "grupo das nove", que se reunia com ele à segundas, quartas e sextas às nove horas da manhã. Do grupo faziam parte o ministro da Justiça, o secretário-geral da Presidência, o titular da SAE e o chefe da Casa Militar.

A crise política e o pacto da governabilidade

Como condutor da política econômica do país, como o senhor enfrentou a crise política que se iniciou pouco depois da reforma ministerial, com as declarações de Pedro Collor à revista Veja?[26]

Retomando a cronologia, após as nomeações de abril, no dia 15 de maio teve início, no anexo do Palácio do Planalto, um seminário de três dias, de articulação e avaliação das ações do governo, em que todos os ministros falaram. Foi uma coisa muito organizada, metódica, feita para marcar uma nova etapa, para mostrar que o presidente estava realmente querendo um recomeço, tanto do ponto de vista das pessoas como dos problemas. No curso dessa reunião, porém, já começaram a circular notícias de que havia denúncias mais pesadas. Poucos dias depois, fui a Buenos Aires para uma reunião do Mercosul e, na volta, ao passar por Santa Catarina, me mostraram as denúncias do irmão do presidente. Lá mesmo dei uma entrevista à imprensa dizen-

[26] *Veja*, 27 de maio de 1992.

do que aquilo em nada mudaria a política econômica. Nos primeiros dias de junho, houve a Eco-92 no Rio, que foi um grande sucesso.[27]

Apenas para lembrar: concomitantemente à Eco-92, estavam tendo início os trabalhos da CPI sobre o "esquema PC".[28]

Sim. Mas a conferência não sofreu nenhuma interferência das acusações ao presidente. Assisti à maior parte das entrevistas dele, com Bush, Felipe Gonzales, Cavaco e Silva, Kohl. Mitterand também veio. Houve um jantar no Palácio Laranjeiras com o Bush, num clima muito bom. O presidente aproveitava os cafés da manhã para reunir líderes do Congresso, como Benito Gama, por exemplo, e jornalistas, para explicar as linhas mestras da reforma fiscal. Quer dizer, estava olhando muito para a frente.

Na seqüência de junho houve ainda uma reunião, na Venezuela, dos ministros da Economia e Fazenda da América Latina. Depois, tivemos um almoço com Carlos Andrés Perez no palácio do governo, todo baleado pela primeira revolta do Chávez. Dali pegamos uma carona no avião do Pedro Aspe, ministro da Fazenda do México, e fomos para Washington, para a reunião de todos os ministros da Fazen-

---

[27]A Conferência das Nações Unidas sobre Meio Ambiente e Desenvolvimento (CNUCED), que também ficou conhecida como Eco-92 ou Rio-92, foi realizada no Rio de Janeiro entre 3 e 14 de junho de 1992 e a ela compareceram delegações de 175 países, incluindo muitos chefes de Estado e de governo. Na ocasião, foram adotadas duas convenções, uma sobre mudança do clima e outra sobre biodiversidade; uma declaração sobre florestas; e, ainda, dois documentos de natureza mais política e objetivos abrangentes, a Declaração do Rio e a Agenda 21. Ambos endossam o conceito fundamental, defendido pelo Brasil, de desenvolvimento sustentável, que combina as aspirações de progresso econômico e material com a necessidade de uma consciência ecológica. Ver *www.mre.gov.br/cdbrasil/itamaraty*.

[28]A Comissão Parlamentar de Inquérito (CPI) criada pela Câmara dos Deputados em 26 de maio de 1992 para apurar as denúncias de operações ilegais envolvendo Paulo César Farias – o PC, ex-tesoureiro de campanha de Collor – iniciou seus trabalhos em 1º de junho. Ver *DHBB*.

da latino-americanos com o Brady, e lá já apareceu uma declaração contra a corrupção na América Latina.

De quem foi a iniciativa dessa declaração?

Foi dos Estados Unidos, e todos os ministros, inclusive eu, endossamos. Mudei um pouco a forma, mas todo mundo certamente era contra a corrupção. Acho que a declaração não tinha a ver diretamente com o Brasil. Era um movimento meio geral, que começou na Itália com as "Mãos limpas" e depois foi para o Japão. Também no Brasil o movimento anticorrupção não se implantou de repente, havia um componente internacional.

O conceito de governança também surgiu nessa época e incorporou a luta contra a corrupção.

Incorporou bastante. Enfim, na volta de Washington, fui diretamente com Domingo Cavallo, no avião da Presidência argentina, chamado *Tango II*, para Las Leñas, para uma reunião do Mercosul. Quando estava em Las Leñas, saiu uma outra entrevista, na *IstoÉ*, com o motorista Eriberto França.[29] Então já havia vários ministros nos esperando na volta, no aeroporto militar de Brasília, houve reuniões com o presidente, presentes, entre outros, Celso Lafer e Hélio Jaguaribe, e o presidente concordou com a criação de uma comissão dentro do governo para tentar realmente levantar os fatos. Mas essa comissão nunca se instalou.

Em 8 de julho, houve um jantar em homenagem a mim em São Paulo, para quase duas mil pessoas, organizado pelas entidades de classe. Compareceram representantes de todas

[29] *IstoÉ*, 1º de julho de 1992.

as federações de empresários — Mário Amato e outros —, de várias federações de trabalhadores — Ibrahim, da Força Sindical, por exemplo — e, a pedido do presidente, todos os ministros civis, sem exceção. Foi realmente uma manifestação muito visível de apoio à política econômica do governo. No dia seguinte, no café da manhã com colunistas econômicos, às 7h30, após receber um telefonema do Malan, anunciei o fechamento naquela madrugada do acordo da dívida. Depois fui para Brasília, e lá também isso foi muito festejado. Mas a situação política estava se deteriorando muito rapidamente.

As acusações de corrupção eram tratadas abertamente na conversa entre os ministros e o presidente Collor? Como ele se colocava nessa situação?

Eram tratadas abertamente, e ele nunca cuidou de se defender ou de discutir nenhum fato particular. O que ele fez foi dar ordens a mim e ao Célio, que fazíamos parte do "grupo das nove", para investigarmos a fundo, doesse a quem doesse. Tenho até guardada a carta de demissão do Jorge Bornhausen, em que ele diz especificamente que tinha presenciado as ordens que o presidente tinha dado a mim e ao Célio para aprofundarmos ao máximo as investigações, e quc em nenhum momento o presidente tinha tentado paralisálas ou torná-las mais lentas. Eu tinha sob minha jurisdição o Banco Central e a Receita Federal, que produziram 80% da evidência, e Célio tinha a Polícia Federal. O presidente realmente não tentava rebater as acusações. A Receita apreendeu, por exemplo, no escritório do PC Farias, em São Paulo, alguns computadores onde havia vários textos que tinham sido deletados. Chamou-se um técnico alemão que conseguiu recuperar aquilo. Havia ali uma espécie de roteiro de como procurar assumir o poder no país em dez anos e uma lista com percentagens e quantias. Falava-se em "chefe", usavam-se palavras assim. Quando contei ao presidente que nós tínhamos isso, ele disse: "Que barbaridade! Vamos ver quem é o responsável."

Que percentagens eram essas?

Seriam eventualmente percentagens de intermediações. E o plano era de como assumir o controle da opinião pública em dez anos. Provavelmente, muita megalomania. Acho que esses documentos eram de 1990, porque tudo me faz crer que os recursos que andavam por aí surgiram nas duas eleições, na eleição presidencial de 1989 e na eleição para o Congresso de 1990. Eram excedentes de fundos de campanha. Esses documentos deletados e recuperados vieram a público, mas a Justiça não os aceitou como prova, apenas como indício, pela maneira que foram obtidos — não foi com mandado judicial. Também tenho nos meus arquivos uma cópia desses documentos, tirada diretamente do computador do PC Farias.

Em todo esse período, o presidente me justificou apenas dois fatos: a compra da Fiat Elba e a história do apartamento em Maceió. Ele me explicou que tinha batido com uma van grande que possuía, da marca Chevrolet, num motociclista ou num outro carro — uma coisa muito desagradável, ele até pagou as despesas da outra pessoa — e quis se desfazer do carro e comprar outro. Disse que supôs que a Elba tivesse sido comprada com o produto da venda do Chevrolet, já que era um carro muito menor que o outro. Em relação ao apartamento de cobertura em Maceió, que era dúplex, disse que, como tinha gasto muito com a campanha para ser governador, teve que vender um dos andares.

Quem vendeu foi uma corretora de imóveis do PC Farias. Mas na venda estava incluída a obrigação de quem comprasse, ou da corretora, de restabelecer o apartamento na sua configuração original — parece que só havia cozinha num dos dois andares, por exemplo — para que se torná-lo habitável.

O presidente, de fato, em nenhum momento fez uma defesa coerente. Só depois de muito tempo foi que, aconselhado pelo Célio Borja, contratou um advogado criminalista para articular a sua defesa. Nem isso ele tinha, foi de peito aberto. Não se defendia, nunca tentou prender o PC. Dava ordens para investigarmos, mas também não tomava nenhuma iniciativa que politicamente tivesse um efeito desmobilizador. A CPI continuou, no começo houve aquela reação dos líderes — "a CPI não vai dar em nada, vejam o Sarney, também houve uma no fim do governo dele e não deu em nada" —, mas, de repente, quando começaram a aparecer certas coisas, a situação se complicou. Acho que o depoimento do Eriberto foi o que se chama de *smoking gun*, a arma fumegante, o que seria a prova do crime.

Ao longo de todo esse processo, qual era sua impressão pessoal?

No começo, a própria atitude do presidente, dizendo a mim e ao Célio para investigarmos tudo, declarando que era preciso ver quem eram os responsáveis e puni-los, me deixava tranqüilo de que ele não tinha nenhuma culpa no cartório. Depois, nós vimos que a coisa era mais confusa. Mas os únicos fatos que a própria CPI levantou, curiosamente, foram os dois fatos a que o presidente dedicou uma certa atenção para me explicar: a Fiat e o apartamento.

Esses seriam fatos que estabeleceriam uma ligação entre o presidente e o esquema de PC Farias.

Sim. Os outros eram coisas muito vagas: reforma da casa... Inclusive, a Casa da Dinda não era dele, era tanto dele quanto do irmão. Ele apenas estava morando lá como presidente, o que me parece que foi um grande erro. Foi um grande equívoco de Collor achar que seria uma atitude popular, em vez de ir para o palácio, continuar a morar na casa de sua família, o que evidentemente acarretaria gastos muito superiores, com o presidente morando ali, aos de uma casa normal. Uma parte das despesas, acho que o heliporto e o reforço da segurança, o governo assumiu. Mas a outra tinha que vir de algum lugar, e aí suponho que tenha vindo de excessos de fundos de campanha, não sei. Mas certamente foi um grande equívoco. Aquilo ensejou, digamos assim, um tipo de comportamento vulnerável a críticas.

O senhor mencionou que o Banco Central e a Receita Federal fizeram 80% das investigações. Essas investigações vinham ao seu conhecimento periodicamente?

Vinham. Fui tomando conhecimento dos fatos. No mínimo uma vez por semana eu tinha uma reunião, com Célio Borja e Jorge Bornhausen, em que nós revíamos a situação. E quando havia uma situação mais dramática, eu a levava ao conhecimento do próprio presidente. Ele estava dando ordens para investigar, eu dava conta a ele dos resultados da investigação. Levei a ele, por exemplo, que a Fiat Elba tinha sido comprada com um cheque passado por um "laranja". Eu levava ao presidente tudo o que não fosse sigilo bancário ou fiscal.

Em 24 de agosto, foi lido na Câmara o relatório final da CPI, revelando ligações do presidente Collor com PC Farias e sugerindo o impeachment. No dia seguinte, foi divulgado um "Comunicado à nação", o chamado "pacto da governabilidade", assinado pelo senhor e pelos demais ministros.[30] *Por que e como foi redigido esse documento?*

À medida que o clima foi ficando tenso, houve alguns pedidos de demissão, inclusive dentro do meu ministério. Mas, se todos saíssem, haveria um *melt-down*, o governo se desfaria. O argumento que eu usava para as pessoas não saírem era que nós estávamos conduzindo o processo de investigação. Se saíssemos, iríamos truncar esse processo. O Wellisch, por exemplo, pensou em sair, e eu disse: "Você está responsável pela Receita, é importante que fique."

Quem mais quis sair, além do Wellisch?

Todos queriam sair. Celso Lafer queria sair, Rouanet, Hélio Jaguaribe... Quem queria ficar naquela confusão? Ninguém queria que sua permanência fosse interpretada como solidariedade.

Goldemberg e Bornhausen saíram.

Goldemberg saiu antes do pacto da governabilidade.[31] O único que assinou o pacto e depois saiu foi Jorge Bornhausen. Mas o fato é que, além da equipe econômica, havia uma equipe econômica *plus*, que era o grupo mais chegado, que incluía Rouanet, Hélio Jaguaribe, Celso Lafer e Célio Borja.

---

[30] Arquivo Marcílio Marques Moreira, FGV/CPDOC.
[31] José Goldemberg deixou a Secretaria de Meio Ambiente, onde foi substituído por Flávio Perri, em 14 de julho, e o Ministério da Educação, para o qual foi nomeado Eraldo Tinoco, em 5 de agosto de 1992.

Nós nos reuníamos à noite lá em casa, e numa dessas conversas alguém disse: "Se todo mundo quer sair, vamos embora, porque nós estamos nos identificando com o processo..." Eu disse: "Não, ao contrário. Nós temos a responsabilidade de conduzir o processo. Pelo lado da ética da consciência" — recorri a Weber —, "vocês podem estar querendo sair. Mas é preciso lembrar da ética da responsabilidade. O que vai ocorrer se nós sairmos? Primeiro, na área do Banco Central, na área da Receita, na área da Polícia Federal, o presidente evidentemente vai querer colocar pessoas que o defendam." Havia inclusive um grupo muito belicoso, a chamada tropa de choque, em torno dele. "Isso vai truncar o processo. Segundo, os ministros militares já me disseram que, se eu sair, eles não vão aceitar qualquer um." Eles nunca disseram que iam sair, mas se declararam extremamente desconfortáveis. Vários vieram falar comigo: "Não é só o meu desconforto. Vou para o Rio de Janeiro e minha mulher me descompõe, meus filhos, meus amigos..." Não era uma situação fácil. Isso ocorreu também com Celso Lafer na Universidade de São Paulo. Imaginem o Rouanet na área cultural. Havia um clima muito adverso no país.

Dessa reunião em casa, em que me referi à ética da consciência e à ética da responsabilidade, saiu o reconhecimento da necessidade de se manter a governabilidade. Se saíssemos, poderia vir um golpe militar, ou então poderia resultar um truncamento do processo. Célio, Bornhausen e eu, que estávamos acompanhando muito de perto a crise, achamos então que seria interessante elaborar um documento em que se dissesse: "Vejam, estamos aqui não porque queremos ficar, mas para servir ao país. Se sairmos, vamos prejudicar o país. Estamos esperando a decisão do Congresso, que tem hoje poderes judiciais. Quando sair essa decisão, a favor ou contra o *impeachment*, sairemos de qualquer maneira." Com isso nossos colegas de ministério e da equipe ficaram mais tranqüilos, porque também estavam com medo de o presidente ganhar e eles terem de ficar.

A redação da carta à nação foi um trabalho de um dia inteiro, feito na minha sala no Planalto. Lá, Célio Borja, Jorge Bornhausen e eu redigimos o documento, que foi datilografado pela minha secretária, e depois de algumas modificações, sugeridas por uns ou por outros, todos assinaram: todos os ministros civis, todos os ministros militares, o secretário-geral da Presidência, Marcos Coimbra, que era o próprio cunhado do presidente, todos os secretários de Estado. Não foi fácil reunir todas as assinaturas. Eu ia telefonando e dizendo para as pessoas virem, pessoalmente. Todos estarem naquele dia em Brasília foi quase um milagre. Todos assinaram, ninguém se recusou.

Que tipo de modificação foi feita na versão original do documento?

Alguns sugeriram mudar uma palavra ou outra, mas a espinha dorsal não foi modificada. Por exemplo, nós tínhamos posto: "Convocados pela confiança do Presidente da República para integrar o Poder Executivo...", e ficou: "Convocados pelo Senhor Presidente da República...". Coisas assim foram tiradas para ficar um texto bem enxuto e para frisar a neutralidade do documento.

Foi uma forma de se dessolidarizar do presidente?

Acho que sim. E o único que saiu, depois disso, foi Jorge Bornhausen, porque pouco depois ele sugeriu ao presidente fazer uma aposta com o Congresso: se o Congresso aprovasse o *Emendão* inteiro, e os principais Projetos de Reconstrução Nacional, o presidente renunciaria. Mas o presidente não topou. Ele então escreveu uma carta, datada de 10 de setembro de 1992, e saiu, 19 dias antes da votação na Câmara que permitiu o início do processo de *impeachment*.[32] Em sua carta de exoneração, Bornhausen fez questão de ressaltar a imparcialidade das investigações em curso no Executivo. Acho importante ficar registrado esse testemunho insuspeito:

"Sr. Presidente: Devo recordar, neste momento difícil, que estão prosseguindo com segurança os inquéritos da Polícia Federal e da Receita Federal que Vossa Excelência determinou fossem abertos na primeira hora da crise e que se desenvolvem sob o comando dos íntegros Ministros Célio Borja e Marcílio Marques Moreira. Dou testemunho de que, em nenhum momento, Vossa Excelência procurou interferir, sob qualquer forma, nesses procedimentos investigatórios. Ao contrário, Vossa Excelência reforçou, mais de uma vez, a determinação de que as investigações avançassem com serenidade e independência, até a apuração final dos fatos."[33]

Qual foi a reação do presidente ao pacto da governabilidade?

O presidente ficou meio magoado, me chamou, e tivemos uma longa conversa, de mais de uma hora. Como disse, inicialmente nós tínhamos escrito a carta de forma até um pouco mais magnânima, mas, como cada um queria cortar uma parte, acabou ficando um texto muito menor, e as coisas menores são um pouco mais incisivas. Quando ele se queixou, eu disse: "Presidente, o que o senhor preferiria? Que o ministério todo saísse?" Ele respondeu: "Não, o senhor tem razão." Ele se queixou também de que teríamos

---

[32] Em 11 de setembro de 1992 Jorge Bornahausen foi substituído na Secretaria de Governo por Ricardo Fiúza, ministro da Ação Social.
[33] Arquivo Marcílio Marques Moreira, FGV/CPDOC.

dado conhecimento a terceiros, ou passado a impressão de que as coisas estavam muito feias. E acrescentou: "Essa coisa de *impeachment*, a mim, não preocupa muito. Estou preocupado é com a reforma tributária, com o *Emendão*, porque, na pior das hipóteses, se eu for *impeached*, isso vai me tornar o maior mártir do Brasil, e depois eu volto." Contou casos de governadores de Alagoas que foram *impeached* e depois voltaram...

Nixon, por exemplo, saiu para evitar o impeachment *e nunca voltou...*

Pois é. Bem no começo, aliás, eu tinha dito a ele: "Presidente, é preciso tomar muito cuidado. Acompanhei de perto a tentativa de *impeachment* do Nixon, e ele não saiu pelo que fez, e sim por ter obstruído a Justiça." Ele seguiu rigorosamente esse meu conselho, mas sem resultado. Eu me havia enganado no diagnóstico da situação.

Sua preocupação em evitar uma crise de governabilidade está clara. Mas como foi, no dia-a-dia, servir a um governo naquela situação?

Foi pesado, porque o presidente, por sua vez, começou a ficar mais ocupado com o problema do *impeachment*, recebendo parlamentares, e me delegando poderes. Aumento dos militares: "O senhor converse com os ministros e resolva. O que resolver, eu ratificarei." Combinei então com os ministros militares um certo nível de aumento, e o ministro Célio Borja conseguiu do Congresso uma lei delegada, algo muito raro, para que o Executivo implementasse o aumento. O presidente estava evidentemente de acordo, mas não se envolvia na discussão. E eram negociações muito delicadas. Foi até um pouco contraditório, mas aquele foi o momento em que detive mais poder.

Como os outros ministros encaravam isso?

Eles reconheciam, o que aumentava o meu poder. Eu disse aos ministros militares: "Se vocês não concordarem, eu vou embora." Eles disseram claramente: "Se o senhor for embora, nós não vamos aceitar qualquer um, saímos também." Seria instaurada a crise institucional. Isso me dava um poder até desmesurado. Afinal, na véspera da decisão da Câmara sobre a abertura do processo de *impeachment*, no dia 28 de setembro, à noite, nós nos reunimos na casa do Carlos Garcia, comemos um macarrão com molho preparado pelo Pratini, e todos assinamos a carta de demissão padrão.

Contas em ordem

Segundo a imprensa — na verdade, isso não foi noticiado na época, e sim depois do afastamento de Collor —, em 31 de julho de 1992 teria havido uma reunião do ministério em que a equipe econômica teria apresentado um programa para o segundo semestre de 1992 propondo um ajuste fiscal rigoroso. O documento, que foi chamado de Plano Collor III, previa na verdade três cenários: o primeiro seria de desastre, caso os pedidos de liberação de verbas fossem aceitos, o que implicaria um processo hiperinflacionário; o segundo seria o da manutenção da política que estava sendo executada até então, de austeridade monetária e fiscal, o que manteria a inflação na faixa dos 20%; e o terceiro seria um cenário de ajuste, que permitiria cumprir as metas acordadas com o FMI. O presidente teria rejeitado essa terceira possibilidade, dizendo que ela não atendia às necessidades políticas do momento e não tinha preocupações sociais. A equipe econômica teria ameaçado se demitir, mas, a seu pedido, teria permanecido. Isso procede?

Ocorreu a reunião, possivelmente em 31 de julho, mas não foi apresentado um documento que fosse a espinha dorsal da conversa. Vários integrantes apresentavam sugestões, e o que foi publicado deve ter sido um documento intermediário que não chegou a ser consolidado. De fato, falou-se em três hipóteses. Uma era continuar com a austeridade, pois nós já estávamos com um programa muito apertado; a outra seria fazer um choque fiscal e a terceira seria uma amenização. O que ocorreu foi que os líderes partidários então presentes, entre eles Marco Maciel e Jorge Bornhausen, se não me engano, defenderam uma maior amenização; se não uma certa frouxidão, um menor rigor fiscal. Alguns da equipe propuseram um aprofundamento do aperto, um choque fiscal, e outros, a continuidade de um rigor sem choque. E prevaleceu essa última posição, que eu defendi, porque não havia condições políticas de fazer um choque fiscal. Mas não houve nenhuma amenização.

Quanto ao presidente, ele praticamente não disse nada na reunião. Depois, quando os dois líderes partidários deixaram, um, a liderança do governo, e o outro, a Secretaria de Governo, ele veio falar comigo: "Lembre-se bem daquela reunião. Não fui eu que pedi uma liberalização fiscal, foram os líderes partidários que fizeram considerações políticas, mas eu não pedi nada." Houve realmente alguns membros da equipe econômica que pensaram em sair, supondo que a posição do presidente fosse a mesma dos líderes. Não era esse o caso, e expliquei isso a eles.

Tenho comigo documentos que comprovam o aperto fiscal e monetário até o último mês, setembro, que, segundo certa imprensa, teria sido um mês da gastança. Houve sim, um grande superávit primário. No documento intitulado "Execução financeira do Tesouro Nacional, setembro/1992",[34] pode-se ler: "Conseguindo-se, neste mês de setembro, o maior superávit mensal do corrente ano, representado pelo crescimento real de 76% em relação ao mês de setembro de 1991, acumulou-se a cifra de Cr$ 5.019,00 bilhões durante este exercício, refletindo uma variação real da ordem de 90% quando comparado ao valor registrado em igual período (janeiro a setembro) de 1991. Mantém-se, portanto, o esforço de realização de uma política fiscal em sintonia com os objetivos da política monetária em vigor."

Tenho também um documento que registra uma reunião de trabalho da delegação do Brasil no dia 19 de setembro de 1992, às vésperas da reunião anual do Fundo Monetário.[35] Participaram, do lado do Fundo, Beza, Fajgenbaum e mais três funcionários e, do lado brasileiro, Francisco Gros, Pedro Parente, Armínio Fraga, José Gregori, Fábio Barbosa, Alexandre Kafka e Celina Arraes. Pedro Parente explicitou os principais passos do programa econômico brasileiro, a política monetária, fiscal e cambial, a inflação, e, ao final, o presidente do Banco Central afirmou que, "conforme amplamente exposto, os compromissos do programa brasileiro foram todos cumpridos. Na área fiscal, o governo cumpriu os prazos anunciados para o envio ao Congresso Nacional do projeto de reforma fiscal, e as possíveis medidas de ação imediata já estão identificadas. A crise política não deixou espaço, entretanto, para discutir com o Congresso o projeto, nem internamente, no governo, as medidas de ação imediata. O importante, entretanto, é ressaltar que não perdemos

---

[34] Arquivo Marcílio Marques Moreira, FGV/CPDOC.

[35] *Idem, ibidem.*

chão, não houve retrocesso nem desmando. O que nos preocupa, entretanto, é que estamos parados, e isso quer dizer perda de tempo. Antes, estávamos movendo devagar mas para cima, agora estamos numa trajetória sem progressos. Dentro de aproximadamente três semanas deveremos ter uma decisão" — a decisão acabou ocorrendo antes. "Se houver mudança de presidente, haverá espaço político para decisões. Se não houver mudanças, acreditamos também que as decisões serão tomadas, pois o país não pode ficar paralisado. O mais importante é que existe consenso amplo sobre as medidas que devem ser tomadas e, cremos, acontecerão de qualquer maneira. Naturalmente, os caminhos a serem escolhidos pelos formuladores de política poderão variar, mas não o conteúdo."

Seguiu-se uma exposição de José Gregori sobre a situação política e a credibilidade da política econômica. "O *staff* do FMI fez algumas perguntas, como por exemplo como estava a Bolsa de Valores, e respondeu-se que houve perda de 30% a 40% em termos de dólar. Também o Sr. Beza relatou que, após a reunião da Diretoria Executiva na qual houve o relatório à Diretoria sobre como iam os programas de vários países, inclusive o Brasil, alguns diretores executivos o procuraram e perguntaram se, apesar de continuar havendo controle dos gastos públicos, não estaria havendo vazamentos pelos bancos federais. O presidente Gros respondeu que os montantes, no caso do Banco do Brasil, eram muito pequenos" — de fato, foram liberadas quantias mínimas através da Fundação Banco do Brasil, para patrocínio cultural, e não recursos do próprio banco — "e que a Caixa Econômica não tem dinheiro. O Sr. Fajgenbaum perguntou se, mesmo com os problemas políticos, ainda haveria possibilidade de uma reforma fiscal. A resposta foi no sentido de que sim, até o final do ano deverá ser aprovada uma reforma fiscal, mas não necessariamente a que foi enviada ao Congresso por esta equipe. A questão mais relevante foi entretanto a discussão da *comfort letter* que o FMI deverá enviar aos bancos comerciais sobre o Brasil". Aí se discutiu a conveniência de o *term sheet* ser enviado logo ao Senado. O registro continua: "Finalmente o Sr. Beza consultou se não seriam aconselháveis algumas conversas prospectivas. O presidente Gros foi bastante firme ao responder que não seria aconselhável, uma vez que o programa discutido com esta equipe certamente não seria o mesmo da próxima equipe econômica, apesar de o cerne das políticas provavelmente ser o mesmo." Acho que eles já estavam querendo conversar com a futura equipe, ou então especular sobre possíveis nomes e políticas.

Até o final de setembro, até o último dia, não houve nenhum desvio na nossa política fiscal e monetária. Quando se dizia que o presidente estava gastando dinheiro para comprar votos etc., nós tivemos um bom superávit de caixa, conseguimos excelentes resultados. Não houve nenhum desregramento monetário, e as reservas estavam em 22 bilhões. Escrevi sobre isso na carta de demissão pessoal que entreguei ao presidente no dia 29 de setembro. Quando soube do resultado da votação favorável à abertura do processo de *impeachment*, fui imediatamente falar com ele — muitos ministros foram, mas não todos — e levei os resultados do mês, resultado fiscal, expansão monetária, base monetária, tudo. E ele disse: "Ah, esta é a melhor notícia que o senhor podia me dar hoje." Enquanto isso, as rádios e as televisões estavam dizendo que ele tinha quebrado cadeiras, destruído a televisão... O clima lá fora, aliás, estava absolutamente enlouquecido. Primeiro, tinham dito que ele estava sendo submetido a uma operação de manhã. Depois, que ele, ao saber do resultado da votação, tinha quebrado as televisões e os móveis, o que evidentemente não era verdade.

No dia 30, ainda fiz uma reunião do Conselho Monetário, em que cobrimos toda a pauta e fiz um longo relato sobre a política econômica e os acontecimentos mais recentes. Expus aos conselheiros que na véspera, quando relatara a situação fiscal e monetária, o presidente tinha dito que aquela era a melhor notícia que poderia ter. Na minha presença, ele chamara o Célio Borja e lhe pediu para presidir uma comissão de transição, para colocar todas as informações à disposição do novo presidente. Colocou-se à disposição, inclusive, para nomear desde logo o presidente do Banco Central ou algum membro do Conselho Monetário que já tivesse sido escolhido, para não haver descontinuidade, o que foi absolutamente ignorado. Não houve interesse em assegurar essa continuidade do funcionamento do Banco Central e sobretudo do Conselho Monetário, que tinha que aprovar qualquer emissão de moeda. E na época havia muitas, porque, com uma inflação de 20% ao mês e uma política monetária neutra, as emissões tinham de ser freqüentes, para evitar uma súbita falta de liquidez.

No mesmo dia 30 de setembro, houve um leilão de títulos do Tesouro (NTN - série C), que obteve o melhor resultado desde junho, com a demanda superando em duas vezes e meia a oferta, e a taxa média atingindo 27% ao mês, em contraste com as de mais de 30% em agosto e junho.

Em 1º de outubro, no dia marcado, cumprimos mais uma meta de liberalização comercial, com mais um rebaixamento das tarifas de importação, apesar do apelo da Confederação Nacional da Indústria para que esperássemos mais um dia. Mas a decisão fora tomada e foi executada, não revertida.

No dia 2 de outubro, às 10h07, o presidente assinou o termo do seu afastamento temporário do cargo, despediu-se dos seus ministros e demais auxiliares, tomou um helicóptero e deixou o Planalto.

Interpretações sobre o *impeachment*

Como interpretar a crise do governo Collor?

Há uma interpretação de que, no momento da reforma ministerial de abril de 1992, revelaram-se dois presidentes, ou duas dimensões do presidente, uma lutando contra a outra. Ele procurou, de certa maneira, apagar toda a gestão anterior, afastar toda a equipe que o cercava. Foi realmente uma virada de página que poderia ter dado certo. Mas o paradoxo, a ironia da história, foi que naquele momento, em que se estava procurando realmente acabar com a corrupção, é que ele foi atingido por coisas que tinham ocorrido antes. Houve um acidente de percurso anterior que veio a ter efeito posterior.

Mas existem também outras opiniões. Naqueles momentos que ficaram realmente tensos, logo antes da votação sobre a abertura do processo de *impeachment*, Pedro Luís Rodrigues, secretário de Imprensa, acabou pedindo demissão, e para seu lugar foi Etevaldo Dias. Mais recentemente, há uns dois anos, encontrei-me com o Etevaldo, que me disse, meio brincando, meio sério: "Acho que você foi um dos responsáveis pelo *impeachment*. Você era um maluco!" Perguntei por que, e ele explicou: "Havia uma lei que tinha sido aprovada, aumentando os vencimentos dos ministros do Supremo Tribunal Federal. Você sugeriu ao presidente que a vetasse, e ele aceitou" — li agora que Etevaldo Dias ponderou quanto à conveniência do veto, e o presidente preferiu a minha sugestão, inspirada na necessidade de total austeridade nos gastos.[36] "Você disse não ao aumento dos

[36] Mario Sergio Conti, *Notícias do planalto* (São Paulo, Companhia das Letras, 1999), p. 648.

fiscais da Receita Federal e dos delegados da Polícia Federal, e ele concordou. Ele estava nas mãos da Receita, da Polícia Federal e do Supremo! O que você podia esperar?" É uma interpretação. Realmente, não deve ter ajudado no processo.

Mas o fato é que o presidente — e isso é realmente surpreendente —, quando houve as denúncias mais pesadas, chamou a mim e ao Célio Borja e disse que queria a investigação mais profunda, mais independente possível — aquela coisa de "doesse a quem doesse". Disse que era absolutamente necessário conhecer os responsáveis, um pouco repetindo o que tinha me dito ao me convidar: "Não aceite nenhuma recomendação, mesmo que seja de um irmão meu." Deu ordens, a mim e ao Célio, muito peremptórias. Nunca tentou obstruir o processo, embora a Polícia Federal estivesse sob o comando do Célio e a Receita Federal sob o meu comando, portanto, sob o comando dele. Poderia ter-nos demitido, mas não o fez, nem nunca nos pediu para interferir ou ao menos atrasar a investigação. É realmente curioso.

O presidente também não negociou com o Congresso. No final, começou a receber deputados e senadores, mas, como já contei, me disse que ser *impeached* não era para ele uma coisa muito triste ou séria, porque se tornaria um mártir, mas que realmente era muito desgastante e lhe dava enorme desgosto ter que conversar com tantos deputados e senadores que só vinham lhe fazer pedidos pessoais. Como também já contei, quando houve aquela conversa bastante difícil entre a equipe econômica e alguns líderes parlamentares, com a equipe econômica defendendo o ajuste fiscal, e os líderes parlamentares querendo o contrário, dizendo: "O que interessa agora é o placar eletrônico", o presidente ouviu a todos, mas não disse muita coisa. Mas, algum tempo depois, comentou: "O senhor reparou que eu não disse nada naquele dia. Foram os líderes que disseram que eu deveria ter menos rigor na política fiscal, atender mais aos deputados e aos partidos, não fui eu. Para mim, o importante é a reforma fiscal, não é o placar eletrônico."

O senhor teve contato com ele até o último momento. Como ele reagia, à medida que o circo ia pegando fogo?

Uma semana antes do *impeachment*, ele iniciou a reunião das nove da seguinte maneira: "Ministro, eu gostaria de saber sua opinião sobre o discurso da Sra. Bush que ouvi ontem na CNN. Ela tem muito carisma. O senhor não acha que esse discurso pode ter um impacto positivo e ainda dar a Bush uma chance de ser eleito?" Quer dizer, havia um distanciamento das circunstâncias imediatas.

O que isso denotava, a seu ver? Um descolamento da realidade?

Acho que havia um certo descolamento, sim. Acho que sempre houve duas faces do presidente, e que talvez até uma lutasse contra a outra. Passei 17 meses no ministério depois daquela recomendação que ele me fez de nunca aceitar qualquer pedido de quem quer que fosse, irmão ou amigo, e não é que eu nunca tenha aceito: eu nunca recebi nenhum pedido. Nunca vi o senhor PC Farias, nunca recebi um bilhete, nunca recebi um telefonema, nunca alguém disse "o PC acha isso ou aquilo", ou "libera a verba", nunca houve isso. Nunca houve nenhum pedido e nunca houve nenhuma denúncia. Nunca ninguém veio me dizer: "Olha, eu tenho uma concorrência e estão querendo isso ou aquilo..." Nunca! E as pessoas sabiam que, se houvesse esse tipo de coisa, poderiam falar-me.

Havia realmente dois mundos: o da administração e do próprio presidente, que eram inteiramente coerentes, e um outro mundo objeto das denúncias, que não conheci diretamente. O presidente me dizia que havia mais de um ano não tinha encontrado o PC Farias.

Mas como interpretar o que aconteceu? O presidente Collor realmente não teria conhecimento do que se passava? Ou teria conhecimento? Ou teria uma dupla personalidade?

Talvez ele tivesse realmente um comportamento de dupla personalidade. Se assim fosse, comigo ele era o Dr. Jeckyll... Mas, para mim, é muito difícil tentar saber o que aconteceu, porque eu não tenho nenhuma evidência, além das que saíram no jornal, ou do que o Eriberto disse, de que ele realmente fomentava qualquer esquema. Tenho apenas a evidência do uso do que eu suponho fossem sobras da campanha eleitoral, coisa que todos os presidentes eleitos anteriores a ele fizeram.

Do ponto de vista das relações com o Legislativo, a impressão que se tem é que no começo o Congresso não negou nada ao presidente Collor. Ele entrou com muita força. No final, porém, já não tinha apoio nem mesmo de alguns membros da sua "tropa de choque". Essa mudança, na sua percepção enquanto ministro, foi gradual ou teve algumas descontinuidades?

Acho que foi gradual. E acho que foi movida por duas motivações totalmente opostas. Uma era uma reação legítima a algo que era percebido como corrupção. E a outra, ao contrário, era uma reação às próprias reformas modernizadoras. Depois disso, fui estudar muito o que eu chamo de economia política das reformas. Quer dizer, a imbricação entre reforma política e reforma econômica, o caso da Venezuela, depois do México e de outros países. Fica muito claro que, na medida em que você impõe ou sugere reformas modernizantes, acaba com controle de preços, acaba com proteção, acaba com subsídio de crédito, com incentivo fiscal, há uma reação muito grande. Acho que aqui houve isso. No Congresso e no próprio país, na área empresarial, houve duas coisas que acabaram convergindo. A insatisfação pelo processo modernizante acabou encontrando o *smoking gun* na corrupção.

Tanto é assim que, como eu dizia, há duas interpretações desse corte. Há alguns analistas que acham que ele ocorreu quando eu tomei posse. Então, se havia um esquema de corrupção, ele deixou de existir, ao menos no nível macro. Pode ter acontecido nas coisas pequenas. Mas, houve um grupo que passou a trabalhar contra o governo, inclusive alguns dos denunciantes eram pessoas que deixaram de participar de um eventual "esquema". Mas houve também um corte grande por causa das reformas, das medidas tomadas. Na verdade, não há só uma dupla personalidade do presidente, há uma duplicidade na própria reação. Houve uma reação aos aspectos positivos dele, digamos ao esforço modernizador, à mudança da agenda, como houve uma reação ao outro lado, que seria o lado obscuro, que eu não conheço muito, mas certamente foi percebido de maneira muito negativa. As duas coisas acabaram se encontrando no *impeachment.*

Há coisas curiosas. Por exemplo, no meio da crise, o presidente me deu uma cópia de um trecho d'*O Príncipe*, de Maquiavel. É o capítulo IX, intitulado "Do principado civil". Nós trocávamos textos como esse, e também trechos de São Paulo, como a Epístola aos Romanos (5, 2) ou o Salmo 91. Nós nos aproximamos bastante desse ponto de vista, porque era um momento difícil para ambos.

Diante do que estava ocorrendo, isso pode parecer curioso, mas aconteceu.

Diante do que o senhor diz sobre a forma como o presidente se comportou, sobre o fato de ele não se defender e fazer questão de apoiar as investigações, parece que ele leu pouco Maquiavel... Foi até ingênuo, do ponto de vista da lógica do poder.

Ele teve uma grande ilusão certa época, quando dizia "eu é que entendo do povo" e fez, naquela reunião dos taxistas, aquele repto às pessoas para saírem de verde-e-amarelo, e todos saíram de preto.

Agora, como eu disse, a reforma modernizante sempre alija os seus aliados. Ele foi eleito pela classe média, e a primeira coisa que fez foi confiscar toda a poupança dessa classe média. Evidentemente, perdeu um aliado muito forte. Depois, foi apoiado pelos industriais, mas tirou-lhes a proteção e os subsídios. É sabido que o controle de preços é um cartel dirigido pelo governo em que o preço é fixado pelo menos eficiente. Quem tem produtividade, ou ganha em produtividade, tem enormes lucros. Isso são as chamadas moedas de poder, de que o governo abriu mão. Então, eu realmente acho que houve dois processos: um, de mudança, que é em si desestabilizadora — voltamos aí ao conceito do Hirschmann, de que o desenvolvimento não é harmônico; ao contrário, é uma quebra de harmonias —, e outro, o da alegada corrupção. Mas mesmo se não tivesse havido esse fato, acho que o ritmo das mudanças também não iria avançar. Hoje, com Fernando Henrique, as palavras de ordem dos opositores são as mesmas. E das mesmas pessoas, dos mesmos grupos. Por aí se vê como as duas coisas se misturam muito.

Além disso, como já disse, o presidente Collor não gostava de negociar, não se defendeu, nem pública nem privadamente, de uma maneira concreta. Ele me disse mais de uma vez: "O processo de *impeachment*, para mim, não é uma coisa desagradável. Desagradável é conversar com esses deputados e senadores que só vêm aqui pedir verbas e nomeações. É extremamente repugnante." Evidentemente, isso é mortal do ponto de vista político.

O senhor foi chamado a depor perante a comissão de impeachment *no Senado. Como foi isso?*

Antes do meu depoimento, tive de viajar, no fim de outubro. Eu tinha um convite da *Business International*, que hoje é parte da *The Economist*, para falar em Milão, e também um convite da Atlantic Conference para participar de um seminário em Marbela, na Espanha. Foram também, aliás, Celso Lafer, Nelson Jobim, Fernando de la Rúa, que hoje é presidente da Argentina, e Javier Solanas, que era então ministro do Exterior da Espanha e depois foi secretário-geral da Otan. Os jornais até telefonaram lá para casa, acharam que eu estava fugindo da comissão. Mas voltei a tempo de dar o meu depoimento, e nele eu disse o que estou dizendo aqui. Disse que o presidente sempre me pediu para investigar, nunca me pediu para bloquear qualquer tipo de investigação, nunca pediu nenhum favor a pessoas ou a entes, para nomeações, concorrências ou liberações de verbas. Depois, houve o depoimento que eu prestei na Justiça Federal. Foi a mesma coisa. Houve as mesmas perguntas e as mesmas respostas, que foram ouvidas também sem contestação.

Sua permanência no governo Collor até o afastamento do presidente teve alguma repercussão negativa na sua atuação posterior?

Acho que não. Entre dez pessoas que me falam, em geral muito positivamente, dizendo que fiz bem o meu trabalho, nove ressaltam que demonstrei um grande espírito público ao ficar e agüentar o rojão. É o aspecto que mais enfatizam.

Após ter sofrido o impeachment, *o ex-presidente Collor deu algumas poucas entrevistas na televisão em que manteve a postura de ignorar o escândalo que tomou conta de seu governo. Como interpretar essa atitude?*

Talvez continue o problema das duas faces da mesma pessoa. Isso talvez se exacerbe. Mas acho que, para ele ter chance de voltar a ter uma atuação positiva, teria que reformar o ministério dentro dele. Ultimamente, não tenho tido contato com ele, mas tive algum antes de ele ir para Miami, e ele continuava com a mesma postura de antes. Às vezes me telefonava, quando eu fazia anos, ou para perguntar sobre universidades para os filhos, e a conversa basicamente era: "O que o senhor está achando da situação da Europa? Como está o dólar?" Coisas assim, muito gerais, como se nada tivesse ocorrido. Mesmo nas reuniões das nove, com tudo explodindo, ele queria saber o que eu tinha achado da entrevista da mulher do Bush...

A transição

Quando o vice-presidente Itamar Franco assumiu a Presidência, ainda interinamente, não houve nenhuma sondagem no sentido de o senhor permanecer no ministério?

O chefe de gabinete dele chegou a conversar com o meu chefe de gabinete, mais, talvez, para se inteirar das coisas, e ficou muito claro que seria praticamente impossível eu permanecer, até mesmo por aquela posição que tomei, de ir além de ministro da Fazenda. Falou-se realmente na minha permanência, houve editoriais no *New York Times* e no *Financial Times* que se referiram a mim como *prime minister*, mas seria muito contraditório ficar. Minhas relações com Itamar não eram fluidas. O que ocorreu foi que, no dia 2 de outubro, quando o presidente deixou o governo, enquanto eu estava ali, esperando pela despedida, me chamaram ao telefone, e era o Gustavo Krause, dizendo que tinha sido nomeado ministro da Fazenda e queria ser o primeiro a me dizer isso. Queria também almoçar comigo naquele dia mesmo. Saí dali e fui almoçar com ele no próprio Ministério da Fazenda. Ele foi extremamente amável, e depois foi perfeito em termos de transição, até mesmo nas coisas materiais, na minha mudança, essas providências operacionais que envolvem algumas despesas, mas têm de ser resolvidas rapidamente para não criar situações constrangedoras.

Tenho todas as notas da primeira conversa com o Krause e também uma fotografia. Naquela época — como o Brasil mudou! — o celular era considerado símbolo do poder... Procurei dar a ele todos os elementos, e ele, por sua vez, me disse: "Não sei se vou ser Gustavo, o Longo, ou Gustavo, o Breve..." Entre o momento em que me telefonou, às 9h30 ou 10h, e o almoço, tinha sido criado o Ministério da Indústria e Comércio, sem ele saber. Como foi criado também o Ministério do Planejamento, ele iria ficar, na Fazenda, apenas com uma fatia do Ministério da Economia, Fazenda e Planejamento. A coisa já começou difícil. Afinal, ele ficou só 59 dias. Aí assumiu o Paulo Haddad, depois o Eliseu Resende... Em seis meses, houve três ministros. Fernando Henrique foi o quarto,[37] e foi uma pena, porque se tivesse

[37] Gustavo Krause demitiu-se em 16 de dezembro e foi substituído provisoriamente por Paulo Haddad até 1º de março de 1993. Na ocasião, a pasta foi assumida por Eliseu Resende, que a passou a Fernando Henrique Cardoso em 19 de maio.

vindo logo depois com suas políticas, teria sido muito melhor.

Eu até não tive muita preocupação ao sair, porque as contas públicas estavam arrumadinhas. Tivemos um superávit de caixa em setembro, tivemos uma boa *performance* da inflação, a parte externa estava indo bem, na parte interna estava tudo nos conformes, os preços públicos estavam alinhados, os preços privados estavam liberados... Mas, no primeiro aumento da gasolina, o presidente Itamar demitiu a chefe do Departamento de Petróleo do Ministério das Minas e Energia porque o preço da gasolina tinha sido aumentado "na calada da noite"... Fazia-se isso sempre à noite, para evitar corrida às bombas! Depois disso, durante vários meses, os preços do petróleo e das tarifas de energia elétrica ficaram congelados, numa situação totalmente falsa, e a inflação piorou muito. De mais ou menos 22%, subiu 1% a cada mês até junho de 1994, quando chegou a 47%. Enquanto eu tinha uma inflação alta, mas horizontal, depois da minha saída ela começou a subir. As razões eram claras: num só mês, por exemplo, os salários do Banco do Brasil foram dobrados. Foi realmente um período muito adverso, em que se perdeu tempo e houve um retrocesso. De um lado, havia preços públicos não-alinhados e, de outro, na parte dos preços privados, chegou a haver tentativas de tabelar os produtos farmacêuticos.

O pessimismo que senti no começo, graças a Deus não se concretizou a médio prazo. Como o presidente Collor tinha sido alijado do poder por uma aliança espúria entre pessoas indignadas contra a corrupção e pessoas prejudicadas pelo projeto modernizante, cheguei a pensar que todas as medidas do governo anterior pudessem cair no cesto das coisas negativas. Receei também que tivéssemos que passar por uma eleição com a vitória da esquerda, do PT, e o abandono total do programa de reformas. Isso não ocorreu porque Fernando Henrique resgatou praticamente todas as reformas constitucionais, todas as reformas estruturais, a idéia da estabilidade, a política fiscal, a política monetária, o acordo com os bancos, a normalização das relações financeiras. Mas perdeu-se tempo. O Plano Real poderia até ter sido feito antes, caso não tivesse ocorrido o retrocesso no último trimestre de 1992 e no primeiro de 1993. Só depois de três ministros entrou o Fernando Henrique com o Programa de Ação Imediata, PAI, que ainda era bem modesto, meio tímido. Correu-se um risco ali.

8

Balanços, Projetos e Reflexões

Insulamento e oxigenação dos diplomatas

O senhor fez um comentário, durante nossa conversa, que gostaríamos de retomar: políticas públicas são facilmente capturadas por interesses setoriais. Há como ser diferente?

Mas há as capturas legítimas e as espúrias. Por exemplo, as políticas na área de mineração ou de petróleo: foram os funcionários do Estado que acabaram por capturá-las. Em geral, quem captura é quem domina a atividade-meio, e não a atividade-fim. Na área de educação, por exemplo, seria o professor, e não o consumidor da educação.

Nesse sentido, a política externa brasileira também não seria capturada por quem exerce a atividade-meio, ou seja, os diplomatas?

Acho que estamos tocando num dos pontos mais sérios, mais graves da política externa brasileira, em que a reflexão é mais necessária, que é a sua legitimidade. Até que ponto os diplomatas respondem realmente aos interesses da sociedade brasileira, e qual é a inserção, nela, do Itamaraty? Às vezes, para evitar a captura, é bom que eles estejam insulados, mas essa insulação pode ser também, ao contrário, uma autocaptura. Esse assunto certamente se aguçou com a transferência da capital para Brasília, porque ou o diplomata está no exterior, onde ele tende a se afastar da problemática interna — acaba-se vendo muito diplomata, depois de algum tempo fora, defendendo inconscientemente o ponto de vista do lugar onde está —, ou, quando vem ao Brasil, ele fica em Brasília, que é insular por definição. Talvez um dia deixe de ser, mas por enquanto ainda é muito.

Nós tivemos no Brasil uma coisa interessante, que foi aquela lei do Hélio Beltrão, a chamada lei da agregação, que permitia ao diplomata licenças de dois a dez anos, e depois ele voltava para o Itamaraty. Não sei como é hoje em dia, mas sei que num certo momento o Itamaraty penalizou os seus diplomatas agregados. Eu, por exemplo, quando estava no BNDES, não podia ser promovido por mérito. Isso vigorou bastante tempo e a meu ver é um erro, exatamente porque acho que esse ir-e-vir oxigena o Itamaraty.

Uma coisa que chama a atenção quando se entrevista um diplomata é que ele sempre tem um comportamento muito oficial. Ele nunca tem posição própria, está sempre defendendo a posição do Itamaraty. Nesse sentido, é muito parecido com o militar, que também tende a fazer isso, não se declara politicamente etc. Uma abertura do Itamaraty poderia levar os diplomatas a expressar posições políticas, posições partidárias, a assumir isso publicamente?

Acho que deveria existir no Itamaraty um pouco mais de abertura a certas posições não necessariamente partidárias, mas expressivas de um espectro mais amplo de opiniões. Ao menos na formulação de políticas deveria ser assim. Na própria formulação há um certo constrangimento. O resultado é que o Itamaraty fica um pouco na forma, sem entrar suficientemente na substância.

No caso da Argentina, a política externa sempre foi mais politizada, não?

Sim. Eles têm muito embaixador político, embaixador de fora, ministro de fora. Por exemplo, uma coisa que eu sentia em Washington era que eram poucos os congressistas brasileiros que iam lá visitar o Congresso, quando isso podia ajudar muito. Congressista com congressista tem uma outra química. Para defender o problema do meio ambiente houve algumas visitas, mas missão mesmo, delegação, só me lembro de uma, para tratar da dívida externa. Foi uma missão de senadores, integrada até pelo atual presidente Fernando Henrique Cardoso, em 1987. Foi ótimo, porque eles foram recebidos no Congresso, e são recebidos de maneira diferente de um embaixador. Isso seria uma coisa a estimular, assim como a participação maior da própria sociedade. Deveria haver também grupos de empresários brasileiros que fossem lá fora defender o ponto de vista disso ou daquilo junto aos outros empresários, junto à Câmara de Comércio americana, que fossem visitar o Congresso. Isso havia, infelizmente, pouco. O Itamaraty também não estimulava muito. Acho que havia um problema de ciúme de posição.

A aliança não-escrita com os Estados Unidos

Há quem considere que a política externa brasileira no século, XX foi marcada por dois paradigmas opostos. De um lado, haveria o paradigma americanista, herança de Rio Branco — nessa visão, os Estados Unidos seriam o principal eixo da nossa diplomacia. De outro lado, estaria o paradigma globalista, que teria emergido, historicamente, com a política externa independente.[1] *O senhor concorda com isso?*

Tenho certa dificuldade em concordar. Observando-se a história do século XX, percebem-se momentos em que a hegemonia americana é maior e outros em que a multipolaridade, ao menos a econômica, que tenho encarado mais do que a militar ou nuclear, se impõe mais. É uma questão de momento. Nós sempre tivemos, por exemplo, o problema do café. Por causa da lei antitruste dos Estados Unidos, os americanos não podiam financiar o café brasileiro, cuja comercialização era toda baseada na Convenção de Taubaté, era um cartel. Tivemos então que recorrer à Inglaterra ou outros países, e isso marcou muito as nossas relações financeiras. Já na Segunda Guerra, houve aquelas hesitações entre posições pró-Alemanha e pró-Estados Unidos, mas acabou prevalecendo a posição pró-Estados Unidos, até porque um mínimo de bom senso aconselharia a tanto. Depois da guerra, Dutra não teve lá grandes políticas externas, foram assinados aqueles acordos todos com os Estados Unidos, mas acho que não havia outra alternativa. A Europa estava destruída, e a hegemonia americana tornou-se maior do que antes da guerra. No segundo governo Getúlio, embora houvesse a Comissão Mista Brasil-Estados Unidos, já começamos a dar sinais de uma política externa independente. Aí caímos no Juscelino, com a Operação Pan-Americana, cuja fundamentação econômica, preparada por Miguel Osório de Almeida, partia daqueles modelos matemáticos que previam que a União Soviética acabaria crescendo mais do que os Estados Unidos. A Operação Pan-Americana, de certa ma-

---

[1]Ver Maria Regina Soares de Lima, "Ejes analíticos y conflicto de paradigmas en la política exterior brasileña", *America Latina/Internacional,* 1 (2), otoño-invierno 1994.

neira, foi uma tentativa de aproveitar esse quadro para conseguir mais apoio americano. Procurarmos dizer que tínhamos uma alternativa, usar a independência como elemento de barganha. Não sei até que ponto a política externa independente, que veio a seguir, era um paradigma ou era uma tentativa de explorar as brechas abertas pela bipolarização e obter mais ganhos ainda. O próprio San Tiago Dantas, em 1963, no discurso proferido quando recebeu o título de Homem de Visão, disse: "Minha gestão como ministro das Relações Exteriores foi caracterizada pelo restabelecimento de relações com a União Soviética. Minha gestão no Ministério da Fazenda foi dedicada a normalizar as relações econômico-financeiras com os Estados Unidos." Uma coisa compensava a outra.

No pós-64, no governo Castelo Branco, já não se pensava em explorar brechas para obter ganhos. Aquele parece ter sido o momento em que o paradigma americanista se tornou substancialmente mais consistente, não?

Talvez tenha havido, em vez de consistência, uma espécie de exagero. Houve uma certa ideologização, uma certa exasperação ou radicalização da idéia do eixo americano. A política externa globalista que se seguiu talvez tenha sido uma resposta, não àquele paradigma mais histórico começado por Nabuco e Rio Branco, mas a esse tipo de modelo mais radical, que tentava se impor num momento em que o mundo estava mudando, em que estava começando uma multipolaridade econômica. A Europa já vinha com o Mercado Comum desde os anos 50, o Japão surgiu como potência econômica em 1968, mas a mudança só se reforçou realmente na década de 1970, quando houve uma queda precipitada da hegemonia americana, quando caiu o símbolo dessa hegemonia, que era o dólar. O dólar americano começou a flutuar, desvalorizou-se, enquanto as moedas européias começaram a se valorizar — foi a época do eurodólar. E foi nesse momento, no governo Geisel, que o Brasil realmente começou a prática de uma política com algum sentido antiamericano, com a denúncia do Acordo Militar, o repúdio às interferências em matéria de direitos humanos etc. O reconhecimento de uma realidade econômica multipolarizada e uma situação interna de legitimidade fragilizada levaram o governo a procurar na política externa uma certa legitimação.

Foi a fase do pragmatismo responsável, anunciado nos governos Costa e Silva e Médici e plenamente desenvolvido no governo Geisel.

Sim. Acho que essa posição antiamericana pretendia inclusive quebrar aquela idéia de que os americanos tinham trazido a Revolução de 64. Castelo Branco foi o último general formado nos Estados Unidos, enquanto Geisel tinha uma formação francesa-alemã. Na própria formação, ele dispensava o mundo americano. Não sei até que ponto essas coisas tiveram peso, mais do que apenas uma visão realmente nova. Embora nessa visão nova esteja incluída a multipolaridade econômica, que na primeira metade dos anos 70 estava se afirmando, sobretudo com o fortalecimento do Japão e da Europa.

O senhor vê algum eixo na política externa brasileira que lhe dê um certo padrão de continuidade, ou a seu ver as coisas vão acontecendo ao sabor das oportunidades colocadas pelo sistema internacional?

Acho que há uma certa continuidade. O próprio presidente Fernando Henrique falou outro dia no que ele chamou, usando a expressão daquele historiador americano, *the unwritten alliance* entre Brasil e Estados Unidos.[2] Acho que isso não se quebrou totalmente, porque não é um paradigma do pensamento, é um paradigma da realidade, da geografia, da história, um pouco da economia. Não havia outras alternativas para o Brasil. A Argentina procurou um certo neutralismo, mas se isolou do mundo e de 1930 a 1990 se descapitalizou seriamente. Enquanto isso, no Brasil, essa foi a época da capitalização. Não só do crescimento, mas da grande acumulação de capital.

Todas as tentativas de não-alinhamento do Brasil, a seu ver, foram em vão?

Sim. O Brasil nunca chegou a ser um país do bloco não-alinhado. Acho que as tentativas funcionaram como barganha com os Estados Unidos. Mas a partir da multipolaridade, em termos econômicos, também barganhamos com o Japão, com a Europa. Isso se vê muito bem no problema da dívida. E, antes do problema da dívida, no problema do financiamento. Por exemplo, Geisel procurou o Japão, a Europa e os Estados Unidos.

O senhor diria que sua atuação à frente da embaixada em Washington foi uma tentativa de retornar à idéia de que o relacionamento com os Estados Unidos era inevitável, e portanto deveria ser feito da forma mais vantajosa possível?

Sim. E de mostrar que era impossível nós querermos um caminho para a modernidade que não tivesse isso como um eixo. As coisas estavam acontecendo lá: as invenções es-

[2] Ver E. Bradford Burns, *The Unwritten Alliance: Rio-Branco and the Brazilian-American Relations* (Nova Iorque/Londres, Columbia University Press, 1966).

tavam ocorrendo lá, o conhecimento estava lá, a tecnologia de ponta estava lá. As relações com a União Soviética foram realmente um movimento político, mas em termos econômicos o rendimento foi entre zero e bastante negativo. O comércio que houve foi financiado pelo Brasil. A Polônia, por exemplo, tornou-se grande devedora do Brasil: ficou devendo quase quatro bilhões de dólares, e nós acabamos tendo de fazer um abatimento de 50% do principal da dívida, e isso a longo prazo. Realmente, não foi uma relação econômica fértil. Um pouco a mesma coisa na África. Financiamos, financiamos e nunca recebemos. Havia, durante uma certa época, uma grande esperança de que essas relações fossem nos abrir mercados, as projeções eram grandiosas, mas os resultados não corresponderam. A União Soviética, que eu saiba, nunca se interessou realmente pelo Brasil. E a Europa, muito desmembrada, também nunca nos trouxe grandes vantagens. Em termos de comércio, houve resultados no comércio de matérias-primas tropicais, como eles chamam, mas com uma grande resistência em outros setores. A Europa é muito protecionista.

A União Soviética pode não se ter interessado por achar que éramos zona de influência norte-americana... A partilha já tinha sido feita.

É verdade. Eles aceitaram isso, e também não tinham cacife. Tinham cacife em relação a Cuba, que é um país pequeno, mas em relação a nós nunca tiveram. Do nosso lado, houve sempre uma superestimação. E houve também o fato de que o Itamaraty e a política externa foram um pouco usados para legitimar o governo brasileiro e dar uma certa válvula de escape. Tanto que a universalização externa não se praticava internamente. Tínhamos boas relações com a Rússia, mas não reconhecíamos o Partido Comunista.

A inserção soberana e competitiva do Brasil no mundo

Numa sistematização *a posteriori* de tudo o que foi dito aqui, acho que houve, desde o governo Sarney, depois Collor, e depois Fernando Henrique Cardoso, um claro objetivo de superar o quase isolamento do Brasil, resultante, de um lado, de um modelo econômico fechado, liderado pelo Estado, financiado pela inflação, e, de outro, do autoritarismo. Isso realmente isolou muito o Brasil. Houve um claro desejo de superar essa situação, adotando-se uma posição que foi traduzida por uma expressão cunhada por Júlio Mourão no BNDES, e que Fernando Henrique incorporou ao próprio programa do PSDB: a inserção soberana e competitiva do Brasil no mundo.

Esse esforço teve quatro vertentes: primeiro, a abertura comercial, que alguns acusam de ter sido unilateral, não-negociada, mas que fazia parte de uma negociação bem mais ampla. Essa negociação conseguiu desarmar as sanções ou ameaças de sanções dos americanos, conseguiu nos credenciar bem na Organização Mundial do Comércio e nos permitiu também participar do Mercosul. Se internamente houve a abertura, externamente houve duas negociações praticamente paralelas, cujos desfechos acabaram convergindo. Basta ver que a Organização Mundial do Comércio foi assinada em Marrakesh em 15 de março de 1994 e entrou em vigor em 1º de janeiro de 1995, e o Mercosul no mesmo dia.

Enquanto se estava melhorando muito o acesso ao comércio mundial, se estava procedendo à normalização das relações financeiras: internamente, estavam-se tomando medidas de liberação do regime de câmbio, o que permitiria depois o ingresso de investimentos privados, e, externamente, estava-se resolvendo o problema da dívida em negociações com o Fundo Monetário, com o Clube de Paris e com o Comitê Assessor de Bancos. Mais uma vez, curiosamente, o acordo da dívida foi concretizado no dia 14 de março de 1994, ou seja, um dia antes de Marrakesh — houve até uma parte da delegação brasileira que foi direto de Toronto para Marrakesh. Isso nos abriu as portas para acedermos ao *pool* de recursos externos, e a inversão de tendências foi realmente espetacular: a entrada líquida de capital, sobretudo em investimentos privados diretos, passou de um para dez até chegar a mais de 30 bilhões de dólares no ano 2000.

Havia também o problema do acesso à tecnologia, e isso foi resolvido através de negociações pelas quais entramos no regime de controle de exportação de armas, no regime dos mísseis, no acordo quadripartite, no acordo de Tlatelolco e depois no TNP. Isso nos abriu a tecnologia: pudemos comprar supercomputadores da marca Cray, então o modelo mais avançado, pudemos comprar outros tipos de computadores etc. A face interna desse problema era a lei das patentes, cuja aprovação veio assegurar nossa entrada na área de biodiversidade, de biogenética, entre outras.

A quarta vertente, afinal, estava ligada a um conjunto de chamados novos temas: direitos humanos, meio ambiente, narcotráfico, enfim, coisas desse jaez, em que, ao lado das medidas concretas, há um lado simbólico. No tocante ao meio ambiente, infelizmente, ainda não avançamos o suficiente — basta ver que as grandes queimadas estão a toda —, mas mudamos a atitude; com isso, a atitude em relação a nós também mudou. Em relação ao narcotráfico, mal ou bem, está-se fazendo alguma coisa. Em direitos humanos, o Estado deixou de ter uma política contra, assinamos um acordo que não tínhamos assinado, a Convenção Interamericana de Direitos Humanos,[3] ratificamos e depositamos essa convenção — o que é muito importante —, e internamente

[3] O Brasil aderiu à Convenção em 1992.

adotamos o Programa Nacional de Direitos Humanos. Embora nos estados continue a haver muitas violações — Carandiru, violência no campo etc. —, também mudamos a atitude. Como esses novos temas estão muito ligados ao problema da imagem do Brasil, a mudança nessa vertente representou uma quarta inserção, digamos, simbólica do Brasil. Isso foi possível porque deixamos de achar que, ao tratar no âmbito internacional de temas como direitos humanos ou meio ambiente, estaríamos abrindo mão da nossa soberania.

Nessa evolução, é possível ver que todas essas coisas estão ligadas. Primeiro, houve um paralelismo e, depois, uma convergência temporal muito grande.

Ao longo do seu depoimento, o senhor vem procurando mostrar que todo esse processo de mudanças começou no governo Sarney. Naquela época, essas mudanças foram sendo feitas intuitivamente? Ou já havia um projeto sendo formulado, que não pôde ser implementado por causa das resistências internas?

Acho que Sarney já era uma figura muito mais aberta para o mundo — e Tancredo também — do que os militares, como Geisel ou Figueiredo. Tudo começou, aliás, com a viagem de Tancredo, mas aconteceu realmente no governo Sarney. Mas havia, de um lado, as resistências e, do outro, o chamado entulho histórico, a inércia. As coisas foram ficando como estavam. Na área de direitos humanos, a má vontade com a Anistia Internacional continuou, não mudou de um dia para o outro. Devia ter mudado, pois em 1984/85 veio a democratização.

Os estudiosos do período Sarney também chamam a atenção para a postura vacilante, ou oscilante, do presidente. Por exemplo, é curioso como os ministros da Fazenda do governo Sarney foram diferentes, desde o político Francisco Dornelles até o técnico Maílson da Nóbrega...

É verdade. Primeiro, Sarney herdou o ministério do Tancredo sem herdar a chave do mistério de como o ministério tinha sido escolhido. Não se sabia quais tinham sido os critérios, ou políticos ou de competência, o que, aliás, até hoje é uma incógnita para mim, porque as pessoas eram bastante díspares. Como já contei, Tancredo pegou pessoas que não queriam ir para os lugares para onde foram. Portanto, primeiro, o ministério já foi heterogêneo, e depois Sarney também não foi coerente. Ele tinha uma grande visão, queria ser um estadista do mundo, mas, para operacionalizar isso, ficava um pouco dependente das propostas que lhe eram levadas.

A normalização das relações financeiras no governo Sarney, a seu ver, só teria começado com a nomeação de Maílson da Nóbrega para o Ministério da Fazenda?

Sim. Quer dizer, houve duas tentativas. Tinha havido uma tentativa incipiente, a que já me referi, que paradoxalmente foi abafada, foi morta pelo Fundo Monetário: foi quando Tancredo tentou que o Fundo aprovasse o acordo que estava sendo negociado pelo Afonso Celso Pastore; chegou a enviar o Dornelles a Paris para conversar com o Larosière, mas sem resultado. Para Tancredo, seria mais fácil prosseguir, já com o acordo firmado no governo anterior, do que iniciar uma nova negociação. O Fundo matou isso, Tancredo não chegou a assumir, Dornelles durou cinco meses, veio

Funaro com idéias mais confrontacionistas, veio Bresser com idéias interessantes, mas ainda incipientemente formuladas, e aí Maílson realmente tentou, com aquela negociação pré-Brady, resolver o problema da dívida. Não teve êxito, porque internamente, embora tenha tentado, não conseguiu controlar a inflação. Com aquela inflação resiliente, quase no nível de hiperinflação, ficava muito difícil uma negociação com o Fundo. Mas Maílson, além de negociar aquele acordo de 1988, diminuiu muito, por exemplo, aquela lista de artigos proibidos para importação, porque aquilo era claramente contra o GATT. Tentou ainda outras aberturas, mas internamente a situação econômica estava-se deteriorando a tal ponto que inviabilizava qualquer avanço maior. Para 1990, o déficit operacional esperado era de 8% do PIB... Não dava para negociar nenhum acordo. Finalmente, entrou Collor, com a idéia clara de inserção competitiva, de Primeiro Mundo, mas com uma equipe econômica que tentou ressuscitar a postura Funaro na área da dívida externa e fez uma proposta que, para os bancos, embora eles não tenham dito a palavra, era um *nonstarter*: sugeriu-se pagar a dívida com título *bullet* de 45 anos, que tem valor presente zero... As coisas mudaram quando assumi o ministério e procurei uma solução, já ajudado, evidentemente, pelo fato de que tinha mudado a política americana, com a possibilidade de se recorrer ao Plano Brady.

Na sua opinião, o marco mesmo da saída do Brasil de uma posição de isolamento foi o governo Collor ou o governo Fernando Henrique Cardoso?

O governo Collor. Fernando Henrique teve mais condições de consolidar, de aprofundar, e conseguiu ir além. Mas na parte nuclear, por exemplo, foi Collor quem foi lá fechar a chaminé do Cachimbo. O acordo da dívida, concretizado em 1994, foi fechado em 9 de julho de 1992. As negociações na Organização Mundial do Comércio, a lei das patentes, tudo isso foi projeto do governo Collor.

Balanço do ministério

Que balanço o senhor faz da sua passagem pelo Ministério da Economia?

Acho que foi uma experiência extremamente interessante, e em parte traumática. Ao assumir, eu sabia do risco que correm todos os ministros da Fazenda: por exemplo, acelerações da inflação, problemas políticos etc. Sabia, portanto, que a expectativa de vida como ministro às vezes não é muito alta. Mas nunca poderia prever que a gestão terminaria com o *impeachment* do presidente. Isso foi totalmente inesperado. O conselheiro Aires, em *Esaú e Jacó*, já dizia à baronesa que era preciso dar mais atenção ao inesperado, que é uma espécie de deus avulso que pode ter o voto decisivo na assembléia dos acontecimentos...

Mas foi também, como disse, uma experiência rica, difícil. Encontrei uma economia que Dionísio Dias Carneiro veio a descrever como politraumatizada, muito impactada pelos problemas do passado — inflação alta, baixo crescimento, distorções estruturais — e pelos próprios remédios, sobretudo o congelamento dos ativos, que realmente traumatizou muito a classe média e a classe empresarial. Era preciso considerar ainda todo o entorno internacional. Realmente, havia uma tensão muito grande, um descontentamento generalizado.

Acho que posso dividir meu período no ministério em duas partes: os primeiros 12 meses e os seis meses finais. No primeiro período, de 12 meses, conseguiu-se, apesar de tudo, como contei aqui, liberalizar os controles de preços. Com isso, os preços relativos, que sofriam uma enorme distorção imposta pelo próprio controle, se alinharam muito. Conseguiu-se restabelecer níveis de reserva muito confortáveis, recompor a receita, estabilizar a inflação. Não se conseguiu baixá-la, durante 12 meses ela se manteve em torno do patamar de 20% ao mês, que é muito alto, mas evitou-se sua explosão e também sua ascensão gradual. Conseguiu-se caminhar bastante na liberalização comercial, na liberalização cambial, inclusive com mudanças na legislação. Conseguiu-se atrair investimentos diretos. Enfim, acho que estávamos num caminho bastante consistente.

Nos seis meses finais, houve uma frustração. Em primeiro lugar, porque não se conseguiu avançar. Tinha havido uma melhora muito grande da inflação, que tinha ido de 27% em outubro de 1991 para 17% em fevereiro de 1992, mas não se conseguiu manter essa linha porque, embora não houvesse, como já disse, nenhum reparo, nenhum corte na austeridade da política econômica, não foi possível fazer novos avanços estruturais no Congresso. Portanto, houve uma certa estagnação da política: ela não piorou, mas deixou de melhorar.

O período dos seis meses finais foi muito difícil, mas também acabou sendo enriquecedor, porque encontrei uma convergência igualmente inesperada: de um lado, o presidente, sendo acusado de muitos desvios, distorções, manteve-se um árbitro de si mesmo, um árbitro que não interferiu, ao contrário, sempre direcionou seus ministros no sentido de procurar a verdade e de em nenhum momento obstruir a Justiça; de outro, algumas pessoas foram extremamente dedicadas e firmes. Apesar das dificuldades advindas da frustração que mencionei, a equipe econômica ficou coesa. José Gregori, que passara a ser meu chefe de gabinete, mostrou capacidade de entender as coisas, de bem aconselhar. Os outros ministros — Célio Borja, Celso Lafer, Hélio Jaguaribe, Rouanet, Adib Jatene e outros — foram extremamente consistentes e pertinazes naquilo que foi enunciado no chamado "Documento da governabilidade", ou seja, que estávamos ali para servir ao país, e não ao presidente ou a um partido, e que o faríamos até uma decisão do Congresso e da Justiça. E assim foi feito. Curiosamente, acho que termos feito isso não nos prejudicou de maneira nenhuma na reputação, na atividade profissional. Ao contrário, ainda hoje em dia, quando se referem ao período, as pessoas sempre ressaltam essa atitude de segurar as pontas, digamos assim, num momento de extremo perigo que poderia chegar até a um deslize institucional.

Houve algum momento, mais possivelmente nesse segundo período, em que o senhor tenha receado perder as rédeas do processo econômico, ou tenha temido uma débâcle, *uma fuga de moeda, associada à deterioração do quadro político? Para o público, ou ao menos para o leitor de jornal, ficou sempre a impressão de que o senhor tinha muito sangue-frio, tanto que continuou a fazer suas caminhadas dominicais em Ipanema, a comer pão de queijo na padaria...*

Curiosamente, nesse período de seis meses finais acho que não houve momentos em que isso se configurasse. Acredito que o momento mais tenso da gestão tenha sido aquele em que o Banco Central, por decisão comum, retirou-se do mercado de ouro e o ágio foi para mais de 100%, e alguns jornais, como a *Folha de S. Paulo*, anunciaram a chegada da hiperinflação. O título da matéria foi qualquer coisa como: "Dólar a mil aponta para a hiperinflação". Aquele momento realmente foi o mais difícil, o mais tenso. Mas como isso foi superado, acho que foi também o momento que consolidou a nossa liderança e a capacidade de conduzir o processo. Na fase dos seis meses, a cada anúncio daqueles, sempre havia uma tensão em torno do que a próxima revista semanal revelaria e de qual seria o impacto. Mas mesmo nos dois momentos mais traumáticos, que foram a publicação da *Veja*, com a entrevista do Pedro Collor, e a da *IstoÉ*, com a entrevista do Eriberto França, os mercados não reagiram de forma dramaticamente negativa. No curso do processo, a Bolsa deve ter perdido uns 30%, se calculados em dólar, mas isso é natural, as bolsas, às vezes até por outras razões, o fazem. Mas não houve nenhuma *débâcle*, e nenhum momento em que eu sentisse estar perdendo as rédeas da política econômica. Houve momentos mais tensos, mas não de desesperar. Exatamente porque a política fiscal continuou apertada, e a política monetária continuou neutra, mantivemos a confiança tanto do Fundo Monetário como dos investidores internacionais, e os jornais internacionais, como o *Wall Street Journal*, o *New York Times* ou o *Financial Times*, nos deram muito apoio.

No período posterior à sua saída, o senhor teve grandes decepções com o corte de iniciativas?

Houve realmente algumas políticas que foram momentaneamente descontinuadas, o que significou uma grande perda de tempo e de avanços, sobretudo no ajuste fiscal. Mas, mais uma vez para minha agradável suspresa, não houve grandes descontinuidades. Eu temia isso, porque, como o presidente Collor foi impedido e, não nas razões imediatas, mas nas razões mediatas, havia uma crítica à abertura, à liberalização etc., poderia realmente haver mudanças. Foi uma boa surpresa no momento não ter havido, e continua a ser até agora. É preciso levar em conta que o presidente era Itamar Franco, e é uma surpresa que ele não tenha cometido então os destemperos que está cometendo em Minas Gerais desde que se tornou governador. Naquela época, ele deu continuidade à privatização. A da Usiminas tinha sido a primeira, mas ele fez a privatização da CSN, que foi muito traumática, porque Volta Redonda era o símbolo da industrialização brasileira. Fez também a privatização da indústria petroquímica. Acho que não houve nenhum retrocesso em termos de abertura comercial, a não ser mais tarde. As reservas não se desgastaram. As políticas continuaram e, depois, foram retomadas até com mais insistência, quando Fernando Henrique se tornou ministro da Fazenda.

Passagem para a atividade privada

O que o senhor fez após a saída do ministério?

Evidentemente eu tinha visto exemplos de funcionários ou de ministros que, ao sair do governo, passaram muito rapidamente para a iniciativa privada, sobretudo para o setor financeiro, e procurei evitar isso. Mas eu tinha um grande problema. O Ministério da Fazenda, em termos financeiros, é extremamente desgastante. Enquanto em Brasília tive que vender parte do meu patrimônio, um terreno que tinha lá, tive que resgatar meu fundo de previdência na Prever, foi um momento difícil. Mas tive muita sorte, porque logo depois recebi alguns convites, não da área financeira privada, mas do BID, que fez um contrato de quatro meses para eu estudar a participação do setor privado nos financiamentos do banco. Aliás, o BID tem feito isso, que ele chama de "descompressão para os ministros da Fazenda". Houve também uma empresa privada da área química, a Hoechst, que me convidou para o seu conselho consultivo aqui no Brasil.

No fim do ano, acho que em dezembro de 1992, fui convidado para um jantar com Maria Sílvia Bastos Marques, Modiano e César Maia, que ia assumir a Prefeitura do Rio e me disse que gostaria de contar com a minha assessoria, não só porque a achava necessária na parte internacional, como também porque gostaria que as idéias de liberalização, de economia moderna, fossem preservadas no Rio de Janeiro. Aceitei e durante três anos trabalhei assessorando a Prefeitura. Não era uma tarefa *full-time*, mas me permitiu ter um escritório no Palácio da Cidade e realmente inserir a Prefeitura no contexto internacional. Ajudei a melhorar as relações com o BID, com o Banco Mundial, e no final acabei saindo para não haver conflito de interesses. Após a minha saída a Prefeitura foi *rated*, tanto pela Moody's como pela Standard and Poors, e conseguiu colocar 125 milhões de dólares de bônus no mercado internacional. Acho que o Rio foi a única cidade brasileira que o fez em tempos recentes.

Esse período na Prefeitura foi muito importante para "financiar" minha quarentena, e depois foram surgindo alguns convites para conselhos empresariais, no Brasil e lá fora. E, exatos 15 meses depois de eu deixar o ministério, em 2 de fevereiro de 1994, aceitei a função de consultor da Merrill Lynch, que não era um banco comercial, nunca foi credor do Brasil, mas era um banco de investimento. Achei que 15 meses eram uma quarentena razoável. Até hoje continuo sendo consultor de algumas poucas empresas: Merrill Lynch, Marsh-McLennan, empresa do ramo de seguros, assim como, no Brasil, Casas Sendas, Embratel e Cataguases-Leopoldina, nas áreas de varejo alimentar, telecomunicações e eletricidade, respectivamante. Exerço também várias funções no chamado terceiro setor, inclusive sou membro do conselho de administração da Fundação Getulio Vargas. Eu tinha sido indicado para a Fundação como ministro, mas Simões Lopes fez questão de confirmar o convite como pessoa física. Pertenço ainda ao conselho da Arquidiocese, do Fórum Nacional, e a alguns outros.

Como os do Ibam, da Fiesp, da Firjan...

Da Associação Comercial... Fui também convidado para presidir o conselho da hoje Agência de Desenvolvimento-Rio, que tem como fundadoras as quatro maiores universidades do Rio, entre elas a UFRJ e a PUC, jornais, como o *Jornal do Brasil* e *O Globo*, e entidades de pesquisa como a FGV e o Ibam. É uma entidade privada com fins públicos e tem feito um bom trabalho. Funciona como catalisadora de projetos de reurbanização: por exemplo, esse projeto da orla oceânica que vai desde o porto até Ipanema, o projeto do mobiliário urbano, o projeto da Praça Quinze, das garagens subterrâneas... A Agência de Desenvolvimento também ajuda a resolver problemas para as empresas e para o próprio poder público.

O senhor também participou do Conselho Consultivo de Alto Nível das Nações Unidas para o Desenvolvimento Sustentável, de janeiro de 1996 até fins de 1997. Como foi essa experiência?

Participei até a saída do secretário-geral, Bouthros Galli, que dava muita importância a isso. Esse conselho foi constituído em 1992 e teve dois membros brasileiros, Celso Lafer e depois eu. Era um conselho muito variado e muito interessante. Era realmente global, universal, tinha o pessoal da Índia, o embaixador Abid Hussein, tinha o Weizsäcker, da

Alemanha, um grupo muito bom. Depois foi descontinuado, mas ainda agora fui convidado pelas Nações Unidas para um congresso em Santiago nessa área de desenvolvimento sustentável.

Como o conceito de desenvolvimento sustentável é recente, parece não haver até hoje um consenso sobre seu significado, além de se admitir que se trata de desenvolvimento mais preservação do meio ambiente. Que tipo de coisa se discutia nesse conselho das Nações Unidas?

Procurava-se focalizar mais especificamente alguns setores, para a discussão não se perder. Por exemplo, energia, transporte e comunicações eram setores bastante visados. A discussão sobre transportes, para mim, foi uma grande surpresa. Na Europa, estima-se que se perde 6% do PIB na área de transportes em congestionamentos, desastres, poluição. É um número altíssimo, assustador. Esse é tipicamente um problema de desenvolvimento sustentável, porque, melhorando o fluxo de transportes, melhora-se enormemente a produtividade e o impacto ambiental. Não havendo congestionamentos, há muito menos poluição. O Brasil, nesse ponto, vai muito mal, infelizmente. Basta ver o desrespeito às regras de trânsito, o número de acidentes de automóvel. Fala-se em Constituição cidadã, em cidadania, mas às vezes eu saio nos meus passeios por Ipanema, e é uma coisa inacreditável. Melhorou um pouquinho, acho, com o novo Código de Trânsito. Hoje, por exemplo, fecha o sinal e você pode atravessar. Mas até pouco tempo os carros não paravam! As pessoas jogam coisas na rua, sujam a calçada... O número de transgressões é enorme. Também na área da tributação, o que se vê é o desrespeito, o não-pagamento. E o próprio esforço de combater isso, eu acho que ele é feito de maneira desastrosa. A Receita Federal diz que ninguém paga imposto no Brasil, o próprio presidente vem a público e declara: "Ninguém paga, os bancos não pagam, os ricos não pagam..." As pessoas começam a dizer: "Só trouxa é que paga", e passam a não pagar. O mercado imobiliário, por exemplo, é um escândalo. Você quer comprar um apartamento e pagar o que lhe pedem: "É tanto por dentro e tanto por fora..." Realmente, eu acho que o Brasil, nesse sentido, ainda tem muito o que aprender.

Ultimamente, estive também ligado — agora estou deixando porque terminei dois mandatos de três anos — ao Institute of the Americas. Ali participei de vários estudos sobre o problema da governança e sobre o que hoje se chama de economia política das reformas estruturais, que mostra o quanto essas reformas são em si desestabilizadoras. Elas acabam criando seus próprios antídotos, e é difícil a superação, porque os beneficiados são as futuras gerações, são grupos muito difusos, e aqueles cujos privilégios são retirados são sempre pequenos grupos articulados, corporativos e localizados. Aproveitei, li muito também sobre esse assunto e talvez até um dia acabe fazendo algum trabalho mais metódico sobre isso.

Acho, enfim, que essa transição do setor público para o privado foi menos traumática do que eu podia imaginar. E chego à conclusão de que, ao contrário do que alguns dizem, ou seja, que o servidor público pensa no interesse público e o executivo privado pensa no privado, essa diferença é muito mais tênue. Não há essa dicotomia, não há esse corte. O que eu acabo fazendo como consultor é um pouco explicar o Brasil aos estrangeiros e explicar o mundo aos brasileiros. O tipo de trabalho não é fundamentalmente diferente do que eu fazia antes.

A imagem do Brasil

Como essa opinião mais esclarecida com a qual o senhor tem contato no exterior, o meio diplomático e financeiro, vê o Brasil hoje? O Brasil ainda é visto como um país levemente irresponsável, como na época em que o senhor se tornou embaixador, ou isso mudou?

Isso mudou um pouco, mas a mudança não foi muito grande. O Brasil ainda sofre muito de um certo preconceito, pela ignorância das coisas daqui e pelo nosso caráter um tanto introspectivo, ao contrário, por exemplo, dos argentinos, ou dos mexicanos, que fazem um trabalho extremamente sistematizado, contratando inclusive profissionais para tratar da sua imagem. Eles fazem o *road show* permanente das suas virtudes, das suas políticas econômicas, estão sempre presentes, enquanto o Brasil, só quando há uma crise, uma coisa assim, só quando precisa, é que vai lá explicar. Você tem que estar lá quando não precisa, ou quando está tão ruim que nem pode pedir nada, mas tem que estar lá explicando. Isso é que dá credibilidade. É claro que alguma coisa mudou na imagem do Brasil, porque também mudaram algumas atitudes. Por exemplo, nós éramos considerados poluidores nucleares porque não tínhamos assinado o TNP, Tlatelolco e todos os regimes de exportação de armas, de controle de mísseis. Comparado com isso, acho que realmente melhorou. Mas acho que ainda temos muito a fazer nesse sentido. É um pouco o mesmo problema das reformas estruturais: olhando para trás, você vê que houve um avanço muito grande; mas, olhando para a frente, ainda há muito a fazer. Há ainda um preconceito ligado mais especificamente ao Brasil. Aquilo que nós consideramos virtudes, miscigenação, cordialidade etc., lá fora é considerado um passivo.

A Argentina, por exemplo, tem certamente uma imagem melhor. Em matéria de educação, sempre esteve à nossa frente. A Argentina, no fim do século passado, já estava tendo educação básica universal. Já os mexicanos começaram a cuidar da sua imagem mais recentemente. Por exemplo, quando se começou a pensar no Nafta, o que eles fizeram? Gastaram um milhão de dólares com uma exposição sobre arte mexicana em Nova Iorque. Foi um investimento pesado. Eles se vendem inclusive desse ponto de vista. A Colômbia tentou mudar aquela pecha de produtora de cocaína, que a perseguiu durante muitos anos, e conseguiu passar de grande traficante de drogas para vítima do tráfico de drogas. Depois, o último presidente atrapalhou bastante as coisas.

Posso dizer que eu fazia esse trabalho de cuidar da imagem do Brasil quando estive na embaixada em Washington, da primeira e da segunda vez, e fazia quando estive no Unibanco, durante 18 anos. Todos esses períodos foram muito marcados por viagens — acho que é o meu lado sagitário. Sagitário é o signo do viajante.

Existe hoje, no mundo, a opinião de que pelo menos o governo brasileiro está caminhando na direção certa?

Acho que há aí um complicador. É que há lá fora a percepção de uma inconstância na política, que eu até tenho procurado explicar que é muito menor do que se pensa. Na reunião do Fundo Monetário de 1999, por exemplo, certamente a imagem do Brasil estava muito melhor do que na de 1998. Na reunião de 1998, era uma coisa horrível: o que o Jeffrey Sachs, o que o Dornbusch diziam do Brasil era inacreditável — que o país era irresponsável, que o presidente era no máximo um decorador, nunca um arquiteto e muito menos um engenheiro... A imagem estava péssima. No ano seguinte, melhorou. Estive em Washington, não senti entusiasmo, mas senti bem mais confiança. De Washington fui para Berlim, houve uma decisão do Supremo desfavorável ao desconto dos inativos e voltou tudo. *The Economist* disse que era uma decisão não só contra o ajuste fiscal, mas contra a justiça social. Então, o Brasil é percebido como o país que dá dois passos para a frente e um para trás.

Mas essas idas e vindas não são inerentes ao jogo democrático? O Congresso norte-americano vira-e-mexe também dá negativas ao presidente que têm repercussão internacional. No México, talvez tudo tenha sido mais fácil porque o PRI realmente sempre teve o controle. Se fosse fechado o Congresso, ficaria mais fácil.

Sem dúvida. O próprio uso muito freqüente dessa expressão "o que falta é *political will*, vontade política" mostra claramente uma certa tendência ao voluntarismo, portanto ao autoritarismo. Isso, a gente explica. Mas o que os leva à loucura é que nos primeiros três meses de 1999 nós tivemos quatro presidentes no Banco Central. Saiu Gustavo Franco, veio Demóstenes Madureira de Pinho, depois Francisco Lopes e por fim Armínio Fraga. Isso os leva à loucura! Quando eu deixei o ministério — estamos falando em descontinuidades —, Gustavo Krause ficou 59 dias, Paulo Haddad ficou 62 e acho que Eliseu Resende 63, até entrar Fernando Henrique. Cinco ministros em seis meses. Isso é a inconstância... Agora, eu procuro mostrar que, em contrapartida, Pedro Malan está aí há dez anos. Fui eu que o chamei em 1991. Procuro mostrar que Pedro Parente, ministro-chefe do Gabinete Civil, era da minha equipe, que Armínio Fraga e Martus Tavares eram da minha equipe, que Alcides Tápias era do meu Conselho Monetário. O ministro da Justiça era da minha equipe, o das Relações Exteriores foi um companheiro leal de ministério. Há mais continuidade do que se pensa. As pessoas mudam de lugar, mas continuam fazendo parte da equipe responsável pela administração. Isso lembra o quê? Um pouco o modelo italiano, aquelas mudanças de gabinete mais ou menos com as mesmas pessoas. Não é tão descontínuo. Mas lá fora as mudanças assustam, porque há certos postos que são simbólicos. O Banco Central, por exemplo, é considerado uma coisa sagrada. Cada diretor, lá fora, tem mandato de sete, oito, dez anos.

Acho que nós certamente sofremos de uma percepção muito pior do que a realidade. Mas também temos esse problema internamente, e acho que isso atrapalha muito. Outro dia, um jornalista bastante lido, com bastante prestígio na imprensa, até elogiando Fernando Henrique, dizendo que ele respondeu bem ao Ciro Gomes, escreveu: "É verdade que ele destruiu a economia brasileira..." É uma percepção tresloucada, porque totalmente equivocada. Temos, sem dúvida, um déficit de auto-estima!

Assisti a uma palestra da chefe da missão do Fundo no Brasil, Teresa Ter Minassian, em Washington, em setembro de 1999, extremamente positiva em relação ao Brasil. Ela mesma dizia que achava que o Brasil fazia um mau trabalho de divulgação, e por isso a percepção do Brasil era muito pior do que a realidade. Mas ela estava — eu disse que não havia entusiasmo — no limite do entusiasmo pelo Brasil e da preocupação com a Argentina. É um caso típico de pessoa que vê esse hiato grande entre percepção e realidade. O Banco Central, de certa forma, está tentando mudar isso. Já há na Internet *e-mails* de informação diária, já há uma melhoria na apresentação. Vi os mexicanos em Washington com aquelas projeções, aquelas coisas extremamente bem-apresentadas, e o Brasil com uma coisa ainda rudimentar. Agora, entretanto, está melhorando um pouco.

Em relação a direitos humanos, proteção ambiental, qual é a imagem?

É um misto de ignorância, um certo preconceito e também uma certa má vontade, com alguma melhora. Nos direitos humanos tivemos uma certa melhora, mas também a toda hora vem uma nova chacina, um novo massacre, uma rebelião sangrenta nos presídios. Um dos aspectos mais criticados lá fora é a situação penitenciária, que é considerada subumana, e o é. A ação das polícias é muito criticada, muitas vezes por falta de compreensão da complexidade política do federalismo brasileiro, por se achar que o presidente pode interferir nos Estados nessa área. Os nossos próprios jornais fornecem uma parte da munição para os críticos. Os correspondentes estrangeiros estão vendo aqui os jornais brasileiros e a opinião pública. Quando o presidente tem uma popularidade baixa aqui dentro, como você vai querer que ele seja popular lá fora? O pessoal do governo ficou até meio amolado comigo, porque eu disse que a impopularidade do presidente tinha batido lá fora. Não, necessariamente, que ele seja impopular, mas eles acham que, com essa impopularidade interna, ele não tem capacidade de fazer valer os seus pontos de vista. Agora, acho que realmente o governo se comunica mal. Às vezes tenho sido acionado para tentar explicar um pouco, e tenho ido às televisões, à imprensa, para explicar, para acalmar. Sobretudo nos momentos de grande tensão, fui acionado pela mídia, e o próprio governo também tem me pedido ajuda.

Essa tarefa de levar a imagem do país para o exterior deveria caber, em grande parte, à diplomacia do país. O Itamaraty tem batido muito na tecla da importância da diplomacia presidencial, tem insistido em como a imagem do país no exterior mudou, como a figura do presidente Fernando Henrique contribuiu para isso, como o Brasil hoje é visto como um país responsável, que tem disciplina fiscal. Como o senhor vê a atuação do Itamaraty hoje?

Acho que o Itamaraty tem tentado alguma coisa, mas ainda não na medida necessária. Ou talvez não tenha os meios para fazê-lo. Pelo que vi quando estava como embaixador ou como ministro, o Itamaraty sempre refugou muito a idéia de utilizar qualquer empresa do exterior, de *marketing* ou de imagem, para ajudar, sempre achando que isso tiraria as prerrogativas das embaixadas ou da própria diplomacia. E as embaixadas são absolutamente incapazes de fazer esse trabalho. O embaixador em Washington, já expliquei aqui, é acionado por milhares de ONGs, centenas de universidades, pelo Council of Foreign Relations, pelo Congresso. Ele lida com isso sozinho, e desaparece num mundo como o americano. Quando a contratação de profissionais seria algo que teria custo-benefício positivo. O benefício seria muito alto em relação ao custo.

Por exemplo, nós não temos— agora estamos tentando melhorar — um bom trabalho junto às *rating agencies*, que são importantíssimas para passar a dívida do Brasil da atual classificação, duplo B, para A, isto é, *investment grade*. A cada melhora são 100 pontos-base, quer dizer, é 1% a mais ou a menos que se paga. A Moody's chega à África do Sul, e o Mandela recebe o diretor de *rating* deles. No Brasil, ele é recebido pelo terceiro escalão. Não há um trabalho constante com essas *rating agencies*. Até havia uma idéia de fazermos isso junto com a Argentina, mas não deu certo. A própria Argentina sofre isso, foi rebaixada há pouco na sua dívida externa. O *C-bond* está em torno de 900 pontos acima dos títulos do Tesouro americano. Quer dizer, uma loucura. Isso não reflete os *fundamentals*. Sai muito caro nós não darmos a devida importância.

E há a má vontade, também. Se os ministros vão muito lá fora, o pessoal já começa: "O ministro gosta de viajar para o exterior, mas não vai visitar o município de Alagoas, onde tem a maior pobreza. Só gosta de ir para Londres, para Nova Iorque..." Aqui há essa crítica ao próprio presidente. Várias vezes eu disse a ele: "Seria interessante comparecer a este ou àquele evento internacional." Ele responde: "Ah, mas o pessoal critica muito."

Por outro lado, acho perigoso insistir demais em alguns assuntos. Por exemplo, acho que houve uma insistência demasiada, quase exclusiva, na estabilidade. Estabilidade, estabilidade, estabilidade. Quando houve a desvalorização da moeda, que foi interpretada como um golpe à estabilidade, a percepção inverteu-se abruptamente. Você não pode basear a sua política ou a sua comunicação num ponto só porque fica muito vulnerável. A própria idéia da diplomacia presidencial, de que é o presidente quem tem mais prestígio, porque é um homem universal, do momento em que ele é percebido lá fora como indeciso, fica vulnerável. Viu-se muito na imprensa: "O indeciso presidente..." Não dá, é preciso ter realmente uma agenda mais institucional para o país. Acho que o presidente sofreu bastante com o fato de se pôr o foco demasiadamente sobre ele.

E há uma consideração que é crucial. A melhor maneira de mudar a imagem é mudar a realidade para melhor: governança mais eficaz; estruturas mais modernas; menos violência carcerária e policial; mais justiça social.

Planos para o futuro

E para o futuro, o senhor tem planos? Aliás, ao longo da vida, o senhor fez planos?

Não. Quer dizer, tinha mais ou menos uma rota, mas não um planejamento. Acho que, da mesma maneira que no Ministério da Fazenda eu dizia que preferia uma política econômica a um planejamento econômico, também na vida privada é assim. Acho importante tentar uma consistência. Mas minha carreira não é unilinear. Servi no Ministério do Exterior, depois na Fazenda, com San Tiago, fui para o BNDES, estive duas vezes no governo local, com Negrão de Lima e depois César Maia, trabalhei com favelas, estive na iniciativa privada 18 anos, na embaixada em Washington, no Ministério da Fazenda, e estou voltando à iniciativa privada. Quer dizer, não há uma linha reta.

Nesse não-planejamento pode estar incluída uma volta ao governo?

Não está incluída, não. Acho que essas experiências são meio únicas. Tentar voltar a postos é uma coisa muito difícil. Fui ministro da Economia, Fazenda e Planejamento. Hoje em dia isso está loteado.

E Relações Exteriores?

Ministério do Exterior, confesso que tem um certo charme. Mas no passado eu acho que teria sido mais tentador do que hoje. Hoje, acho que não. Penso mais em continuar o tipo de trabalho que faço, participar de conselhos, coisas assim. Uma tarefa é este próprio livro em que estamos trabalhando juntos. Depois talvez eu tente transformar esta reflexão em uma coisa mais estruturada, um pouco naquela linha da economia política das reformas estruturais, da modernização do país. A mais curto prazo, penso em republicar em livro alguns artigos passados que acho que têm mais permanência. Isso já está até um pouco apalavrado. Por exemplo, *De Maquiavel a San Tiago*[4] está inteiramente esgotado. Ainda outro dia, o Rouanet, num artigo sobre o *Fausto*, referiu-se a um artigo meu e disse que fui uma das primeiras pessoas no Brasil que chamaram a atenção para o Fausto como o grande mito do desenvolvimento. Foi um artigo que publiquei na década de 1960. Acho que há uma série de artigos que não perderam a atualidade, que posso deixar como testemunho. Alguns já foram publicados mas estão esgotados. Outros não.

É isso o que pretendo fazer. E continuar esse trabalho de tentar ajudar o país nessa pedagogia que antigamente se chamava pedagogia do desenvolvimento, e que agora seria a pedagogia do desenvolvimento sustentável, ou talvez se pudesse chamar de desenvolvimento-cidadão, porque isso falta muito aqui. O trabalho que estamos fazendo, com este depoimento e a sua publicação, parece ser um passo importante nesse sentido, porque a memória no Brasil ainda não é suficientemente reconhecida como um *leitmotiv* da construção nacional.

[4]O livro foi publicado em Brasília, pela Editora da UnB, em 1981.

ÍNDICE ONOMÁSTICO

markgraph

Rua Aguiar Moreira, 386 - Bonsucesso
Tel.: (21) 3868-5802 Fax: (21) 270-9656
e-mail: markgraph@domain.com.br
Rio de Janeiro - RJ